权威·前沿·原创

皮书系列为
"十二五""十三五""十四五"时期国家重点出版物出版专项规划项目

智库成果出版与传播平台

陕西蓝皮书
BLUE BOOK OF SHAANXI

陕西社会发展报告（2023）
REPORT ON SOCIAL DEVELOPMENT IN SHAANXI (2023)

组织编写/陕西省社会科学院
主　编/程宁博　王　飞　王建康　牛　昉　张春华

社会科学文献出版社
SOCIAL SCIENCES ACADEMIC PRESS (CHINA)

图书在版编目（CIP）数据

陕西社会发展报告.2023／程宁博等主编.--北京：社会科学文献出版社，2023.3
（陕西蓝皮书）
ISBN 978-7-5228-1386-8

Ⅰ.①陕… Ⅱ.①程… Ⅲ.①社会发展-研究报告-陕西-2023 Ⅳ.①D674.1

中国版本图书馆CIP数据核字（2022）第256455号

陕西蓝皮书
陕西社会发展报告（2023）

主　　编／程宁博　王　飞　王建康　牛　昉　张春华

出 版 人／王利民
组稿编辑／邓泳红
责任编辑／陈　颖
责任印制／王京美

出　　版／社会科学文献出版社·皮书出版分社（010）59367127
　　　　　地址：北京市北三环中路甲29号院华龙大厦　邮编：100029
　　　　　网址：www.ssap.com.cn

发　　行／社会科学文献出版社（010）59367028
印　　装／天津千鹤文化传播有限公司

规　　格／开　本：787mm×1092mm　1/16
　　　　　印　张：22.5　字　数：338千字
版　　次／2023年3月第1版　2023年3月第1次印刷
书　　号／ISBN 978-7-5228-1386-8
定　　价／158.00元

读者服务电话：4008918866

版权所有 翻印必究

陕西蓝皮书编委会

主　　任　程宁博　王　飞

副 主 任　杨　辽　毛　斌　王建康

编　　委　(按姓氏笔画排序)
　　　　　于宁锴　王长寿　牛　昉　吕晓明　刘　源
　　　　　谷孟宾　张　鹤　张春华　张艳茜　党　斌
　　　　　郭兴全　裴成荣　樊为之　潘存娟

主　　编　程宁博　王　飞　王建康　牛　昉　张春华

执行主编　高　萍

主要编撰者简介

程宁博 陕西省社会科学院党组书记，省第十四次党代会代表，院学术委员会主任。长期从事理论研究、政策宣讲、出版管理、社科研究与管理等工作，主要研究领域为马克思主义中国化时代化、思想政治教育、宣传思想文化等，对习近平新时代中国特色社会主义思想、党的路线方针政策、新型智库建设与管理等研究深入。多次参与省党代会报告等重要书籍编写和重要文件、重要文稿起草工作，多项研究成果在中省主流媒体刊发。

王 飞 管理学博士，现任陕西省社会科学院党组副书记、院长。长期从事哲学社会科学研究工作，研究方向为应用经济学、区域经济、资源环境与可持续发展、对外开放和公共管理等，对习近平新时代中国特色社会主义思想、县城商业体系建设、生态文明保护与高质量发展、基层社会治理等领域开展专题研究。曾获第十二届孙冶方经济科学论文奖；获国务院研究室优秀调研成果二等奖3次，三等奖4次；获陕西党政领导干部优秀调研成果一等奖2次，二等奖1次。并先后在《人民日报》《学习时报》等期刊报纸上发表理论文章10余篇，撰写的文章多次刊登在国家发改委《中国经贸导刊》、国务院发展研究中心《经济要参》和《陕西工作交流》。其主持完成的系列送阅件《常态化疫情防控背景下促消费稳经济系列对策研究》《谱写高质量发展新篇章保障粮食安全系列对策建议》和《2022年上半年陕西经济形势分析及稳大盘对策建议》荣获多位中央和省级领导同志肯定性批示。

王建康 陕西省社会科学院党组成员、副院长、研究员，主要从事农村发展、区域经济研究。先后主持完成国家和省级社科基金项目5项，主持完成休闲农业、应急体系建设、现代果业等6项省级规划，富平、临潼、府谷等区县20余项发展规划编制，承担国家发改委、农业农村部、国务院扶贫办等部门招标或委托的各类研究课题16项；出版著作10部，发表论文和调研报告60余篇；研究成果先后获得省哲学社会科学优秀成果奖二等奖2项，三等奖1项。兼任省决策咨询委员会委员、省青联常委、省委理论讲师团特聘专家，西安、宝鸡、榆林、长武、大荔等地政府决策咨询专家或顾问。省十二次党代会代表，省十三次党代会报告起草组成员，十二届全国青联委员，陕西青年五四奖章获得者，陕西省优秀共产党员。

牛　昉 陕西省社会科学院社会学研究所所长、研究员，主要研究方向为社会政策、社会舆情、农村社会学。主持、参与完成"退耕还林还草参与式评估研究"等国家社科基金项目，以及陕西省社科规划项目和省软科学项目等多项课题的研究；出版《退耕还林还草参与式评估研究》等著作，发表学术论文、调研报告百余篇。从2014年起担任陕西蓝皮书年度《陕西社会发展报告》执行主编；兼任陕西省社会学会会长。

张春华 陕西省社会科学院社会学研究所副所长、研究员，主要研究方向为网络舆情、社会心态、教育社会学。主持完成国家社科基金项目2项、省级社科基金项目4项，承担中宣部、中央网信办等部门招标或委托课题及约稿任务40余项，出版专著1部、编著4部，获中央和省级领导批示10余项；多次参与中宣部大型调研及调研报告起草；先后荣获省、市哲学社会科学优秀成果二等奖、一等奖。兼任陕西省社会学会副会长。

摘　要

2022年，中国共产党第二十次全国代表大会隆重召开，党和国家的各项事业发展迈向新征程。《陕西社会发展报告（2023）》以习近平新时代中国特色社会主义思想为指导，紧扣"五项要求""五个扎实"，以满足人民日益增长的美好生活需要为根本指向，客观准确地呈现了2022年陕西社会发展领域出现的新情况新问题，并对2023年乃至未来更长一段时间面临的突出问题提出了具体可行的对策建议。该报告以陕西省社会科学院社会学研究所、中国马克思主义研究所、政治与法律研究所的研究力量为主体，积极吸纳陕西省内高校、科研院所以及政府相关职能部门研究优势，更大限度提升了分析研判的客观性、前瞻性和指导性。

《陕西社会发展报告（2023）》由总报告、民生篇、治理篇和调查评估篇4个部分组成。总报告指出，2022年陕西居民收入稳步提升，基本公共服务更加完善，社会安全形势稳中向好，脱贫攻坚成果持续巩固，乡村振兴战略全面推进。同时看到，陕西社会发展领域仍然面临就业压力大、居民收入结构性问题突出和"五社联动"基层治理体系不完善等问题，并提出了持续强化实施就业优先政策、不断完善重点群体增收机制、积极探索"五社联动"实践经验等对策建议。"民生篇"始终贯穿以人民为中心的发展思想，聚焦陕西就业形势、基础教育发展、社会保险事业发展、保障性住房发展、老年数字鸿沟、残疾人事业发展、婴幼儿照护服务发展、城市社区居民医养结合服务发展等人民群众"急难愁盼"问题，为陕西加强和改善民生保障工作提供了参考。"治理篇"凸显了陕西在积极推进治理体系与治理能力现代化过程中的多维实践，涵盖了法治社会建设、社区网格化服务管理、西安市市域社会治理现代化模式创新、紧密型县域医共体建设、中医药传承发展、陕西"五社联动"推动社区共治、地方病治理以及基层综合行政执法改革等议题，其研究结果的应用将为陕西社会治理迈上新台阶贡献智慧和力量。"调查评估篇"围绕陕西大学生就业需求与态度、陕西妇女思想状况、陕西儿童发展、陕西妇女发展等议题展开研究，多角度反映了社会公众的生存状态以及对党和国家重大决策的回应，为了解陕西社会发展相关方面提供了翔实的数据和丰富的案例，也为进一步推动和完善相关领域工作提供了决策参考。

关键词： 民生保障　社会治理　陕西省

Abstract

As the 20th National Congress of the CPC being held grandly in the year of 2022, the development of various undertakings of CPC and China will embark on a new journey. Thus, being guided by Xi Jinping Thought on Socialism with Chinese Characteristics for a New Era and keeping pace with the idea of Five Solid and Five Requirements, *Shaanxi Social Development Report (2023)* objectively and accurately presents the new situations and problems in the social development field of Shaanxi in 2022, and puts forward concrete and feasible countermeasures and suggestions for prominent problems in 2023 and afterwards. This report is written by research fellows from Department of Sociology, Department of Chinese Marxism and Department of Politics and Law in Shaanxi Academy of Social Sciences (SASS), as well as many universities, research institutes, and relevant government functional departments in Shaanxi Province, which further enhances the objectivity, foresight, and guidance of the analysis and judgment.

Shaanxi Social Development Report (2023) consists of four sections: General Report, Reports on Livelihood Issues, Reports on Social Governance, and Investigation and Evaluation. The section of *General Report* pointed out that in 2022, the income of Shaanxi residents steadily increases, the basic public services are improved, the social security situation is stable, the achievements of poverty alleviation continues to be consolidated, and the rural revitalization strategy is comprehensively promoted. Meanwhile, in the society of Shaanxi, many social problems still exist, such as facing great employment pressure, prominent structural income problems of the residents, and imperfect grass-roots governance system of Linkage and Interaction of Five Members and Organizations in Community, thus the report provides corresponding countermeasures and suggestions, such as continuously strengthening the implementation of employment priority policy, constantly improving the income increase mechanism of focus groups, and actively exploring the practical experience of Linkage and Interaction of Five Members and Organizations in Community, etc. Permeated with the idea of people-centered development, the *Reports on Livelihood Issues* are focusing on the issues of employment situation in Shaanxi, the development of basic education, social insurance, affordable housing, the cause of the disabled, infant care services, medical and nursing services for urban community residents, the digital gap of the elder and other essential social issues, providing reference to strengthen and improve people's livelihood in Shaanxi. *Reports on Social Governance* highlights the multi-dimensional practice from actively promoting the modernization of governance system and governance capability in Shaanxi, covering social issues such as the construction of Law-based governance society, grid service community management, the innovation of the modernization model of social governance in Xi'an, the construction of close medical-connected social communities, traditional Chinese medicine, promoting community co-governance with the Linkage and Interaction of Five Members and Organizations in Community of Shaanxi, governance of endemic disease issues and law enforcement reform of the grass-root comprehensive administrative. All of the research above could contribute to improve the level of social governance in Shaanxi. Moreover, the section of *Investigation and Evaluation* focuses on many social issues in Shaanxi, such as employment needs and attitudes of college students, ideological condition of women, children's development and women's development as well. It reflects the living conditions of the public and their responses to major decisions from the CPC and the state in multiple perspectives, providing detailed data and rich cases for understanding the relevant aspects of Shaanxi social development, and provides decision-making reference to promote and improve further work in related fields as well.

Keywords: Guarantee of Livelihood; Social Governance; Shaanxi Province

目 录

Ⅰ 总报告

B.1 2022~2023年陕西社会形势分析与展望
……………………………………… 陕西省社会科学院社会学研究所课题组 / 001
   一 2022年陕西社会发展基本状况分析……………………………… / 002
   二 陕西社会发展面临的主要问题和挑战……………………………… / 009
   三 2023年陕西发展展望与对策……………………………………… / 013

Ⅱ 民生篇

B.2 2022年陕西就业形势与未来展望 ……………………… 尹小俊 / 018
B.3 陕西基础教育发展现状、问题与对策
……………………………………………… 张　鹤　李东方　秦雅慧 / 042
B.4 2022年陕西社会保险发展报告 ……………… 范钰玺　张永春 / 062
B.5 陕西省住房保障体系建设报告……………………………… 石　冰 / 078
B.6 陕西老年数字鸿沟问题与路径研究
……………………………………………… 韦　艳　郭歆宇　杨丽红 / 089

B.7 "残特奥会"助推陕西残疾人事业高质量发展研究
　　…………………………………………………… 聂　翔　李　巾 / 105
B.8 陕西婴幼儿照护服务发展现状与对策建议
　　…………………………………………………… 杨红娟　贺琳霞 / 116
B.9 2022年陕西城市社区居民医养结合服务分析报告
　　…………………………………………………… 吴　南　杨红娟 / 130

Ⅲ 治理篇

B.10 陕西法治社会建设研究报告 ………………………… 胡映雪 / 143
B.11 陕西社区网格化服务管理发展报告
　　………………………………………… 陕西省社会科学院课题组 / 158
B.12 西安市市域社会治理现代化模式创新研究
　　…………………………………… 张燕玲　赵　娟　任　柯 / 174
B.13 陕西紧密型县域医共体建设运行现状、问题与对策研究
　　…………………………………… 张芙蓉　李　巾　高　萍 / 194
B.14 陕西省中医药传承发展报告 ………………………… 王旭瑞 / 206
B.15 陕西"五社联动"推动社区共治的现状、问题
　　与对策研究 …………………………………………… 吴菲霞 / 220
B.16 陕西省地方病防治现状与策略研究
　　………………… 刘远霸　宋运龙　杨　柳　曹　静　杨晓栋 / 234
B.17 简约高效型基层综合行政执法改革的汉阴探索
　　…………………………………………………… 王怡涵　何得桂 / 253

Ⅳ 调查评估篇

B.18 陕西大学生就业需求与态度调研报告 ……… 税亚男　田丽丽 / 265
B.19 陕西省妇女思想状况调查报告
　　………………… 2022年度陕西妇女/性别课题研究项目课题组 / 289

B.20 《陕西省儿童发展规划（2011—2020年）》评估报告
　　………………………………………………… 王国琪　张　勇 / 308
B.21 《陕西省妇女发展规划（2011—2020年）》评估报告
　　………………………………………………… 赵银侠　余晓艳 / 323

皮书数据库阅读使用指南

CONTENTS

I General Report

B.1 Analysis and Prospect of Shaanxi Social Situation in 2022-2023

Research Group of Department of Sociology, SASS / 001

    1. Analysis on Basic Conditions of Shaanxi Social Development in 2022 / 002

    2. Main Problems and Challenges during the Process of Social Development in Shaanxi Province / 009

    3. Prospect and Countermeasure of Shaanxi Social Development in 2023 / 013

II Livelihood Issues

B.2 Analysis Report on Employment Situation of Shaanxi in 2021

Yin Xiaojun / 018

B.3 Research on Current Condition, Problems and Countermeasures of Basic Education in Shaanxi Province
Zhang He, Li Dongfang and Qin Yahui / 042

B.4 Research Report on Development of Social Insurance of Shaanxi in 2022 *Fan Yuxi, Zhang Yongchun* / 062

B.5 Report on Construction of Housing Security System in Shaanxi
Shi Bing / 078

B.6 Research on the Problems and Paths of the Digital Divide among Elderly of Shaanxi
Wei Yan, Guo Xinyu and Yang Lihong / 089

B.7 Research on Paralympic Games Boosting the High Quality Development of the Undertaking of the Disabled in Shaanxi *Nie Xiang, Li Jin* / 105

B.8 Research on Current Situation and Countermeasures of Infant Care Service Development in Shaanxi *Yang Hongjuan, He Linxia* / 116

B.9 Analysis Report on Combination of Medical and Nursing Services for Urban Residents of Shaanxi in 2022
Wu Nan, Yang Hongjuan / 130

III Social Governance

B.10 Research Report on Construction of Law-based Governance Society in Shaanxi *Hu Yingxue* / 143

B.11 Development Report on Grid Service Community Management in Shaanxi
Research Group of SASS / 158

B.12 Research on Model Innovation of Social Governance Modernization in Xi'an *Zhang Yanling, Zhao Juan and Ren Ke* / 174

B.13 Research on Current Situation, Problems and Countermeasures of Construction and Operation of Close-Medical Community in County Areas of Shaanxi
Zhang Furong, Li Jin and Gao Ping / 194

B.14　Research Report on the Inheritance and Development of
　　　Traditional Chinese Medicine in Shaanxi
　　　　　　　　　　　　　　　　　　　　　　Wang Xurui / 206
B.15　Research on Status Quo, Problems and Countermeasures of
　　　Promoting Community Co-governance with Linkage and
　　　Interaction of Five Members and Organizations in
　　　Community in Shaanxi　　　　　　　　　　*Wu Feixia* / 220
B.16　Research on the Current Situation and Strategy of Endemic
　　　Disease Control in Shaanxi
　　　　　　Liu Yuanba, Song Yunlong, Yang Liu, Cao Jing and Yang Xiaodong / 234
B.17　Exploration on Simple and Efficient Reform of Comprehensive
　　　Administrative Law Enforcement in Grass Roots Organization
　　　of Hanyin County　　　　　　　　　*Wang Yihan, He Degui* / 253

Ⅳ　Investigation & Evaluation

B.18　Research Report on Employment Demand and Attitude of
　　　College Students in Shaanxi　　　　　*Shui Yanan, Tian Lili* / 265
B.19　Investigation Report on Female Ideological Status in Shaanxi
　　　　　　Research Group of 2022Shaanxi Women/Gender Research Project / 289
B.20　Assessment Report on Shaanxi Children's Development
　　　Plan (2011-2020)　　　　　　　　　*Wang Guoqi, Zhang Yong* / 308
B.21　Assessment Report on Shaanxi Women's Development
　　　Plan (2011-2020)　　　　　　　　　*Zhao Yinxia, Yu Xiaoyan* / 323

总 报 告
General Report

B.1

2022~2023年陕西社会形势分析与展望

陕西省社会科学院社会学研究所课题组*

摘　要： 2022年，陕西深入贯彻落实省"十四五"规划，积极推动社会民生事业全面发展，稳步提升人民生活水平和社会治理能力，疫情防控和经济社会发展成果得到切实巩固，社会局面总体呈现安定良好态势。展望2023年，陕西将进一步强化实施就业优先政策，带动城乡居民稳定增收；持续巩固社会民生发展基础，引导社会民生诸领域高质量发展；不断推动社会建设工作，大力提高基层社会治理效能，向第二个百年奋斗目标继续奋进。

关键词： 民生保障　高质量发展　居民收入　社会治理　陕西省

---

* 课题组成员：尹小俊，陕西省社会科学院社会学研究所副研究员，研究方向：就业政策分析、大学生就业研究、青年社会学；杨红娟，陕西省社会科学院社会学研究所副研究员，研究方向：社会政策；高萍，陕西省社会科学院社会学研究所助理研究员，研究方向：质性社会学。

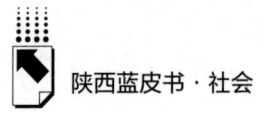

陕西蓝皮书·社会

一 2022年陕西社会发展基本状况分析

2022年是党的二十大和陕西省第十四次党代会胜利召开之年,是"十四五"规划持续推进和奋斗再加劲之年,也是谱写陕西高质量发展新篇章的关键之年。陕西以习近平新时代中国特色社会主义思想为指导,深入学习贯彻党的二十大精神和习近平总书记来陕考察重要讲话重要指示精神,坚持稳中求进工作总基调,全省经济社会高质量发展迈向新征程。

(一)居民收入水平稳步提升,城乡收入差距持续缩小

2022年,陕西积极实施就业创业优惠政策,努力完善社会保障体系,持续优化营商环境,全省居民收入水平迈上新台阶。前三季度,居民人均可支配收入为22806元,同比增长5.3%,①增速居全国第16位,较上半年前移8位。② 按收入来源分,居民人均工资性收入为12012元,同比增长4.7%;人均转移净收入为6517元,同比增长6.4%;人均经营净收入为2670元,同比增长5.4%;人均财产净收入为1607元,同比增长4.7%。人均工资性收入、转移净收入、经营净收入、财产净收入均呈稳步增长态势。按居住地分,城镇居民人均可支配收入为32312元,农村居民为11776元,城乡居民收入比为2.74∶1,较上年同期缩小0.07;城镇居民人均可支配收入同比增长4.1%,农村居民同比增长6.4%,农村居民人均可支配收入增速快于城镇2.3个百分点,城乡居民收入差距进一步缩小。③

---

① (记者)马昭:《前三季度陕西居民人均可支配收入增长5.3%》,https://www.xiancn.com/content/2022-10/27/content_6649279.htm,最后检索时间:2022年11月4日。
② (记者)苏怡:《前三季度陕西经济数据发布——恢复向好 稳中加固 后劲增强》,《陕西日报》2022年11月3日,第6版。
③ (记者)马昭:《前三季度陕西居民人均可支配收入增长5.3%》,https://www.xiancn.com/content/2022-10/27/content_6649279.htm,最后检索时间:2022年11月4日。

（二）稳岗拓岗送岗多措并举，各项就业政策落地见效

促进市场主体稳定发展。陕西对餐饮、零售、民航、旅游、运输等企业阶段性实施失业保险费、工伤保险费、企业职工基本养老保险费缓缴政策。截至 2022 年 8 月底，陕西实有市场主体 513.29 万户，同比增长 9.4%。其中，实有个体工商户 372.22 万户，同比增长 8.79%；实有企业 133.49 万户，同比增长 11.64%。① 市场主体是就业机会的主要提供者，其稳定发展为吸纳新增就业和巩固存量就业提供了有力支撑。

强化困难群体就业帮扶。扎实推进"雨露计划+"就业促进行动，脱贫家庭和防止返贫监测对象家庭享受到职业教育和就业帮扶双重福利。充分发挥就业帮扶基地、社区工厂作用，农村低保对象、特困人员、易致贫返贫人口等实现就地就近就业。建立完善零就业家庭毕业生、残疾人毕业生工作台账，这类群体获得了优先培训见习、优先推荐就业的机会。积极开展就业援助"暖心活动"专项行动，就业困难人员及时了解了岗位信息、接受了创业培训，并如期享受到最低生活保障、社会保险等补贴和待遇。

搭建网上招聘支持平台。陕西省教育厅主动对接"国家 24365 大学生就业服务平台"，部、省、校三级就业岗位信息共享支持体系建设得以推进。依托"秦云就业""猫头英——云人才市场"等平台，密集组织线上招聘活动和直播带岗活动。2022 年 1 月至 10 月中旬，陕西面向全国定向举办"互联聚英才，直播通未来——直播带岗"活动，提供岗位信息 34 万余条，推送招聘单位 10 万余家，"互联网+就业"服务方式为求职者带来更多就业机会。②

鼓励高校毕业生创新创业。2022 年，陕西高校毕业生达 41.5 万人，比 2021 年增加 8.2 万人，总量和增幅均创历史新高。③ 陕西省财政厅鼓励支持高校毕业生自主创业，给予其一次性创业补贴、税费减免、创业担保贷款

---

① 牛乃喜：《"环境"好"主体"强》，《陕西日报》2022 年 10 月 15 日，第 1 版。
② （记者）吕扬：《陕西多举措促进毕业生就业》，《陕西日报》2022 年 10 月 17 日，第 12 版。
③ 牛乃喜：《向下扎根　向阳生长》，《陕西日报》2022 年 6 月 20 日，第 6 版。

等,这些举措显著增强了高校毕业生自主创业的信心与底气。陕西省人民政府办公厅印发了《陕西省进一步支持大学生创新创业若干措施》,内容涉及创新创业能力提升行动、创新创业平台拓展行动、创新创业环境优化行动和创新创业保障强化行动,这些行动的实施极大地提升了大学生创新创业的能力与活力。

(三)基本公共服务更加完善,民生保障水平不断跃升

发展婴幼儿照护服务,解决生育后顾之忧。一是修订与婴幼儿照护服务相关的法律条例。2022年5月修订的《陕西省人口与计划生育条例》积极推行父母育儿假制度,对生育三孩的夫妻增加了护理假;热切回应群众对婴幼儿养育和教育方面的需求,对与婴幼儿照护相关的托育机构、家庭托育服务、社区托育服务、幼儿园建设等方面做出了具体规定。《陕西省人口与计划生育条例》的修订将对增强家庭育儿能力以及促进人口长期均衡发展产生积极影响。二是创建婴幼儿照护服务示范城市和城区。陕西拟推荐西安市为2022年全国婴幼儿照护服务示范城市,拟推荐西安市莲湖区、雁塔区以及宝鸡市金台区、延安市宝塔区、汉中市汉台区等为2022年省级婴幼儿照护服务示范城区。示范城市和城区的创建不仅为陕西婴幼儿照护服务的发展积累了经验,也将对其他市(区)婴幼儿照护服务发挥示范辐射作用。三是探索多样化的婴幼儿家庭照护指导服务。面向中低收入群体开展公益性"养育未来"项目,采取亲子阅读、故事会和集体游戏等形式引导家长科学育儿,许多家庭从中受益匪浅。各地婴幼儿保健与护理专业人员积极参与家庭科学育儿指导服务,"医教融合"的早期教养理念在陕西生根发芽。

加大养老服务供给,提升为老服务水平。一是打好养老服务基础。截至2022年10月中旬,陕西共有各类养老机构及服务设施1.65万个,建成养老床位30.5万张,日间照料中心覆盖70.49%的城市社区,农村互助幸福院覆盖82%的行政村,① 全省特困供养服务机构实现县级全覆盖。二是增加医

---

① (记者)杨小玲:《生活幸福万家乐》,《陕西日报》2022年10月15日,第12版。

养结合服务供给。截至2022年8月底，陕西医养结合床位达到6.16万张，医养结合机构数量从2019年的109家已增长至245家，建设医养结合品牌单位26家、医养结合示范基地38个。① 三是稳妥推进"长护险"试点工作。汉中作为国家医疗保障局公布的"长护险"试点城市，截至2022年9月初，受理失能申请累计1934人，享受"长护险"待遇累计1254人。② 四是积极开展"最美养老护理员"评选活动。通过选树优秀典型，养老服务从业者的社会认同感和职业荣誉感不断增强，这为全省养老服务的高质量发展奠定了人才基础。五是强力实施"打击整治养老诈骗专项行动"。一批以提供"养老服务"、销售"养老产品"、投资"养老项目"等为名的养老诈骗违法分子受到严惩，老年人的合法权益得到有效维护。六是正式启动当年到龄企业退休人员养老金预发工作。这是陕西在养老保险经办服务方面的重要创新，对切实保障企业退休人员及时享受养老保险待遇大有裨益。

优化医疗卫生服务，增进群众健康福祉。一是开展爱国卫生运动。通过重点场所卫生整治、农贸市场环境治理、医疗健康科普宣传等方式，人民群众健康素养水平有所提升。二是改进家庭医生签约服务。截至2022年9月初，通过提升家庭医生服务能力和水平、搭建"互联网+家医签约"平台等方式，西安市莲湖区重点人群签约率达到87.6%，履约率达到98.9%。③ 三是启动职业病危害专项治理。截至7月底，全省共建尘肺病康复站35个，提供康复服务34626人次，康复服务满意率达95%以上。④ 四是加强紧密型

---

① 中国国际养老院院长协会：《陕西：让老年人健康养老有保障——我省推进医养结合高质量发展掠影》，http://www.ylyyzxh.cn/newsitem/278442153，最后检索时间：2022年10月28日。
② （记者）陈太富、（通讯员）武莹：《为了失能人群得到长期、专业的照护服务——陕西省长期护理保险试点工作推进暨培训会目击记》，https://m.thepaper.cn/baijiahao_20025964，最后检索时间：2022年10月28日。
③ 陕西省卫生健康委员会：《我省在全国家庭医生签约服务经验交流电视电话会议上交流经验》，http://sxwjw.shaanxi.gov.cn/sy/wjyw/202209/t20220908_2251075.html，最后检索时间：2022年10月28日。
④ 陕西省卫生健康委员会：《我省尘肺病康复站建设工作成效明显》，http://sxwjw.shaanxi.gov.cn/sy/wjyw/202208/t20220804_2232575_wap.html，最后检索时间：2022年10月28日。

县域医疗卫生共同体建设。2022年，陕西省财政厅下达400万元用于紧密型县域医疗卫生共同体建设，通过优质医疗卫生资源下沉，县域医疗卫生整体效能大幅提升。五是加强国家区域医疗中心建设。2022年，陕西省财政厅下达5000万元支持国家区域医疗中心建设，这为国家区域医疗中心人才队伍建设、医疗技术创新及科研教学能力提升提供了充足的资金保障。六是推进医疗卫生行业综合监管。积极开展医疗乱象专项整治行动，严厉打击违法执业、医疗骗保等行为，人民群众生命健康与财产安全得到切实保障。

夯实教育发展基础，塑造良好教育生态。一是加大教育经费投入。2022年，陕西省教育强国推进工程获中央预算内投资7.047亿元，公办幼儿园和义务教育学校建设、职业教育产教融合以及优质医学、师范院校建设等从中受益颇多。① 二是统筹优化教育资源。全省公办幼儿园个数以及公办幼儿园在园幼儿人数占比均超过50%，普惠性幼儿园个数占比92.65%。② 评估认定3个义务教育优质均衡发展县，③ 西安市38所民办义务教育学校转为公办学校。④ 深入推进义务教育学校教师校长交流轮岗制，2022年全省15946名教师参与交流轮岗。⑤ 这些举措有力促进了学前教育普及普惠、义务教育优质均衡发展目标的实现。三是强化教师队伍建设。截至2022年9月初，全省中小学教师基本实现学历达标任务，"三级三类"骨干教师人数占到基础教育专任教师的19.3%；高校新进教师中79.62%以上具备研究生学历，高校教师队伍逐渐呈现高学历、年轻化特征。⑥ 这为陕西教育高

---

① （记者）杨晓梅：《教育强国推进工程中央预算内投资7亿余元下达我省》，《陕西日报》2022年4月20日，第4版。
② （记者）郭诗梦：《陕西：全力办好人民满意的教育》，《陕西日报》2022年9月9日，第1版。
③ （记者）郭妍：《陕西推动基础教育高质量发展》，《陕西日报》2022年9月28日，第8版。
④ （记者）郭妍：《西安市38所民办义务教育学校转为公办学校》，《陕西日报》2022年6月14日，第3版。
⑤ （记者）卢江：《2022年陕西省交流轮岗教师达15946人 义务教育优质均衡发展》，http：//news.cnwest.com/bwyc/a/2022/09/07/20892020.html，最后检索时间：2022年12月7日。
⑥ （记者）阿琳娜：《陕西各级各类学校教职工达70.5万人 教师队伍结构渐趋合理》，https：//m.gmw.cn/baijia/2022-09/08/1303131416.html，最后检索时间：2022年10月28日。

质量发展奠定了坚实的人才基础。四是深化教育领域改革。自"双减"工作开展以来，全省压减4413个义务教育阶段学科类校外培训机构，压减率达95.93%；截至2022年9月初，义务教育学校课后服务实现全覆盖，课后服务学生参与率高达94.7%。①这些举措极大地强化了学校教育主阵地的作用，对缓解家长焦虑情绪、促进学生健康成长也有助益。2022年6月，陕西省人民政府印发《陕西省深化普通高等学校考试招生综合改革实施方案》，明确了2022年陕西全面启动高考综合改革，2025年整体实施"3+1+2"高考模式。该方案的实施将对学生健康发展和科学选拔人才产生重要影响。

（四）社会治理能力显著提高，社会安全形势稳中向好

深入推进市域社会治理。2022年，西安依托工业园区、商贸市场、医疗机构、交通枢纽、旅游景点等，不断放大"15分钟政务服务圈"辐射范围，市民群众获得了更直接、更周全、更贴心的便利化服务。宝鸡市陇县建立完善村级"小微权力清单"制度，汉中市佛坪县大力实施"党委创新清单""书记项目清单"制度，这些举措有效解决了基层社会责权不清、履职不力、监督薄弱等问题。西安全市法院将伦理道德、风土人情融入家事审判全过程，榆林积极推动"三调联动"无缝对接，多元化的矛盾纠纷排查化解方式在陕西多个市县日趋成熟。

切实保障食品药品安全。2022年上半年，陕西公布31297批次食品样品监督抽检结果，其中30765批次所检项目全部合格，总体合格率达98.3%。②2022年10月，陕西省市场监督管理局印发《陕西省涉疫进口冷链食品排查管控工作手册》和《陕西省进口冷链食品常态化疫情防控检查手册》，解决了监管人员对相关工作要求掌握不全面、进口冷链食品疫情防控标准不一致等问题。1月至7月初，全省药品监管系统集中销毁价值82

---

① （记者）郭诗梦：《陕西：全力办好人民满意的教育》，《陕西日报》2022年9月9日，第1版。
② （记者）徐颖：《上半年我省食品安全监督抽检合格率98.3%》，《陕西日报》2022年7月21日，第5版。

万元的过期和假冒伪劣药品，并对涉及药品安全的风险隐患实行动态销号管理，这些举措有力保障了药品安全与公众健康。①

全力筑牢安全生产防线。2022年，陕西省人民政府印发了《陕西省安全生产事前问责实施办法（试行）》，为有效防止和减少生产安全事故以及维护人民群众生命财产安全提供了有力保障。持续开展安全生产专项整治三年行动，将安全生产百日行动与"防风险、除隐患、保安全、迎盛会"行动相结合，一批安全生产领域的重大风险隐患得到集中整治，重点、难点问题得到切实解决。以安全生产大检查为抓手，不断提升危化品、矿山、道路交通、建设工程等重点领域安全监管水平，有力防范和坚决遏制了重特大事故的发生。

（五）脱贫攻坚成果持续巩固，乡村振兴战略全面推进

巩固脱贫攻坚成果，守住不发生规模性返贫底线。一是强化动态监测帮扶工作。健全镇、村、组全覆盖的三级"网格"体系，返贫风险摸排"网格化"全面推行。研发监测预警平台，依照"一键报送""一户一码"方案，充分实现防止返贫监测预警"信息化"。截至2022年7月中旬，全省19.93万人被纳入监测范围并落实精准帮扶措施，返贫风险得到有效化解。②二是加大重点帮扶县支持力度。持续落实《关于支持国家和省级乡村振兴重点帮扶县的实施意见》，资金、技术与人才等向乡村振兴重点帮扶县不断聚集。1月至9月初，陕西向乡村振兴重点帮扶县累计投入中央和省级衔接资金48.7亿元，占下达到县资金总额的48.16%。③三是促进脱贫群众增收致富。深入实施"万企兴万村"行动，通过发展重大产业项目，实现脱贫人口持续增收。主动对接东西部协作帮扶单位和省级对口帮扶单位，截至8

---

① （记者）徐颖：《我省深入开展药品安全专项整治行动》，《陕西日报》2022年7月4日，第11版。
② （记者）程伟：《陕西强化动态监测帮扶机制 守牢防返贫底线》，《陕西日报》2022年8月14日，第3版。
③ （记者）程伟：《今年我省累计投入衔接资金48.7亿元支持重点帮扶县发展》，《陕西日报》2022年9月5日，第3版。

月初，江苏省采购、帮助销售陕西消费帮扶产品达5.24亿元，全省各级驻村工作队采购、帮助销售消费帮扶产品达6.8亿元。①

实施乡村建设行动，加快推进农业农村现代化。一是打造乡村人才队伍体系。分别举办村党支部书记、驻村工作队员、基层选调生、乡村创业致富带头人、农村电商人才培训班，不断提高其思想认识和工作能力，为乡村振兴提供了有力的人才支撑。二是加快推进数字乡村建设。陕西省农业农村厅印发《陕西省"十四五"数字农业农村发展规划》、陕西乡村振兴融媒体平台上线以及陕西省乡村振兴局与中国铁塔股份有限公司陕西省分公司签约战略合作协议等，为赋能数字乡村建设注入了新活力。三是持续深化重点领域改革。扎实推进土地确权登记与流转交易、村级集体经济"清零消薄"工作，农民财产性收入有所增加，农村集体资源资产得以盘活。四是推动现代农业产业发展。3家单位入选2022年度"全国巾帼现代农业科技示范基地"，农业科技创新成果得到鲜明呈现。② 截至2022年2月初，陕西累计创建省级现代农业产业园56个，国家级现代农业产业园6个，现代农业产业的典型示范作用得到充分发挥。③

二 陕西社会发展面临的主要问题和挑战

2022年是"十四五"规划持续推进和奋斗再加劲之年，是谱写陕西高质量发展新篇章的关键之年，陕西经济社会发展水平稳步提高，社会民生事业持续改善，社会建设成效明显，但社会发展过程中长期积累的深层次矛盾和结构性问题依然存在，社会发展面临诸多困难与挑战。

---

① （记者）程伟：《陕西强化社会帮扶力量助力乡村振兴成效显著》，《陕西日报》2022年8月8日，第2版。
② （记者）杨小玲：《我省3家单位获评"全国巾帼现代农业科技示范基地"》，《陕西日报》2022年7月22日，第7版。
③ （记者）艾永华：《陕西再添两个国家现代农业产业园》，《陕西日报》2022年2月7日，第4版。

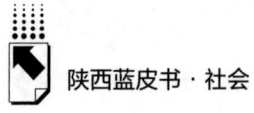

（一）高质量就业压力增大

在疫情波动的情况下，就业成为经济发展的晴雨表，对于收入增长、社会稳定的作用更加凸显，就业形势更加严峻。特别是大学生就业和返乡农民工就业问题更加需要关注。2022年，陕西省高校毕业生数量再创新高，达41.5万人。智联招聘分析显示，2022年第三季度高校毕业生CIER指数（就业市场景气指数）为0.57，自第二季度最低点0.53之后首次出现反弹。但与全国就业市场景气指数（1.63）相比，差距继续拉大，表明结构性矛盾在不断增加。尽管第三季度就业景气指数见底回升，但结构性矛盾仍然突出，特别是伴随新一届毕业生进入求职市场，就业压力依然不减。农民工就业压力增大，由于疫情影响、内外环境复杂性，不确定性依然较大，服务业恢复不平衡、基础不牢固等问题仍较明显，餐饮企业和小微商贸企业恢复程度较低，而农民工大多从事的是建筑业、制造业、居民服务业，企业新增用工缺口开始收窄，导致部分农民工就业时间和收入减少，农民工在家待业状况增多，需要采取积极措施回应农民工的就业需要。另外，由于非标准就业形态（主要包括弹性工作、第三方雇佣和平台用工等）比重增加，劳动权益保护难以被纳入现行劳动关系的调解范畴，兼顾劳动力市场的灵活性和劳动者权益保护也成为促进劳动关系和谐的一大难题。

（二）居民收入结构性问题突出

2021年，陕西城乡居民收入水平较低的状况并未实质性改变。稳定居民收入情况不容乐观，增收压力较大。上半年城乡居民人均可支配收入有所增长，但与前两年同期居民收入增速比较，同比增速为近年来最低，岁末年初，西安因疫情实行封闭管理31天以及不断波动的疫情，对陕西城乡居民收入影响较大。统计显示，2022年上半年陕西居民人均可支配收入保持增长，但增长幅度较小，同比名义增长4.3%，实际增长仅为2.2%，与陕西2021年同比降低8.5个百分点，为疫情发生三年来陕西居民收入实际增速的最低点。特别是城镇居民人均可支配收入，同比增长3.2%，实际增长仅为1.0%，与陕西2021年同比降低7.6个百分点。在收入来源结构中，2022年上半年人均工资性收入增长与上年上半年相比下降4.9个百分点，人均财产净收入、人均转移收入虽然有所增长，但与上年同期比较也分别下降8.6个和9.1个百分点。特别是人均经营收入出现较大下滑，增速为-4.4%，与2021年同比下降了15.6个百分点。与第一季度相比，经营性收入下降趋势未能得到明显改善。

陕西在全国增速排名较第一季度有所提升，但实际增长率仍低于全国居民收入增长率。居民人均可支配收入增长4.3%，在全国的增速排名较第一季度上升7位。城镇、农村居民人均可支配收入增速排名较第一季度分别上升8位、2位。2022年上半年，陕西居民人均可支配收入增速比2022年全国同期增速下降0.8个百分点，特别是城镇居民人均可支配收入增速，比2022年全国同期下降0.9个百分点。

从"十四五"全省城乡居民增收方面提出的居民人均可支配收入年均增长7%、居民收入增速高于经济增速1个百分点、经营性和财产性收入占比之和提升至20%左右的目标来看，2022年上半年，陕西GDP增长4.2%，高于全国1.7个百分点，居全国第11位，居民收入增速低于GDP增速2个百分点，经营性和财产性收入占比之和为17%，与上年同期相比有所下降。

（三）"一老一少"服务与人口长期均衡发展的需求存在较大差距

2021年，陕西人口出生率继2017年以来持续下降，降至7.89‰，低生育率已经成为人口发展面临的主要风险之一。0~14岁人口占比17.15%、15~64岁人口占比68.86%、65岁及以上人口占比13.99%，与2020年相比，青少年人口占比下降0.18个百分点，老年人口占比再提高0.67个百分点，人口结构不均衡状况持续加大。这种人口结构与人口流动性增加、家庭人口规模减小叠加，社会抚养负担进一步加重，带来的"一老一少"照护问题成为影响经济社会发展和民生福祉的重大问题。减轻家庭生育、养育、教育以及养老负担，需要政府主导，社会、市场共同发力，不断扩大社会服务供给。

但陕西在养老服务方面，存在总量不足、结构上与广大的老年人需求不够适配的问题。一方面，满足照护失能半失能老年人需求价格的普惠性养老机构不足，且机构养老的专业性需要进一步提高；另一方面，社区居家养老服务的供给与老年人需求错位、不精准的问题亟须通过完善的居家社区服务体系来积极应对。特别是农村养老服务匮乏。调查显示，全省农村机构养老主要依赖公立性质的敬老院，只能保障"三无"老人需求，对于广大的空巢留守老年人的服务严重不足。而在农村倡导的互助性养老服务并未能真正普及发展，远远不能满足老年人的养老需求。

婴幼儿照护不仅关系我国人口长期均衡发展战略的落地，更关乎婴幼儿健康成长、女性就业参与、家庭发展能力的提升、经济发展和社会稳定。婴幼儿的照护服务成为我国保障和改善民生的重要内容。因应"全面三孩"政策的实施以及全面提升人口素质的要求，我国社会对0~3岁婴幼儿照护服务的需求日益增强，受到社会各界的广泛关注。陕西在0~3岁婴幼儿照护服务方面，存在托育服务供给不足与需求乏力并存、普惠性服务供给较少、托育机构监管不足、服务质量参差不齐、婴幼儿照护服务从业人员存在质与量的匮乏、面向社区和家庭的婴幼儿照护指导服务缺乏等问题，远远不能满足广大家庭的婴幼儿照护服务需求。

（四）"五社联动"基层治理体系待进一步加强

创新社区与社会组织、社会工作者、社区志愿者、社会慈善资源的联动机制是推进新时代基层治理现代化建设的基本要求。但社区社会组织发展缓慢，与全省2万个社区村委会相比，截至2021年底，陕西省有登记备案社区社会组织14868个[①]，平均每个社区还不到1个，与到2023年底，全省每个城市社区社会组织达到10个以上、每个农村社区社会组织达到5个以上的目标存在较大差距。专业社工人才队伍薄弱，总共只有社工专业人才1.7万

[①] （记者）杨小玲：《陕西出台社区社会组织工作指南》，《陕西日报》2022年7月11日，第10版。

名，① 能配置到社区的社工专业人员十分有限，社区公益慈善资源持续性弱，社区居民参与度不高、整合社区力量的社工站覆盖率较低等问题的大量存在显示"五社联动"机制需要的基础条件不够扎实，2022年确定了首批支持25个试点县实施"五社联动"，需要加强督导评估，发现问题，完善制度设计，进一步强化乡镇（街道）社工站建设的组织领导，总结试点经验，形成具有陕西特色的"五社联动"模式，促进陕西基层治理水平和治理能力的提高。

除此之外，在社会民生领域的优质教育、医疗服务资源稀缺且集中于大城市的问题依然没有改变，保障性住房对于相当部分的住房困难群体来说依然存在门槛过高的问题，距离人人住有所居还需要加大有效供给。

三 2023年陕西发展展望与对策

展望2023年，在社会发展领域，陕西将持续强化实施就业优先政策，巩固社会民生发展基础，完善重点群体增收机制创新，持续带动城乡居民稳定增收，推进探索"五社联动"实践经验，提高基层社会治理效能。

（一）持续强化实施就业优先政策，巩固社会民生发展基础

始终坚持贯彻实施就业"双优先"思路，一方面是保障就业优先战略的方向感，另一方面是推动就业优先政策的执行力。一是精准认知和深入理解就业优先的深刻内涵和前瞻理念，厘清就业优先政策与宏观政策的结构性关系，把就业优先导向与财政政策、货币政策有机结合，进一步强化货币、财税、价格、金融、外贸、投资、消费、产业、区域等政策协同联动就业政策，支持和加强地方切实履行就业促进的主体责任，最大限度地实现机制化和统筹化共同促进就业高质量发展。同时强化就业优先的战略地位，保障就业政策的精准性、稳定性、延续性、可预期性、便捷畅通性，充分化解政策

---

① （记者）闫洁：《奋力谱写新时代陕西民政事业高质量发展新篇章》，《中国社会报》2021年12月23日，第4版。

实施过程中出现的碎片化、分散化、烦琐化等问题。此外，还需要进一步强化就业优先政策落地实施机制和具体实践经验总结，不断丰富完善稳就业和保就业的政策工具箱，提前防控规模性失业风险和结构性就业问题的冲击影响，做到就业政策层面的短期应急举措和长效稳固机制相结合。二是以数字经济发展为突破点，带动加大支持新就业形态和灵活就业的力度。发挥数字经济创新性，引导和影响传统制造业升级改造，提升和优化现代服务业发展空间，促进新就业形态大量涌现，包括平台众包工作、网约工作、零工经济就业等多种形式。倡导数字技术与实体经济深度融合、创新融合、优势融合，造就以"数字为基"的新就业形态高速化、规模化发展，为新增就业创造更多机会和发展空间，鼓励更多的青年就业人口加入新就业形态群体，助力稳就业、保就业、促就业。要因地制宜地试点探索适宜新就业形态和灵活就业平台从业者的类型化和精准化劳动标准、劳动者就业权益管理办法及其问题解决方案，大力提升新就业形态和灵活就业平台从业者的就业质量和权益保障。三是以抓好重点群体稳就业工作为着力点，稳住就业基本盘，同时全力保障对就业困难群体开展帮扶，促进包容发展。强化特惠性和普惠性就业政策"双管齐下"，充分涵盖重点群体和困难群体，比如高校毕业生、农民工、退役军人、残疾人、较长时间未就业的高校毕业生、大龄就业困难人员、零就业家庭、脱贫家庭、低保家庭等的就业，以及适时进一步梳理和评估两类政策服务对象范围转化调适的可行条件和实践环境。同时，以提升重点就业人群素质和能力为出发点，做好完善公共就业服务体系的基础性工作，积极改善就业服务整体质量，创造高质量就业机会和流畅向上的职场空间，协调好就业市场的供求关系，实现高效精准匹配。

（二）完善重点群体增收机制创新，持续带动城乡居民稳定增收

城乡居民增收整体上要"双措并举"，一方面继续探索创新实施普惠性增收政策，覆盖全体城乡居民增收过程，保障城乡居民群体应享受的民生权利；另一方面积极拓展增收试点创新，广泛总结经验，梳理提炼类型化、精准化、差异化的重点群体增收实施方案和推进措施，以特惠性增收政策和具

体化激励计划，主要瞄准技能人才、新型职业农民、科研人员、小微创业者、企业经营管理人员等重点群体，他们在全体城乡居民中具有高增收潜力、强带动能力、优示范效应、广覆盖群体的多元特征，对全体城乡居民持续稳定增收能够发挥以点带面的引导性作用。一是对重点群体增收要分类施策，要因地制宜积极创新实施机制。针对重点群体开展各有侧重的激励计划，关键要体现不同类型群体增收创新所面临的现实痛点、堵点问题，以激发重点群体活力和内在动力为导向，有效实现分群体施策，例如对技能人才重在同时提高职业声誉和岗位待遇，建立完善的"技高者多得"人才薪酬激励机制和导向，切实做到"以技提薪"。对新型职业农民关键是做好本类型人力资源储备，优化更新涉农专业，以职业化标准加快培育一大批"农创客""田秀才""土专家""新农人"，全面赋能乡村振兴，探索实施"数字+农业"深度融合计划。激励小微创业者要始终坚持"量身定做"的个体化服务导向，在贯彻落实减费让利降低成本原则下，强化精准实施"三类服务"——提供及时到位、围绕个体需求的专业化信息服务，创建多类型、多层次、"面对面"、"点到点"的创业专项服务，为小微企业发展提供稳定的、可持续的、多样化的融资路径精准服务。激励科研人员重在形成人才奖励政策"组合拳"，创新并落实工资性收入、岗位激励、成果奖励、项目激励、成果转化奖励等多重激励机制，提高科研人员各类收益分享比例，进一步加强面向社会科学研究领域的专业智库建设和在相关机构中推行政府购买服务制度。二是加强抓好城乡居民增收的通道"扩容保畅"、开展周期化评估、激励机制有效配置等工作。促进融合多条城乡居民增收通道，倡导多管齐下，持续拓宽城乡居民收入渠道和增收通道，根据各类人群已有就业条件和经济资源支持程度，因人而异、各有侧重地合理分类有序推进改善居民工资性收入、经营性收入、转移性收入、财产性收入。建立合理分配城乡居民增收的周期化评估体系，依托"原有统计路径+大数据资源支持"，改进城乡各类居民群体的收入统计数据库，建立居民增收数据的质量筛选模型，量化分析全省城乡居民收入现状、生活质量、消费水平，多维度研判居民收入水平以及定期预估群体收入变化趋势，同时评估收入分配政策效应、受益群体状况及其影响辐射面。联动统合城乡居民各类群体激励机制，包括完善涉及技能人才评价的激励机制、推动新型职业农民培育创业创新激励机制、健全科研人员绩效评价及其成果转化的分配机制、推进小微创业者创业实践成果利益的分配机制、完善国企和民企经营管理人员多形式激励机制等。

（三）推进探索"五社联动"实践经验，提高基层社会治理效能

"五社联动"重在形成社区、社会工作者、社区社会组织、社区志愿者、社区公益慈善资源多个元素相互联系、合作互动、有机协同、共生发展推动社区治理创新的系列实践机制。"五社联动"目标指向经过选点探索、案例示范、经验积累、典型推广、成效治理，最终达到从基于社会工作的专业优势和服务视角出发，以社区居民群体民生需求和社区整体发展为导向，实施个体赋能（对象为社区志愿者和社区居民）与群体赋能（对象为社区社会组织），引入、挖潜及发挥社区公益慈善资源的内在优势和特色路径，着力打造人本中心的联动互助的基层社会治理共同体，全面实现社区治理效能能级跃升。实际上，"五社联动"框架下的实施机制主要落在三个支撑点上。一是坚持实施专业化服务机制。积极建设社会工作者和社区志愿者双向结合的社区服务模式，将在地优势和专业优势深度融合，将专业化从理念导向层面转化为服务实践层面、从知识话语层面转化为行动传递层面、从社工专业个体优势层面转化为社工服务网络优势层面、从社会工作者单一主体专业意识层面转化为社区多元主体专业意识层面。同时加强社区专业化服务力量，整合建设"五社联动"人才队伍，从数量上配齐社区需要相应配备的社会工作专业人才，加强社区志愿者队伍建设，开展增能培训，促进社区志愿者专业化、规范化发展，提升社区服务专业技能。二是坚持实施主体化链接机制。持续细化主体化链接机制，分类形成社区资源链接、主体联动链接、参与治理链接，依托社工专业特色优势，增强作为资源链接者角色的实践能力，深挖社会工作者链接各类社区资源的主体能力，比如涉及可循环社会资源、社区社会组织能力资源、社区志愿服务资源、社会慈善资源、人力资源、技术资源、资金资源等不同类型资源，做到有效整合盘活社区社会组

织、社会工作服务机构、社区志愿服务组织等机构资源，通过建立"需求—项目—资源"链接型清单，促进社区供需的精准化对接。三是坚持实施项目化运作机制。以"聚焦需求、服务贴心、工作在地"为指导原则，积极开展项目化运作，建设项目清单资源库，重点围绕社区治理、养老服务、儿童福利、社会救助、社会实务等领域开展社区服务工作，增强将社区居民个性化、多样化、差异化需求转化为具体化、可实际执行、可持续发展的社区专业化服务项目的能力，整合社区内外各方资源，使用微治理、微创投等方式为社区居民落地开展项目化、品牌化、具体化的社区服务与日常活动，通过不同类型的项目运作做到全方位满足社区居民多元需求，持续激发社区内在活力。

参考文献

李培林、陈光金、王春光主编《社会蓝皮书：2022年中国社会形势分析与预测》，社会科学文献出版社，2021。

上海市人民政府发展研究中心：《上海社会民生高质量发展研究》，格致出版社，2021。

贾康等：《高质量发展：迈上现代化新征程的中国》，中共中央党校出版社，2021。

马庆钰主编《当代中国社会建设》，中国人民大学出版社，2021。

宋贵伦：《中国社会建设现代化之路》，中国人民大学出版社，2022。

民 生 篇
Livelihood Issues

B.2 2022年陕西就业形势与未来展望

尹小俊*

摘　要： 本研究报告以2022年陕西就业形势作为研究起点，重点从就业规模、就业形势、就业需求、就业质量、就业政策等几个方面进行数据分析和观点表述，可以发现：在就业规模上城镇新增就业年度目标分阶段趋近，在就业形势上城镇调查失业率逐步回落，在就业需求上市场主体继续保持增长活力，在就业质量上工资性收入保持增长趋势，在就业政策上出台多项政策精准助力就业。在此基础上，梳理就业发展趋势及其面临的挑战：一方面是青年群体就业压力和风险仍存，另一方面是服务业稳岗就业依然面临承压问题。最后，提出基于就业促进政策协同治理的政策建议实施思路：第一，以目标协同为定位点，切实引导就业政策聚焦；第二，以系统协同为支撑面，切实推进就业政策整合；第三，以意识协同为驱动力，切实保障就业政策运行；第四，以评估协同为

---

* 尹小俊，陕西省社会科学院社会学研究所副研究员，研究方向：就业政策分析、大学生就业研究、青年社会学。

突破口，切实抓好就业政策落地。

关键词： 就业形势　就业政策　协同治理　陕西省

　　本研究报告侧重分析 2022 年前三季度（1~9 月）的陕西就业形势、发展趋势和挑战及其政策建议。受就业数据获取时间所限，分析的时间节点聚焦在 2022 年前 9 个月范围内，即一个自然年度 3/4 的进程阶段，更多地反映了陕西省前三季度就业发展情况。具体研究过程中，主要选取了城镇新增就业人数、城镇调查失业率、实有市场主体、实有企业、实有个体工商户、实有农民专业合作社、新登记市场主体、新登记企业、新登记个体工商户、新登记农民专业合作社、人均可支配收入、人均工资性收入、就业市场景气指数（CIER 指数）、16~24 岁人口城镇调查失业率、服务业企业用工人数等多个指标作为数据分析对象，基于时空结合的比较视角剖析诠释陕西省域范围内就业形势、阶段对比、周期变化、发展趋势、时空差别及其分布格局等，着重厘清和透彻分析陕西省域内与就业主题相关领域的多个数据资料，主要包括就业数量、质量、需求、政策等多个关切点维度，在此基础上采用协同治理视角和整体性框架思路研讨就业政策的整合发力点。

一　当前就业形势分析

（一）就业规模：城镇新增就业年度目标分阶段趋近

　　衡量就业规模的重要指标之一是城镇新增就业人数。以陕西省 2022 年政府工作报告的预期目标，即陕西城镇新增就业人数达到 40 万人以上[①]为

[①] 陕西省人民政府：《陕西省 2022 年政府工作报告》，http://www.shaanxi.gov.cn/zfxxgk/zfgzbg/szfgzbg/202201/t20220124_2208694.html，发布时间：2022 年 1 月 24 日，最后检索时间：2022 年 11 月 6 日。

参照数据，截至2022年3月底，陕西全省第一季度新增城镇就业人数是9.32万人①，达到年度目标值的23.3%，第二季度陕西省城镇新增就业人数为15.77万人，比第一季度增加了6.45万人，增幅达到了69.21%，从1~5月城镇新增就业数据（21.86万人）来看，占到本年度任务的54.65%，由此可知，前5个月推进完成了全年过半的指标值。②到了上半年，截至6月底全省城镇新增就业人数达到25.09万人，已经完成全年目标数值的62.7%。③进入第三季度（7~9月），全省城镇新增就业人数为11.27万人，陕西省2022年1~9月城镇新增就业规模总共达到36.36万人，已经完成全年目标任务预期值（40万人）的九成，达到90.9%，④还剩第四季度（10~12月）3个月时间3.64万人预期目标值待完成。

与2020年、2021年陕西省年度城镇新增就业人数预期目标（38万人⑤和40万人⑥）相比，2022年陕西省新增城镇就业人数预计值略有微调，相应内容表述为"40万人以上"这样一个趋势向上变化的预估值，但也未明显拉开与2021年预期目标的数值差距。就陕西城镇新增就业2022年阶段性分期进程与2020年、2021年相比，可以发现，2022年第一季度（1~3月）为9.32万人，相应进度为23.3%，比2021年同期略慢但快于2020年

---

① 陕西省人民政府新闻办公室：《陕西省政府新闻办举办新闻发布会通报2022年一季度全省国民经济运行情况》，http://www.shaanxi.gov.cn/szf/xwfbh/202204/t20220426_2218851.html，发布时间：2022年4月26日，最后检索时间：2022年11月6日。

② （记者）孟珂、杜雨甜：《稳就业，让高质量发展更有底气》，《陕西日报》2022年6月27日，第1版。

③ 陕西省统计局：《2022年上半年全省国民经济运行情况》，http://tjj.shaanxi.gov.cn/tjsj/tjxx/qs/202208/t20220802_2232325.html，发布时间：2022年7月20日，最后检索时间：2022年11月6日。

④ 陕西省统计局：《前三季度陕西经济数据发布》，http://www.shaanxi.gov.cn/xw/ldx/bm/202211/t20221103_2258086.html，发布时间：2022年11月3日，最后检索时间：2022年11月6日。

⑤ 陕西省人民政府：《陕西省2020年政府工作报告》，http://www.shaanxi.gov.cn/zfxxgk/zfgzbg/szfgzbg/202002/t20200212_1473343.html，发布时间：2020年2月12日，最后检索时间：2022年11月6日。

⑥ 陕西省人民政府：《陕西省2021年政府工作报告》，http://www.shaanxi.gov.cn/zfxxgk/zfgzbg/szfgzbg/202102/t20210203_2151881.html，发布时间：2021年2月3日，最后检索时间：2022年11月6日。

（2021年10.1万人①，相应进度25.3%；2020年7.5万人②，相应进度19.7%）；第二季度（4~6月）有15.77万人，其进程明显加速（2021年15.26万人、2020年11.89万人），均快于前两年同期水平；上半年（1~6月）达到25.09万人，相应进度为62.7%，快于2020年但略慢于2021年同期（2021年25.36万人③，相应进度63.4%；2020年19.39万人④，相应进度51.0%）；前三季度（1~9月）达到36.36万人，相应进度为90.9%，其推进速度基本接近2021年前9个月完成值，明显快于2020年前三季度（2021年36.42万人⑤，相应进度91.1%；2020年31.2万人⑥，相应进度82.1%）。整体上看，2022年各个重要时间节点与2021年近似，虽稍低于上一年度同期数值，但基本保持与其比较接近的目标完成进度，与此同时，要明显好于2020年相关数据（见图1）。

从2020年、2021年全省最终实际完成城镇新增就业人数来看，2020年度全省最终完成城镇新增就业43.2万人⑦，相当于达到2020年预期目标值

---

① 陕西省人民政府新闻办公室：《省政府新闻办举办新闻发布会介绍2021年一季度陕西省国民经济运行情况》，http://www.shaanxi.gov.cn/szf/xwfbh/202104/t20210421_2160560.html，发布时间：2021年4月21日，最后检索时间：2022年11月6日。

② 国家统计局陕西调查总队：《突发疫情困难加大 多措并举稳定就业——2020年一季度陕西就业形势分析》，https://snzd.stats.gov.cn/fbjd/2020/41613.shtml，发布时间：2020年4月15日，最后检索时间：2023年1月5日。

③ 陕西省人民政府新闻办公室：《陕西省政府新闻办举办新闻发布会介绍2021年上半年陕西省国民经济运行情况》，http://www.shaanxi.gov.cn/szf/xwfbh/202107/t20210721_2183833.html，发布时间：2021年7月21日，最后检索时间：2022年11月6日。

④ 国家统计局陕西调查总队：《稳就业扎实推进新业态催生发展——2020年上半年陕西就业形势分析》，https://snzd.stats.gov.cn/fbjd/2020/41636.shtml，发布时间：2020年7月17日，最后检索时间：2023年1月5日。

⑤ 国家统计局陕西调查总队：《就业形势稳中趋好 存在问题值得关注——2021年三季度陕西就业形势分析》，http://www.sxi.cn/jjxj/dcbg/3q2yQr.htm，发布时间：2021年11月1日，最后检索时间：2023年1月5日。

⑥ 国家统计局陕西调查总队：《就业形势稳中向好 存在问题仍需关注——2020年三季度陕西就业形势分析》，https://snzd.stats.gov.cn/fbjd/2020/41651.shtml，发布时间：2020年10月27日，最后检索时间：2023年1月5日。

⑦ 陕西省人民政府：《陕西省2021年政府工作报告》，http://www.shaanxi.gov.cn/zfxxgk/zfgzbg/szfgzbg/202102/t20210203_2151881.html，发布时间：2021年2月3日，最后检索时间：2022年11月6日。

（38万人）的113.68%，2021年度全省最终完成城镇新增就业44.56万人①，相当于完成2021年预期目标值（40万人）的111.40%。基于参考这两年的实际完成值进行研判：2022年全省城镇新增就业人数目标任务预计能够有序如期完成。

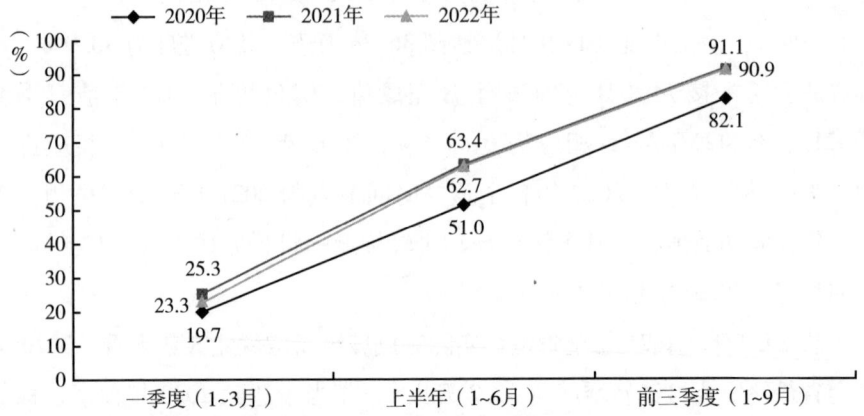

图1 2020~2022年前三季度（1~9月）陕西省城镇新增就业人数年度分阶段完成进度

资料来源：《突发疫情困难加大　多措并举稳定就业——2020年一季度陕西就业形势分析》《稳就业扎实推进新业态催生发展——2020年上半年陕西就业形势分析》《就业形势稳中向好　存在问题仍需关注——2020年三季度陕西就业形势分析》《省政府新闻办举办新闻发布会介绍2021年一季度陕西省国民经济运行情况》《陕西省政府新闻办举办新闻发布会介绍2021年上半年陕西省国民经济运行情况》《就业形势稳中趋好　存在问题值得关注——2021年三季度陕西就业形势分析》《陕西省政府新闻办举办新闻发布会通报2022年一季度全省国民经济运行情况》《2022年上半年全省国民经济运行情况》《前三季度陕西经济数据发布》。

（二）就业形势：城镇调查失业率逐步回落

评估就业形势一个极为重要的指标是城镇调查失业率，该指标能够反映一定时间周期内城镇空间劳动力群体的失业状况及就业市场的波动情况。

---

① 陕西省人民政府：《陕西省2022年政府工作报告》，http://www.shaanxi.gov.cn/zfxxgk/zfgzbg/szfgzbg/202201/t20220124_2208694.html，发布时间：2022年1月24日，最后检索时间：2022年11月6日。

2022年1~6月陕西省城镇调查失业率平均达到6.5%，与全国上半年均值5.7%相比，高出0.8个百分点，具体来看，全省城镇调查失业率第二季度为5.6%，比全国第二季度均值（5.8%）低了0.2个百分点，其中，陕西城镇调查失业率5月和6月均为5.4%，均低于2022年度5.5%以内的预期控制目标①，结合整体来看，与当季均值相比低了0.2个百分点，出现下降趋势，如与全国同期（5月5.9%、6月5.5%）相比，陕西5月和6月分别降低了0.5个、0.1个百分点。② 数据显示，与全国平均值相比，陕西城镇调查失业率逐步呈现下降趋势，第二季度属于阶段性转折点，就业压力有所缓解，就业情况部分改善。截至第三季度末，陕西城镇调查失业率延续低于全国平均水平（第三季度全国城镇调查失业率平均值为5.4%，前三季度均值为5.6%③）的变化趋势④。综合前三季度来看，陕西就业形势呈现总体稳定的局面。回溯至前两年，2020年、2021年1~9月全省城镇调查失业率都呈现逐步回落的发展态势和变化规律⑤，以2021年为例，陕西省第一季度城

---

① 陕西省人民政府：《陕西省2022年政府工作报告》，http：//www.shaanxi.gov.cn/zfxxgk/zfgzbg/szfgzbg/202201/t20220124_2208694.html，发布时间：2022年1月24日，最后检索时间：2022年11月6日。

② 陕西省人民政府新闻办公室：《陕西省政府新闻办公室举办新闻发布会介绍2022年二季度陕西省国民经济运行情况》，http：//www.shaanxi.gov.cn/szf/xwfbh/202207/t20220721_2229667.html，发布时间：2022年7月21日，最后检索时间：2022年11月6日；郭秦川：《上半年陕西经济顶压前行恢复向好》，http：//news.cnwest.com/bwyc/a/2022/07/21/20767013.html，发布时间：2022年7月21日，最后检索时间：2022年11月6日；国家统计局：《国家统计局新闻发言人就2022年上半年国民经济运行情况答记者问》，http：//www.stats.gov.cn/tjsj./sjjd/202207/t20220715_1886475.html，发布时间：2022年7月15日，最后检索时间：2022年11月6日。

③ 国家统计局：《前三季度国民经济恢复向好》，http：//tjj.shaanxi.gov.cn/tjsj/tjxx/qg/202210/t20221025_2256922.html，发布时间：2022年10月25日，最后检索时间：2022年11月6日。

④ 陕西省统计局：《前三季度陕西经济数据发布》，http：//www.shaanxi.gov.cn/xw/ldx/bm/202211/t20221103_2258086.html，发布时间：2022年11月3日，最后检索时间：2022年11月6日。

⑤ 国家统计局陕西调查总队：《前三季度陕西民生经济运行简析》，http：//www.sxi.cn/jjxj/dcbg/jyQB7r.htm，发布时间：2021年11月1日，最后检索时间：2022年11月6日；国家统计局陕西调查总队：《劳动力市场回稳向好 稳就业压力不容忽视——2020年全省就业形势分析》，http：//www.sxi.cn/jjxj/dcbg/mAfiMb.htm，发布时间：2021年4月28日，最后检索时间：2022年11月6日。

镇调查失业率为5.5%，第二季度为5.2%，进入第三季度月均值达到5.2%；① 2022年与上年相比，数据略有小幅升高，虽然前三季度城镇调查失业率平均值明显高于2021年同期，但是进入第二季度后，也出现下降转折点，同样遵循了与2020年、2021年相似的城镇失业率周期性、季节性、规律性变化。

分地区按照年度就业时间演进顺序来看，陕西城镇调查失业率数据对比全国其他地区，时间节点反映了城镇调查失业率高低起伏的变化趋势，陕西第二季度平均城镇调查失业率为5.6%，而全国各地第二季度平均值波动范围在4.7%~12.5%（波动差值为7.8%），陕西该数值正处于全国各个地区的中间位次（第17位）；如果从整个上半年（1~6月）平均值的变动区间为4.7%~8.9%（波动差值为4.2%）来看，陕西达到了6.5%，城镇调查失业率数值相对偏高，全国排名第3位；6月末，全省城镇调查失业率回落至5.4%，同期全国各地6月平均值变化范围为4.5%~7%（波动差值为2.5%），居全国第20位，数据和排名的双下降揭示出陕西就业形势可能正逐步转好。② 与此同时，对比上述不同时段全国各地城镇调查失业率发生的波动差值，进入6月后逐步缩小，当月达到最小波动差值，明显出现了就业压力缓和迹象（见图2）。

（三）就业需求：市场主体继续保持增长活力

2022年1~9月，陕西省实有市场主体总量达到518.02万户，与2021年同期（475.64万户③）相比增加了42.38万户，同比增长8.91%，④ 其增

---

① 国家统计局陕西调查总队：《前三季度陕西民生经济运行简析》，http：//www.sxi.cn/jjxj/dcbg/jyQB7r.htm，发布时间：2021年11月1日，最后检索时间：2022年11月6日。
② 国家统计局：《有力应对超预期因素影响 国民经济企稳回升》，http：//www.stats.gov.cn/tjsj/zxfb/202207/t20220715_1886417.html，发布时间：2022年7月15日，最后检索时间：2022年11月6日。
③ 陕西省市场监督管理局：《我省市场主体稳步增长，支撑力持续趋强——前三季度市场主体发展分析》，https：//mp.weixin.qq.com/s/EsFhVWE76u-vlGHhHXpXcQ，发布时间：2021年10月24日，最后检索时间：2022年11月6日。
④ 陕西省市场监督管理局：《前三季度我省支柱产业领域企业增势良好》，http：//snamr.shaanxi.gov.cn/info/1823/22782.htm，发布时间：2022年10月28日，最后检索时间：2022年11月6日。

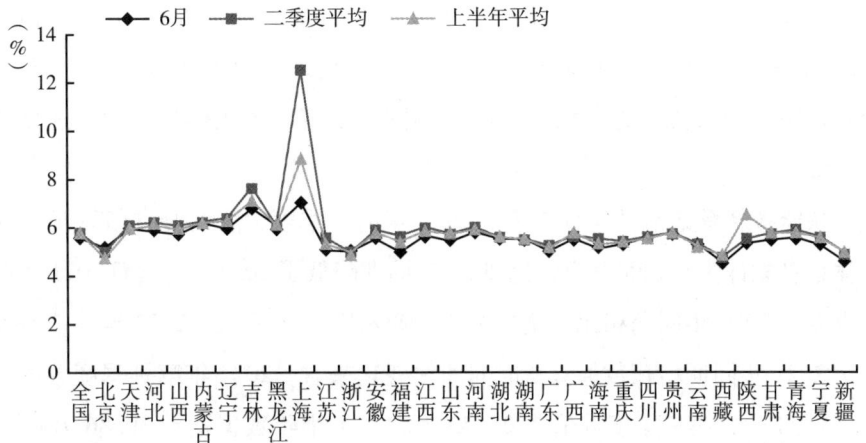

图 2　2022 年分地区 6 月、二季度平均及上半年平均城镇调查失业率

资料来源：《有力应对超预期因素影响　国民经济企稳回升》。

幅明显低于 2020~2021 年前三季度（13.05%[①]）。按照本年度时间节点变化轨迹来看，截至 3 月底全省实有市场主体总量是 500.25 万户，处于全国第 12 位，[②] 6 月底为 505.59 万户[③]，从第一季度到第二季度增加了 5.34 万户，而从第二季度到第三季度则增加了 12.43 万户，后一时段增量是前一时段的 2.33 倍，可见全省实有市场主体总量进入下半年后增势明显加快。

从全省实有市场主体类型来看，截至 2022 年前三季度，陕西省实有企业达到 135.07 万户，实有个体工商户为 375.35 万户，实有农民专业合作社为 7.6 万户，以上这三种实有市场主体类型各自占到全省实有市场主体总量的 26.07%、72.46%、1.47%，分别比 2021 年同期增加 14.27 万户、27.99

---

① 陕西省市场监督管理局：《我省市场主体稳步增长，支撑力持续趋强——前三季度市场主体发展分析》，https：//mp.weixin.qq.com/s/EsFhVWE76u-vlGHhHXpXcQ，发布时间：2021 年 10 月 24 日，最后检索时间：2022 年 11 月 6 日。
② 陕西省市场监督管理局：《我省市场主体突破 500 万户》，http：//snamr.shaanxi.gov.cn/info/1823/16612.htm，发布时间：2022 年 4 月 18 日，最后检索时间：2022 年 11 月 6 日。
③ 陕西省市场监督管理局：《全省上半年新登记市场主体 39.86 万户！》，http：//snamr.shaanxi.gov.cn/info/1823/19529.htm，发布时间：2022 年 7 月 15 日，最后检索时间：2022 年 11 月 6 日。

万户、0.11万户,增长11.82%、8.06%、1.41%,①与2020~2021年前三季度增幅（17.08%、11.95%、3.07%）②相比,各自低了5.26个、3.89个、1.66个百分点,这一增势下降表明陕西实有市场主体规模增长速度略微放缓。

从全省新登记市场主体来看,2022年前三季度,陕西全省新登记市场主体数量累计为61.65万户,比2021年同期降低了10.74%,③而2021年前三季度与2020年同期相比,增幅为26.18%,④对比看来,2022年前三季度低于2021年同期增长数值。从时间曲线变化来看,2022年第一季度数值为15.43万户⑤,第二季度数值为24.43万户,上半年数据达到39.86万户⑥,第三季度数据为21.79万户,其中,第二季度新登记市场主体数明显比第一季度增加9万户,而第三季度数据比第二季度略有下滑但仍高于第一季度。

从新登记市场主体具体构成来看,2022年1~3月,陕西新登记企业4.01万户、个体工商户11.33万户。⑦1~8月,全省新登记市场主体54.75万户,其中新登记企业15.33万户,新登记个体工商户39.14万户。⑧1~9

---

① 陕西省市场监督管理局：《前三季度我省支柱产业领域企业增势良好》,http://snamr.shaanxi.gov.cn/info/1823/22782.htm,发布时间：2022年10月28日,最后检索时间：2022年11月6日。
② 陕西省市场监督管理局：《我省市场主体稳步增长,支撑力持续趋强——前三季度市场主体发展分析》,https://mp.weixin.qq.com/s/EsFhVWE76u-vlGHhHXpXcQ,发布时间：2021年10月24日,最后检索时间：2022年11月6日。
③ 陕西省市场监督管理局：《前三季度我省支柱产业领域企业增势良好》,http://snamr.shaanxi.gov.cn/info/1823/22782.htm,发布时间：2022年10月28日,最后检索时间：2022年11月6日。
④ 陕西省市场监督管理局：《我省市场主体稳步增长,支撑力持续趋强——前三季度市场主体发展分析》,https://mp.weixin.qq.com/s/EsFhVWE76u-vlGHhHXpXcQ,发布时间：2021年10月24日,最后检索时间：2022年11月6日。
⑤ （记者）徐颖：《一季度全省新登记市场主体15.43万户》,《陕西日报》2022年4月5日,第1版。
⑥ 陕西省市场监督管理局：《全省上半年新登记市场主体39.86万户！》,http://snamr.shaanxi.gov.cn/info/1823/19529.htm,发布时间：2022年7月15日,最后检索时间：2022年11月6日。
⑦ （记者）徐颖：《一季度全省新登记市场主体15.43万户》,《陕西日报》2022年4月5日,第1版。
⑧ （记者）徐颖：《前8月全省新登记市场主体近55万户》,《陕西日报》2022年9月25日,第3版。

月,陕西省新登记企业 17.55 万户,新登记个体工商户 43.80 万户,新登记农民专业合作社 3039 户,分别比 2021 年同期降低了 5.42%、12.58%、27.03%。① 而 2021 年前三季度,全省新登记企业、新登记个体工商户、新登记农民专业合作社分别达到 18.55 万户、50.10 万户、4165 户,与 2020 年同期相比增幅为 19.32%、29.19%、1.54%。② 由此可知,2022 年前三季度全省的新登记企业、新登记个体工商户、新登记农民专业合作社三项指标与 2021 年同期水平对比呈现"一减一增"的局面,某种程度上说,这一阶段全省新登记市场主体总体规模有所收缩(见图 3)。

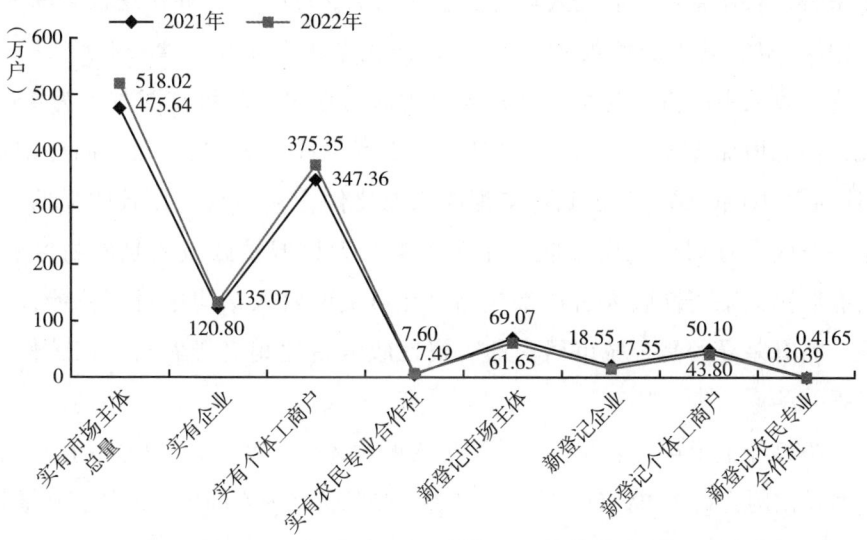

图 3　2021~2022 年 1~9 月陕西省市场主体数据

资料来源:《我省市场主体稳步增长,支撑力持续趋强——前三季度市场主体发展分析》《前三季度我省支柱产业领域企业增势良好》。

---

① 陕西省市场监督管理局:《前三季度我省支柱产业领域企业增势良好》,http://snamr.shaanxi.gov.cn/info/1823/22782.htm,发布时间:2022 年 10 月 28 日,最后检索时间:2022 年 11 月 6 日。

② 陕西省市场监督管理局:《我省市场主体稳步增长,支撑力持续趋强——前三季度市场主体发展分析》,https://mp.weixin.qq.com/s/EsFhVWE76u-vlGHhHXpXcQ,发布时间:2021 年 10 月 24 日,最后检索时间:2022 年 11 月 6 日。

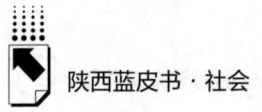

（四）就业质量：工资性收入保持增长趋势

工资性收入与就业密切相关，是反映就业人员所获全部劳动报酬的一个关键性衡量指标，也在一定程度上体现出就业市场的景气程度。可以说，工资性收入依旧是主要拉动城镇居民收入增长的动力源之一。截至2022年第一季度，陕西省居民人均可支配收入达到7822元，与2021年同期相比增加382元，增长5.1%，其中，工资性收入4192元，同比增加213元，增幅达到5.4%，① 在可支配收入中的占比为53.6%；分城乡来看，陕西省城镇居民人均可支配收入为10819元，同比增加409元，增幅3.9%，其工资性收入6213元，同比增加244元，增长4.1%，② 在可支配收入中的占比为57.4%；陕西省农村居民人均可支配收入为4391元，同比增加258元，增幅6.2%，其工资性收入为1879元，同比增加117元，增幅6.6%，③ 占到可支配收入的比例为42.8%。比较明显的是，第一季度全省居民工资性收入呈现增势，无论城镇区域还是农村区域，所有居民的工资性收入占比都较高，在可支配收入结构中对其依赖性较强，略有差异的是，城市居民的工资性收入占比稍高于农村，依赖性会更强一些。

2022年上半年，全省居民人均可支配收入为14906元，相应的同比名义增长比例达到4.3%（下同④），如参考扣除价格因素的影响，其实际增长比例变为2.2%，进一步来看，全省居民人均工资性收入为8029元，同比增

---

① 国家统计局陕西调查总队：《2022年一季度陕西居民人均收支水平》，https：//snzd.stats.gov.cn/jdsj/2022/40268.shtml，发布时间：2022年4月27日，最后检索时间：2023年1月5日。
② 国家统计局陕西调查总队：《2022年一季度陕西城镇居民人均收支水平》，https：//snzd.stats.gov.cn/jdsj/2022/40269.shtml，发布时间：2022年4月27日，最后检索时间：2023年1月5日。
③ 国家统计局陕西调查总队：《2022年一季度陕西农村居民人均收支水平》，https：//snzd.stats.gov.cn/jdsj/2022/40270.shtml，发布时间：2022年4月27日，最后检索时间：2023年1月5日。
④ 下同：是指以下的内容如果没有特别的说明，均视为同比名义增速。

加385元，增长5.0%，占到可支配收入的比例为53.9%。① 分城乡来看，全省城镇居民人均可支配收入达到21004元，同比增加658元，增幅3.2%，其工资性收入达到11915元，同比增加435元，增幅3.8%，② 占到可支配收入的比重为56.7%；全省农村居民人均可支配收入为7830元，同比增加382元，增幅5.1%，其工资性收入为3520元，同比增加205元，增长6.2%，③ 占到可支配收入的比重为45%。上半年居民工资性收入情况基本延续了第一季度的结构变化规律。

2022年前三季度，陕西全省居民人均可支配收入数值达到22806元，相应的同比名义增长比例为5.3%，如考虑扣除价格因素，实际增长比例变为2.9%。如按照收入来源划分，1~9月，陕西全省居民人均工资性收入为12012元，同比增加541元，增幅4.7%，占整个可支配收入的比例达到52.7%。④ 综合来看，前三季度与第一季度、上半年的全省居民人均工资性收入在可支配收入的相应占比基本在50%左右变化，具体数值均较为接近，充分说明工资性收入对居民收入来源构成的重要性。

2022年1~9月，全省居民人均工资性收入在全部可支配收入份额中基本占据超过50%的比例，换言之，类似工资等劳动报酬对大多数居民群体而言还是主要的收入来源，增幅变化虽有微调，但前后差异并不显著。值得注意的是，2021~2022年度前三季度全省居民人均可支配收入和工资性收入

---

① 国家统计局陕西调查总队：《2022年上半年陕西居民人均可支配收入增长4.3%》，https://mp.weixin.qq.com/s/nWLZAb9exHLw8PKeijoAnQ，发布时间：2022年7月25日，最后检索时间：2023年1月5日。
② 国家统计局陕西调查总队：《2022年上半年陕西城镇居民人均收支水平》，https://snzd.stats.gov.cn/jdsj/2022/40272.shtml，发布时间：2022年7月27日，最后检索时间：2023年1月5日。
③ 国家统计局陕西调查总队：《2022年上半年陕西农村居民人均收支水平》，https://snzd.stats.gov.cn/jdsj/2022/40273.shtml，发布时间：2022年7月27日，最后检索时间：2023年1月5日。
④ 国家统计局陕西调查总队：《2022年前三季度陕西居民人均可支配收入增长5.3%》，https://mp.weixin.qq.com/s/a0-qzrTYDQLv0GMfyOn6Qw，发布时间：2022年10月27日，最后检索时间：2022年11月6日。

的增幅比例（5.3%、4.7%）①比2020~2021年度同期数据（10%、8.4%)②均有不同程度下滑。此外，从城乡划分来看，同样存在类似的变化趋势，具体表现为2021~2022年度前三季度全省城镇居民人均可支配收入的增幅比例4.1%③比2020~2021年度同期（8.5%）④缩减了4.4个百分点；2021~2022年度前三季度全省农村居民人均可支配收入的增幅比例6.4%⑤比2020~2021年度同期（12%）⑥缩减了5.6个百分点（见图4）。

（五）就业政策：出台多项政策精准助力就业

2022年围绕全省就业创业等工作重点方向、重点群体、重点领域，陕西制定出台了多项支持政策，为高校毕业生、农民工、就业困难群体等重点就业人群提供一系列政策支撑、政策激励、政策引导、政策帮扶、政策援助、政策优惠等，充分发挥了"政策稳就业"的"保障调节器"作用，释放了充足的就业创业政策激活效应——帮助积极保民生和缓解生活困难。

---

① 国家统计局陕西调查总队:《2022年前三季度陕西居民人均可支配收入增长5.3%》，https://mp.weixin.qq.com/s/a0-qzrTYDQLv0GMfyOn6Qw，发布时间：2022年10月27日，最后检索时间：2022年11月6日。

② 国家统计局陕西调查总队:《2021年前三季度陕西居民人均收支水平》，https://snzd.stats.gov.cn/jdsj/2021/40256.shtml，发布时间：2021年11月16日，最后检索时间：2023年1月5日。

③ 国家统计局陕西调查总队:《2022年前三季度陕西居民人均可支配收入增长5.3%》，https://mp.weixin.qq.com/s/a0-qzrTYDQLv0GMfyOn6Qw，发布时间：2022年10月27日，最后检索时间：2022年11月6日。

④ 国家统计局陕西调查总队:《2021年前三季度陕西城镇居民人均收支水平》，https://snzd.stats.gov.cn/jdsj/2021/40257.shtml，发布时间：2021年11月16日，最后检索时间：2023年1月5日。

⑤ 国家统计局陕西调查总队:《2022年前三季度陕西居民人均可支配收入增长5.3%》，https://mp.weixin.qq.com/s/a0-qzrTYDQLv0GMfyOn6Qw，发布时间：2022年10月27日，最后检索时间：2022年11月6日。

⑥ 国家统计局陕西调查总队:《2021年前三季度陕西农村居民人均收支水平》，https://snzd.stats.gov.cn/jdsj/2021/40258.shtml，发布时间：2021年11月16日，最后检索时间：2023年1月5日。

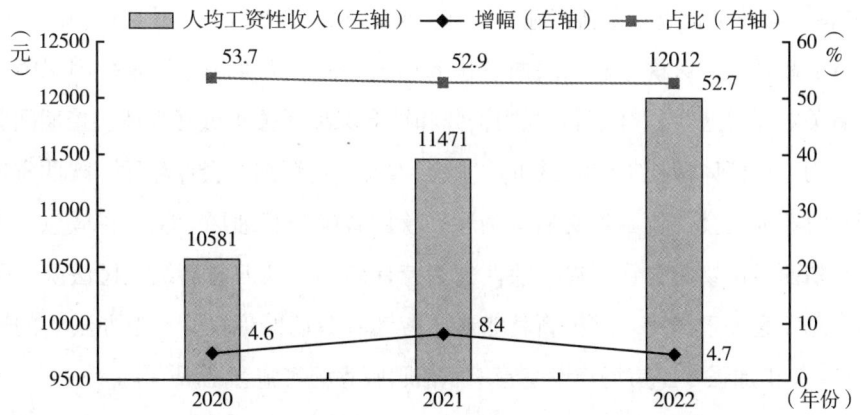

图 4　2020~2022 年前三季度陕西省居民人均工资性收入、同比增幅及其在可支配收入中的占比

资料来源：《2020 年前三季度陕西居民人均可支配收入增长 5.7%》①《2021 年前三季度陕西城镇居民人均收支水平》《2022 年前三季度陕西居民人均可支配收入增长 5.3%》。

据不完全统计，陕西贯彻落实和制定出台多项助力政策举措，这些推进实施的政策内容既考虑涵盖不同类型就业群体的需求差异，也注重彰显各项具体政策的阶段性、延续性和精准性特征，同时强化不同职能部门的协调协同，更注意引导打通就业过程的前端、中端、后端，高效对接和统筹支持就业供需两侧，此外，还兼顾政策执行细节的弹性和灵活性，关注了新职业、灵活就业及新就业形态等热点现象。

实际上，上述有关的政策目标指向和实施效果预期具体分散体现在如下的代表性政策措施之中：例如《陕西省人民政府办公厅关于切实做好高校毕业生等青年就业创业工作的通知》②《陕西省就业工作领导小组关于印发〈强化稳就业扩就业若干措施〉的通知》《陕西省就业工作领导小组关于印发

---

① 国家统计局陕西调查总队：《2020 年前三季度陕西居民人均可支配收入增长 5.7%》，https://mp.weixin.qq.com/s/uSNzCWMm9jdQARGyNnNv4PA，发布时间：2020 年 10 月 23 日，最后检索时间：2022 年 11 月 6 日。
② 陕西省人民政府办公厅：《关于切实做好高校毕业生等青年就业创业工作的通知》，http://www.shaanxi.gov.cn/zfxxgk/fdzdgknr/zcwj/szfbgtwj/szbf/202207/t20220711_2228279.html，发布时间：2022 年 7 月 11 日，最后检索时间：2022 年 11 月 6 日。

〈支持稳就业扩就业六条新措施〉的通知》《陕西省人力资源社会保障厅　陕西省财政厅　国家税务总局陕西省税务局关于做好失业保险援企纾困保障民生有关工作的通知》《陕西省人力资源和社会保障厅关于做好疫情防控期间脱贫劳动力等群体帮扶工作的通知》《陕西省人力资源和社会保障厅　陕西省发展和改革委员会　陕西省交通运输厅　陕西省邮政管理局　陕西省应急管理厅　陕西省市场监督管理局　陕西省医疗保障局　陕西省高级人民法院　陕西省总工会关于印发〈维护新就业形态劳动者劳动保障权益实施办法〉的通知》《关于加强零工市场建设完善求职招聘服务的实施意见》[1]等。

二　就业发展趋势及其面临的挑战

（一）青年群体就业压力和风险仍存

青年群体尤其是高校毕业生是重点就业人群之一，因为青年/高校毕业生就业问题事关就业市场稳定、产业可持续发展和经济创新韧性，加之16~24岁青年人失业率和20~24岁大专及以上人员失业率等相关数据起伏变化较大，带有突出的周期性波动特征，因此，本年度青年人群体失业数据不少时点处于数值高位。

从全国看，一方面，2022年前三个季度高校毕业生就业市场景气指数（即CIER指数）分别为0.71、0.53、0.57，已经降到2020年以来的最低点，同时低于同期全国就业市场景气指数;[2]另一方面，青年失业率连续走

---

[1] 具体内容可参见陕西省人力资源和社会保障厅"最新文件"栏目，https：//rst.shaanxi.gov.cn/newstyle/pub_ newschannel.asp？chid=100695，最后检索时间：2022年11月6日。
[2] 中国人民大学中国就业研究所＆智联招聘：《供给侧继续承压，景气度降至新低——2022年一季度高校毕业生就业市场景气报告》，智联研究院公众号，发布时间：2022年4月，最后检索时间：2022年11月6日；中国人民大学中国就业研究所＆智联招聘：《景气指数持续下降，市场压力有所上升——2022年二季度高校毕业生就业市场景气报告》，智联研究院公众号，发布时间：2022年7月，最后检索时间：2022年11月6日；中国人民大学中国就业研究所＆智联招聘：《景气指数见底回升，结构矛盾依然突出——2022年三季度高校毕业生就业市场景气报告》，智联研究院公众号，发布时间：2022年10月，最后检索时间：2022年11月6日。

高，达到了一个相对的历史高位，2022年1~3月城镇青年失业率分别为15.3%、15.3%、16%，数值进入上升期，第一季度均值达到15.5%；4~6月进入跃升期，这3个月数据快速增加，相应是18.2%、18.4%、19.3%，第二季度末比第一季度末增加了3.3个百分点，第二季度城镇青年失业率均值为18.6%，前两个季度平均值相差达到3.1个百分点；进入7~9月则处于高峰值转折阶段，城镇青年失业率达到数据高点后开始回落，各月依次为19.9%、18.7%、17.9%，第三季度均值为18.8%，与第二季度均值相比的差值已不明显，仅稍高0.2个百分点。基于前三季度（1~9月）青年失业率数据变化可以发现，一是青年群体的就业和失业形势变化带有明显的季节波动性，一般来说，高点出现时刻大多集中在第三季度，比如高校毕业生群体的6~7月毕业季，过后逐步到第四季度平稳下降回落；二是与2021年同期数据相比可发现如下规律：第一，2021年与2022年数据变化轨迹相似，2021年1~5月16~24岁人口城镇调查失业率（1月12.7%、2月13.1%、3月13.6%、4月13.6%、5月13.8%）进入爬升期，6~7月达到高点阶段（6月15.4%、7月16.2%），8~9月开始步入逐步下降阶段（8月15.3%、9月14.6%），10~12月处于数据平稳期（10月14.2%、11月14.3%、12月14.3%）；第二，结合2022年16~24岁人口城镇调查失业率的最高值、1~9月均值、前三个季度均值等几项指标值与2021年比较可知，2022年1~9月均值（17.7%）比2021年（14.3%）高3.4个百分点，2022年7月高峰值（19.9%）比2021年（16.2%）高3.7个百分点，2022年第一季度、第二季度、第三季度均值（15.5%、18.6%、18.8%）比2021年（13.1%、14.3%、15.4%）高了2.4个、4.3个、3.4个百分点，说明与上年同期数值比较2022年青年人口的就业压力进一步加大。[①]

以西安市为例，西安具有青年群体就业的内在地域典型性，即西安既是高等院校聚集地，又是就业资源集散地，也是人才资源流动地，更是全省教

---

① 国家统计局：《国家数据——全国16~24岁人口城镇调查失业率》，https://data.stats.gov.cn/easyquery.htm?cn=A01，最后检索时间：2022年11月6日。

育资源和经济资源的集聚中心和首位城市。具体来说，参照两大指标，其一是高校毕业生招聘需求和求职申请TOP城市（主要是高校毕业生供求TOP15城市），招聘需求TOP15中的西安2022年第一季度列第14位，占比2.2%，求职申请TOP15中的西安居第8位，占比4.3%；第二季度西安列招聘需求城市的第14位（2.4%），求职申请城市的第7位（4.7%）；第三季度西安列招聘需求城市的第7位（3.6%），求职申请城市的第8位（4.4%）。西安前三季度招聘需求和求职申请两相对比，高校毕业生供给明显多于用人单位岗位需求。其二是高校毕业生就业景气较好和较差的城市，2022年第一季度高校毕业生就业景气较差的10个城市中西安居第2位，就业市场景气指数（即CIER指数）0.23；第二季度高校毕业生就业景气较差的10个城市中西安居第1位，就业市场景气指数（即CIER指数）继续降低，达到0.15；第三季度西安已跳出高校毕业生就业景气较差的10个城市行列。西安前三季度从整体看同比和环比持续下降，由此可见，高校毕业生供给侧承压很明显。与2021年同期（第一季度1.45、第二季度1.28、第三季度0.75、第四季度0.32）相比，西安2022年就业市场景气指数（CIER指数）不仅低于上年同期值，而且其指数值还基本处于下行期。[①]

（二）服务业稳岗就业依然面临承压问题

服务业作为吸纳就业的"蓄水池"和"主力军"作用明显。一方面，服务业领域的就业人数和经济影响具有巨大规模效应，2013~2021年服务业

---

① 中国人民大学中国就业研究所&智联招聘：《供给侧继续承压，景气度降至新低——2022年一季度高校毕业生就业市场景气报告》，智联研究院公众号，发布时间：2022年4月，最后检索时间：2022年11月6日；中国人民大学中国就业研究所&智联招聘：《景气指数持续下降，市场压力有所上升——2022年二季度高校毕业生就业市场景气报告》，智联研究院公众号，发布时间：2022年7月，最后检索时间：2022年11月6日；中国人民大学中国就业研究所&智联招聘：《景气指数见底回升，结构矛盾依然突出——2022年三季度高校毕业生就业市场景气报告》，智联研究院公众号，发布时间：2022年10月，最后检索时间：2022年11月6日；中国人民大学中国就业研究所&智联招聘：《2021年三季度高校毕业生就业市场景气报告》，智联研究院公众号，发布时间：2021年10月，最后检索时间：2022年11月6日。

平均每年增加就业人员数为931万人。2021年,服务业(第三产业)就业人员规模达到35868万人,占到全国就业人员总数的48.0%,[①] 服务业对经济增长的贡献率增长至54.9%[②];另一方面,服务业持续成为吸纳重点群体之一的农民工就业的最主要产业,2021年服务业领域的农民工占比为50.9%,而且农民工集中就业的六类主要行业中有多个行业就属于服务业;[③] 此外,服务业消费容易受到新冠肺炎疫情冲击和影响,其就业吸纳能力容易相应出现较大的起伏波动变化,所以需要进一步增强就业问题治理举措方面的韧性和弹性。

服务业与就业联动关系密切,容易形成"蝴蝶效应"。2022年前3个月,陕西省规模以上服务业增长持续放缓[④],连带影响服务业企业用工需求,二者产生交叉影响效应;进入5月底,全省范围规模以上服务业企业用工人数为103.10万人,同比降幅达到2.0%,是近两年以来出现的首次负增长。全省分行业看,涉及服务业中的多个行业出现了数值及比例不等的下滑现象,例如交通运输及仓储和邮政业、教育行业、租赁和商务服务业等,其中,教育行业、租赁和商务服务业、交通运输及仓储和邮政业期末用工人数分别达到2.02万人、11.16万人、44.25万人,同比下降幅度依次为31.2%、4.8%、5.5%,下拉全省规模以上服务业期末用工人数增速相应为0.9个百分点、0.5个百分点、2.5个百分点。全省分地市看,除了商洛市规模以上服务业期末用工人数同比呈现正增长趋势外,其余地市皆处于负增

---

① (记者)杨曦:《十年来,我国服务业从高速度发展向高质量发展稳步迈进》,http://finance.people.com.cn/n1/2022/0921/c1004-32530857.html,发布时间:2022年9月21日,最后检索时间:2022年11月6日;国家统计局:《人口规模持续扩大 就业形势保持稳定——党的十八大以来经济社会发展成就系列报告之十八》,http://www.stats.gov.cn/xxgk/jd/sjjd2020/202210/t20221010_1889061.html,发布时间:2022年10月10日,最后检索时间:2022年11月6日。
② (记者)时斓娜:《服务业成吸纳就业主导力量》,《工人日报》2022年9月30日,第5版。
③ 国家统计局:《2021年农民工监测调查报告》,http://www.stats.gov.cn/tjsj/zxfb./202204/t20220429_1830126.html,发布时间:2022年4月29日,最后检索时间:2022年11月6日。
④ 陕西省统计局:《1~3月规模以上服务业增长持续放缓》,http://tjj.shaanxi.gov.cn/tjsj/tjxx/qs/202205/t20220519_2221578.html,发布时间:2022年5月18日,最后检索时间:2022年11月6日。

长状态,具体来看,如咸阳市、延安市、西安市规模以上服务业期末用工人数分别达到2.22万人、2.83万人、73.67万人,同比下降依次为9.7%、7.6%、1.3%,下拉全省规模以上服务业期末用工人数增速分别为0.2个百分点、0.2个百分点、1个百分点。① 一定程度上,服务业吸纳就业比例的下滑,影响了全省就业率增长。但也应注意到,整体上,回溯2022年前三季度,全省服务业处于持续改善和恢复的进程中,服务业增加值同比增长3.1%,与上半年相比增速加快0.5个百分点。②

三 政策建议

通过对陕西年度就业形势分析,深度剖析就业发展趋势及其面临的挑战,提出基于就业促进政策协同治理的对策建议思路,目标是搭建以四类协同构成要素为主体的政策行动框架,推进不同群体就业促进政策有效协同。

整体上看,影响就业成效的因素是数个维度的、多项层级的,但其中就业促进政策是作为一个非常重要的导向性因素而存在的。促进不同群体就业的政策要素作用发挥主要包括两个面向:其一是依靠政策效应释放,其二是借助政策协同效应联动。政策效应本质是以就业为中心的多项政策直接带动不同群体就业率向上变化,政策协同效应则着重关注不同来源的就业政策如何形成一个良性互动框架发挥整合效力,间接引导就业格局及其发展趋势调整。因此,对就业政策协同的要素构成进行拓宽认识和深入挖掘,将会进一步发挥就业促进政策的推进效率、实施效果、后续效益、长远效用。

就业促进政策实现有效协同的终极目标是打造一个经过整合的就业支持体系。具体来看,这四类协同构成要素主要包括如下方面。

---

① 陕西省统计局:《服务业经济稳中有增 企业吸纳就业后劲不足》,http://tjj.shaanxi.gov.cn/tjsj/tjxx/qs/202207/t20220720_2229440.html,发布时间:2022年7月13日,最后检索时间:2022年11月6日。
② 陕西省统计局:《2022年前三季度全省国民经济运行情况》,http://tjj.shaanxi.gov.cn/tjsj/tjxx/qs/202211/t20221104_2263049.html,发布时间:2022年11月4日,最后检索时间:2022年11月6日。

（一）以目标协同为定位点，切实引导就业政策聚焦

不同职能部门和群团组织围绕就业主题开展各项服务工作，由于各司其职，工作重心各有所不同，必然面临指向目标协同的路径选择。就业目标协同主要涉及两个层次的目标定位，从宏观目标到微观目标。

在宏观层面，坚持实施就业优先战略和不断强化就业优先政策，说明就业在经济社会大系统中的关键角色和影响力，这是宏观目标和整体意识在政策凝聚点领域的集中体现，重点在于拥有相应的认同意识及其实践机制。同时，就业促进政策打破区域、部门、领域等的界限，重点在于推动不同职能部门政策着力点的开放和衔接，形成工作各有侧重、优势各自发挥、服务各有所长的部门目标协同体系。

在微观层面，就业政策需要经历三重叠加关系（央地关系、省际关系、省市关系）影响的转换落地实施，细分来看，央地关系下的就业政策面临着在理解消化中央层面的就业政策精神和导向基础上，地方层面更加贴近务实地制定符合本省发展实际的就业举措和行动方案；省际关系下的就业政策有一个相互学习借鉴、加强沟通交流、提供便捷服务、助推跨区流动的指导方向，为不同就业群体全国范围多地流动就业创造更加有利的政策条件和优惠措施；省市关系下的就业政策隐含着中央、省、市三个行政管理层级的演进逻辑，这一就业政策内在逻辑由上至下落地集中反映出两层含义：其一是中央就业政策经过省级传递到市级（基层）的空间转移消化落地，其二是省级（本地）就业政策举措向市级（基层）传递后市—省积极对接。由此可知，应基于多层级、多维度、多地域因素互动连接实现就业政策的目标协同，引导和促进就业政策聚焦中心问题。

（二）以系统协同为支撑面，切实推进就业政策整合

一般来说，不同群体相应的就业行为选择会受到多重系统要素的能动性和制约性影响。完成就业政策整合关键是要以系统协同为基础性前提条件，发挥和调配三重系统要素（供给系统、组织系统、需求系统）的角色功能

和整合作用。系统协同主体依靠"供给系统—组织系统—需求系统"打造出"三位一体"的共同体系统。

其中，供给系统——主要由教育职能部门及学校组成，精准对接就业市场需求，改善专业课程学习效果，提升高等教育各个专业人才培养质量，促进就业能力增长，为人员就业提供信息资源、服务资源、政策资源支撑。

组织系统——主要由多个就业服务职能部门等多家组织组成，各职能部门等按照职责要求出台相应优惠政策和工作方案，发挥其充当政策供给、政策杠杆的重要作用，为不同群体就业创造更好更高质量的就业政策环境。

需求系统——主要由大中小微企业、人力资源服务机构、公共就业创业服务机构、基层单位等组成，一方面积极对接用人单位，为不同群体就业提供直接服务；另一方面拓展升级就业服务市场，为不同群体就业创造良好外部条件。在此基础上，供给系统、组织系统、需求系统三个系统形成协同效应，转变为供给整合、组织整合、需求整合，由整合实现融合，有利于进一步激发就业政策整合效力。

（三）以意识协同为驱动力，切实保障就业政策运行

不同群体的就业观念要与时俱进，融入新的时代内涵，要有坚定的理想信念和国家大局观，要有深入基层建功立业的决心，更是离不开参与就业各方的意识协同作为。意识协同促进就业政策良性运转，具体体现为工作理念协同、多维意识协同、价值观协同、观念共同体打造。

其一，工作理念协同强调相关职能部门相互之间围绕就业开展工作时加强就业政策合作，抛开部门局部利益，从全局出发推动就业工作，侧重设计互补型政策、协作型政策、匹配型政策、衔接型政策，始终坚持整体就业格局作为政策制定的着眼点和起始点，充分发挥不同职能部门的政策功能分工优势，注意规避和填补就业政策设计前中后过程中潜藏的知识盲点、经验空白、协同缝隙、机制断点。

其二，多维意识协同强化展现就业参与各方的主体性、主动性、行动

性、能动性，注意激发参与方的主体参与意识、合作服务意识、沟通分享意识、政策实践意识、话语宣传意识，积极引导协同观念注入各种类型意识内容中，经过就业政策协同过程中的认识、认知、认同三个演进阶段，保障就业政策功能的发挥能够处于良性合作互动状态而非单一推进状态。

其三，价值观协同重视不同群体就业取向和国家整体格局发展有效协同的关系理念，倡导个体选择与国家需求的对接同步、专业优势与经济社会趋势的对接同步、短期竞争力与可持续发展的对接同步，坚持将个人命运与国家大局结合起来，将个人发展融入国运进程之中，将个人奉献与国家荣誉、待遇回报协调匹配起来。

其四，观念共同体打造主要是围绕不同群体就业工作参与各方的理念、意识、价值观协同由一种侧重同步对接、协调合作的心理意识转型升级到一种注重共识统合、纽带认同的价值规范，这一共同体同时嵌入了四种价值取向，从自我取向、集体取向、系统取向到社会取向，自我—集体取向反映的是对不同群体就业目标判断产生影响的多类型选择导向，系统—社会取向则反映的是政策制定者及用人单位对不同群体就业产生影响的选择导向，从个体到整体、由内而外地涵盖了就业系统各个组成部分，塑造就业工作共识，促进就业观念统合，完成就业理念纽带认同，最终达到就业认同状态的理性化、例行化、社会化结果。

（四）以评估协同为突破口，切实抓好就业政策落地

就业政策实施到位与否关键是看如何开展全方位、多面向、有深度的就业绩效评价工作，具体对应着评估类型及其策略主要涵盖的三种协同指向：评估参与主体的协同、评估实施全程的协同、评估政策绩效的协同。

首先，评估参与主体的协同，包括参加就业选择的不同就业人群、教育机构、以教育管理机构为代表的诸多职能部门、多家企事业用人单位等。评估参与主体的协同存在两类维度三个层次：第一类维度是评估就业人群与各类工作部门、用人单位的互动关系和对接成效，包括第一层次是评估就业人群与各类工作部门、用人单位在求职过程中的信息对接效果，第二层次是评

估就业人群与各类工作部门、用人单位在入职过程中的程序对接效果，第三层次是评估就业人群与各类工作部门、用人单位在入职后的就业质量高低及其适应性程度；第二类维度是评估教育部门、教育机构与其他职能部门、用人单位的信息交换和政策协同效果，同样包括评估上述单位在就业人群的就业前期、中期、后期的政策执行效果。

其次，评估实施全程的协同，包括涉及就业周期全过程实践的需求评估、过程评估、结果评估纵横层面的协同。从横面协同来看，对不同群体就业的需求评估，既应有总结完整的就业人群主体需求，也应有充分反映用人单位对就业者质量要求的客体需求，二者形成主客体共生需求的协同格局，同时注意就业人群需求点的同质性和异质性特征；对就业人群就业的过程评估，通过抽样方式邀请有就业经历的人员参与问卷调查或个案深度访谈或焦点小组讨论，总结梳理就业人群就业前的自我评估、专业优势判断及个体能力呈现，搜索消化就业前期的就业市场供求信息、就业优惠政策信息，挖掘提炼就业中后期的面试经验和择业择岗经历；对不同群体就业的结果评估，一方面对应着教育机构、就业人群、用人单位三类满意度评估，另一方面对应着就业人群对各类就业促进政策的知晓率、参与率、满意率的评估。从纵面协同来看，在不同群体就业的需求、过程、结果三者之间进行全流程评估，尤其需要重点关注需求与政策的内在关系、政策层面如何回应需求内容、政策内容涵盖就业过程的哪些环节及其存在的空白点、就业政策实施成效对应就业质量高低的影响。

最后，评估政策绩效的协同，包括对不同群体就业政策的制定者、参与者、实施对象在就业政策落地过程中实践表现及其相互关系的认知评估，相应来看，就业政策制定者通过收集实施对象、参与者的政策效果信息反馈，整理厘清政策优势及其薄弱之处，为日后强化政策优势弥补不足储备经验；就业政策参与者积极反馈政策要点与就业实际的连接强弱程度；政策实施对象对就业政策运行效果进行梳理，着重反馈各项政策内容条款的惠及程度、落地程度、覆盖程度，同时不应忽略如何结合实际完善就业弱势群体、就业困难群体、就业特殊群体的权益保护机制和治理行动举措。

参考文献

王阳、杨宜勇等：《大国就业：结构性失衡与应对之道》，工人出版社，2022。

岳昌君等：《全国高校毕业生就业调查报告（2021）》，北京大学出版社，2022。

白晨、杨伟国：《中国就业促进政策：评估与展望》，东北财经大学出版社，2021。

陈云：《2021年就业形势与未来展望》，载李培林、陈光金、王春光主编《社会蓝皮书：2022年中国社会形势分析与预测》，社会科学文献出版社，2021。

莫荣、陈云、曹佳：《2020年中国就业形势、政策进展与未来展望》，载莫荣主编《就业蓝皮书：中国就业发展报告（2021）》，社会科学文献出版社，2021。

B.3
陕西基础教育发展现状、问题与对策*

张 鹤 李东方 秦雅慧**

摘 要： 习近平总书记强调，基础教育在国民教育体系中处于基础性、先导性地位，必须把握好定位，努力把我国基础教育越办越好。基础教育的发展状况关系教育高质量发展的实现进程，影响祖国下一代的发展，是"国之大者"。立足于陕西基础教育高质量发展的战略前景，从学习者、教育者、教育措施三大教育要素着手，通过对2019~2021年陕西教育事业发展统计数据分析和部分地区考察调研，了解陕西基础教育发展的现状，深入剖析其中存在的问题，进而提出从学生维度应优化教育资源布局，满足学生发展需要；改善师资供给，满足学生求教需要；构建良好师生关系，提升学生自我效能感。从教师维度应建立乡村教师队伍长效补充机制；提升教师职业对男性的吸引力；提升非城区中学教师学历水平。从学校维度应优化顶层设计，加快全面提升办学条件；推进办学条件标准化建设，促进城乡均衡发展；补充学校医疗资源，搭建救治防线等针对性的对策建议，助推陕西基础教育发展质量实现跃升。

关键词： 基础教育 高质量发展 陕西省

---

* 本文系2022年度陕西省哲学社会科学重大理论与现实问题研究后期资助项目"'新评标'下陕西义务教育办学质量提升策略研究"、2022年度陕西省社会科学基金年度项目"陕西省义务教育质量监测体系构建研究"（2022P030）的阶段性成果。

** 张鹤，陕西省社会科学院教育研究所所长，副教授，研究方向：教育管理、教育政策与法律；李东方，陕西省社会科学院教育研究所研究实习员，研究方向：教育基本理论、基础教育；秦雅慧，陕西省社会科学院教育研究所研究实习员，研究方向：教育基本理论、教师教育。

教育是立国之本、强国之基，基础教育作为提高全民族素质的奠基工程，更具有基础性和先导性作用。步入新时代以来，陕西基础教育获得了长足发展，全省全面通过国家义务教育基本均衡发展评估认定，基础教育取得显著发展，高中阶段教育的普及率大幅度提高，全面落实省委、省政府的要求和全省人民的期盼。但陕西的基础教育仍然具有很大的提升和发展空间，本文就陕西基础教育发展的现状、问题和对策加以探讨。

一　陕西省基础教育的现状

基础教育是一个高度概括的概念，仅从学段考虑就包含了学前、小学、初中和普通高中，且各阶段呈现不同的特点。本文从学习者、教育者、教育措施三要素出发，对各学段陕西省基础教育的现状加以陈述和分析。

（一）学前教育阶段

近年来，陕西省学前教育发展迅速，专任教师占总体幼儿教师的比重稳中有升。在《关于切实做好民办幼儿园扶持工作的通知》等政策文件的推动下，民办幼儿园发展愈加规范，普惠性幼儿园建设卓有成效。此外，幼儿园校舍建筑面积、生均图书占有量都显著提升。幼儿教育整体发展态势良好，具体情况如下。

截至2021年底，全省幼儿园在园幼儿1373463人，[①] 比上年减少39963人，下降2.83%。其中，民办幼儿园在园幼儿673881人，比上年减少26950人，下降3.85%，民办普惠性幼儿园在园幼儿572936人，占民办园在园幼儿总数的85.02%，占全省幼儿园在园幼儿总数的41.71%。综观地区差异情况，城区幼儿园学生占比46.80%、镇区占比40.80%、乡村占比12.40%；综观陕西省各地市情况，民办普惠性幼儿园在园幼儿占民办园在

[①]《2021年陕西省教育事业发展统计公报》，陕西省教育厅网站（2022年6月11日），http://jyt.shaanxi.gov.cn/news/tongjinianjian/202206/11/20679.html，最后检索时间：2022年10月19日。

园幼儿总数比例居高的为宝鸡市和榆林市，分别为90.6%和90.4%。

2021年，全省幼儿园教职工180389人，比上年增加1572人，增长0.88%。其中专任教师101036人、卫生保健人员5776人、保育员35625人，专任教师比上年增加2760人，增长2.81%，专任教师占全省幼儿园教职工总数的56.01%（见图1）；女性专任教师98095人，占专任教师总数的97.09%。综观地区差异情况，城区专任教师占比47.66%、镇区占比39.87%、乡村占比12.47%；综观全省各地市基本情况，专任教师占幼儿园教职工总数比例居高的为商洛市和延安市，分别为66.22%和64.5%。

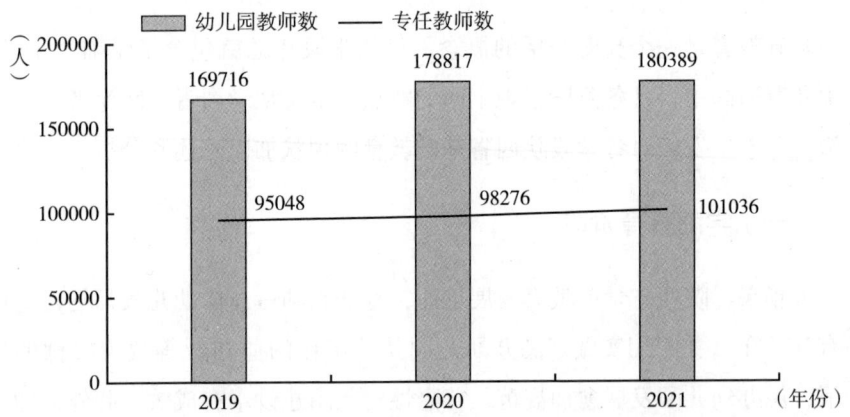

图1　2019~2021年陕西省幼儿园教师数及专任教师数

资料来源：2019~2021年《陕西省教育事业发展统计公报》。

全省共有幼儿园8226所①，比上年增加22所，增长0.27%。民办幼儿园3851所，比上年减少62所，下降1.58%，民办普惠性幼儿园3210所，占民办园总数的83%（见图2）。综观地区差异情况，城区幼儿园占比32.06%、镇区幼儿园占比40.98%、乡村幼儿园占比26.96%；综观陕西省各地市基本情况，西安市和渭南市的幼儿园园数居高，分别为1987所和

---

① 《2021年陕西省教育事业发展统计公报》，陕西省教育厅网站（2022年6月11日），http://jyt.shaanxi.gov.cn/news/tongjinianjian/202206/11/20679.html，最后检索时间：2022年10月19日。

1252所。宝鸡市和西安市的民办普惠性幼儿园占民办园比例居高，分别为90.8%和89.1%。

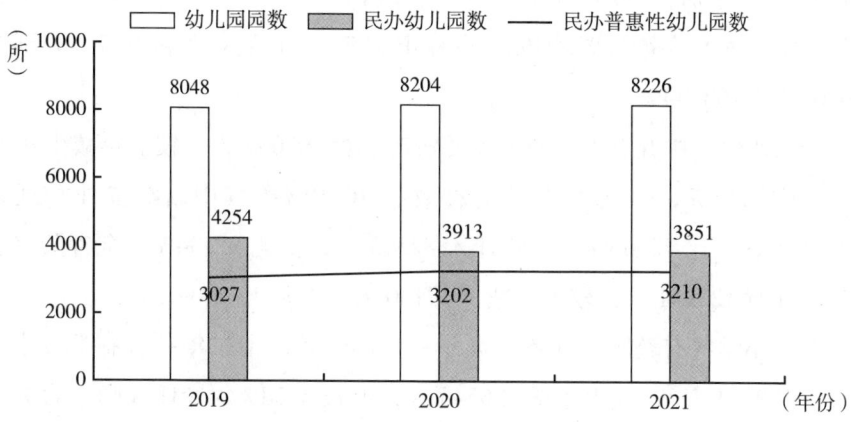

图2　2019~2021年陕西省幼儿园园数

资料来源：2019~2021年《陕西省教育事业发展统计公报》。

全省幼儿园总体占地面积2467.61万平方米，校舍建筑面积1444.46万平方米，较上年增加98.26万平方米，增长7.3%。其中，教学及辅助用房面积占比最高，达到68.18%。此外，2021年陕西省幼儿园共有图书册数2286.50万册，较上年增加195万册，生均16.18本，生均较上年增加1.4本。

（二）义务教育小学阶段

近年来，进城务工人员子女人数和留守儿童人数都持续下降，学生入学率和教师学历合格率较高。办学条件方面，陕西省小学校数有所减少，但民办普通小学占全省小学的比例显著下降，有效促进了义务教育小学更加公平的发展。总体校舍建筑面积和教学仪器达标情况良好，生均图书册数、生均计算机台数逐年上升，小学城乡一体化建设力度不断加大，具体情况如下。

截至2021年底，全省共有在校小学生2964036人，比上年增加72017人，增长2.49%，其中，民办普通小学在校生273508人，占比9.23%。综观地区差异情况，城区小学学生占比48.10%、镇区占比41.72%、乡村占比10.18%；综观陕西省各地市基本情况，在校生人数占比最多的为西安市和榆林市，分别占30.06%、11.89%。陕西省小学学龄儿童毛入学率为101.49%，净入学率为99.94%，榆林市和延安市毛入学率居高，分别为103.60%和103.44%。

全省小学生中共有进城务工人员随迁子女302063人，较上年减少9388人，下降3.01%，占全省小学生总数的10.19%。其中，本省外县迁入219470人，占比72.66%，外省迁入82593人，占比27.34%。全省共有农村留守儿童123941人，较上年减少17130人，下降12.14%。

全省小学共有教职工（不含九年一贯制学校、十二年一贯制学校小学阶段）179824人①，比上年增加6546人，增长3.78%。专任教师（含九年一贯制学校、十二年一贯制学校小学阶段）185039人，比上年增加7955人，增长4.49%。综观地区差异情况，城区小学专任教师占比41.24%、镇区占比42.62%、乡村占比16.14%。通过了解专任教师学历情况，本科毕业教师居多，占比76.44%，专科毕业次之，占比19.98%。全省小学教师中有博士研究生毕业4人，其中2人在西安市、1人在渭南市、1人在榆林市，高中阶段及以下毕业1192人。全省专任教师学历合格率99.98%；综观全省各地市的基本情况，西安市、铜川市、宝鸡市、咸阳市、汉中市小学专任教师合格率均为100%，渭南市小学专任教师合格率最低，为99.93%。通过了解专任教师职称情况，一级教师和二级教师占比居高，分别为37.61%、37.42%。通过了解专任教师年龄情况，小学专任教师中34岁以下的教师和34~59岁的教师所占比例之和为80%~90%，小学教师队伍以中青年教师为主。

全省共有小学4559所，比上年减少51所，下降1.11%。其中，民办普通小学228所，比上年增加1所，增长0.44%。民办普通小学占全省小

---

① 《2021年陕西省教育事业发展统计公报》，陕西省教育厅网站（2022年6月11日），http://jyt.shaanxi.gov.cn/news/tongjinianjian/202206/11/20679.html，最后检索时间：2022年10月19日。

学的5%。综观地区差异情况,城区小学占比24.06%、镇区小学占比38.85%、乡村小学占比37.09%;综观全省各地市基本情况,西安市和咸阳市小学数量居高,分别为1170所和633所,占全省小学总数的25.66%、13.88%。

全省小学总体占地面积5716.57万平方米,校舍建筑面积2431.52万平方米,较上年增加130.57万平方米,增长5.67%,生均校舍建筑面积8.2平方米,较上年增加0.2平方米。其中,占比最高的教学及辅助用房面积占比48.35%。生均教学及辅助用房面积3.96平方米,较上年增加0.23平方米。聚焦办学条件中体育运动场馆面积达标校数、体育器械配备达标校数、音乐器材配备达标校数、美术器材配备达标校数、数学自然实验仪器达标校数,城区小学达标校数占比均在90%~95%,镇区小学达标校数占比均高于98%,乡村小学达标校数占比均高于97%。城区小学配备校医院校数占比79.58%,这一指标在镇区和乡村小学分别为98.93%、58.78%(见图3)。此外,2021年全省小学共有图书册数9349.73万册,较上年增加298.3万册,增长3.3%,生均图书册数31.54册,较上年增加0.24册。

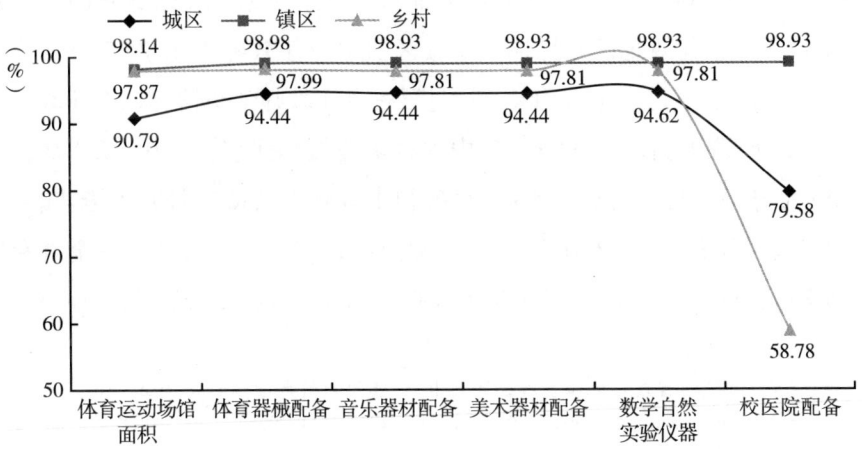

图3 小学仪器设备达标校数比例

资料来源:2019~2021年《陕西省教育事业发展统计公报》。

（三）义务教育初中阶段

综观全省义务教育初中阶段教育基本情况，近年来义务教育阶段学生入学率不断提高，教师队伍搭建合理，城区、镇区、乡村的差距逐步缩小，师资队伍建设成效显著，教育资源得到了更合理的配置。民办学校数量和学生数量逐年下降，强化了义务教育的公平性，占地面积和校舍建筑面积得到扩充，实验仪器达标校数逐年增多。具体情况如下。

截至2021年底，全省共有在校初中生1204702人[1]，比上年增加36397人，增长3.12%。其中，民办普通初中在校生170659人，占比14.17%。综观地区差异情况，城区初中学生占比45.94%、镇区占比47.60%、乡村占比6.46%；综观陕西省各地市基本情况，在校生人数占比最多的为西安市和咸阳市，分别占26.61%、11.25%。初中学龄儿童毛入学率为104.95%，净入学率为99.94%，西安市入学率居高，毛入学率为106.72%，净入学率为104.81%；咸阳市入学率最低，毛入学率为94.39%、净入学率为89.63%。

全省初中共有教职工119633人，比上年增加2319人，增长1.98%。其中，专任教师104282人[2]，比上年增加3172人，增长3.14%，占教职工总数的87.17%。综观地区差异情况，城区初中专任教师占比39.31%、镇区占比51.98%、乡村占比8.71%。通过了解专任教师学历情况，专任教师中本科及以上学历占比93.33%，其中本科毕业教师居多，占比85.93%，硕士研究生毕业次之，占比7.4%。全省初中教师中有博士研究生毕业5人，其中3人在西安市、2人在渭南市，高中阶段及以下毕业42人。全省专任教师学历合格率99.96%，较上年下降0.01个百分点；综观全省各地市基本

---

[1] 《2021年陕西省教育事业发展统计公报》，陕西省教育厅网站（2022年6月11日），http://jyt.shaanxi.gov.cn/news/tongjinianjian/202206/11/20679.html，最后检索时间：2022年10月19日。

[2] 《2021年陕西省教育事业发展统计公报》，陕西省教育厅网站（2022年6月11日），http://jyt.shaanxi.gov.cn/news/tongjinianjian/202206/11/20679.html，最后检索时间：2022年10月19日。

情况，西安市、宝鸡市初中专任教师学历合格率均为100%，安康市初中专任教师学历合格率最低，为99.87%。通过了解专任教师职称情况，一级教师和二级教师占比居高，分别为38.89%、34.16%。陕西省初中专任教师正高级教师69人，其中西安市和榆林市居多，分别为18人、12人。通过了解专任教师年龄情况，初中专任教师中35~45岁的教师占比大于50%，初中教师队伍仍以中青年教师为主。

全省共有初中1646所，比上年增加5所，增长0.30%。其中，民办普通初中100所，比上年减少5所，下降4.76%，民办普通初中占全省初中的6.08%。综观地区差异情况，城区初中占比24.85%、镇区占比59.11%、乡村占比16.04%；综观全省各地市基本情况，西安市和咸阳市初中数量居高，分别为334所和225所，占全省初中总数的20.29%、13.67%。

全省初中总体占地面积4077.25万平方米，校舍建筑面积1868.89万平方米，较上年增加116.48万平方米，增长6.65%，生均校舍建筑面积28.73平方米，较上年增加1.95平方米。其中，生活用房面积占比最高，为39.78%，生均生活用房面积11.43平方米，较上年增加0.36平方米。聚焦办学条件中体育运动场馆面积达标校数、体育器械配备达标校数、音乐器材配备达标校数、美术器材配备达标校数、数学自然实验仪器达标校数，达标占比均在97%以上，配备校医院初中占比75.52%。此外，2021年全省初中共有图书册数5478.76万册，较上年增加137.93万册，增长2.58%，生均图书册数84.23册，较上年增加2.62册。

（四）普通高中阶段

综观全省普通高中阶段教育，教师整体素质较高，学历和职称情况都呈现良好态势。办学条件得到了全面提升，生均校舍建筑面积和生均图书、计算机占有量都有明显提升，各类设施设备的达标校数比例也明显超过基础教育其他学段。具体情况如下。

截至2021年底，全省共有在校高中生650421人①，比上年减少4027人，下降0.62%，其中，民办普通高中在校生74082人，占比11.39%。综观地区差异情况，城区高中学生占比48.23%、镇区占比47.96%、乡村占比3.81%（见图4）；综观陕西省各地市基本情况，在校生人数占比最多的为西安市和咸阳市，分别占24.83%、11.82%。

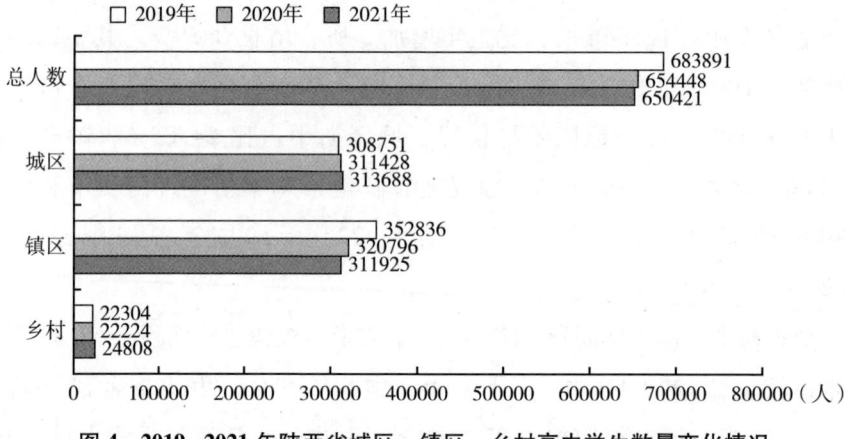

图4 2019~2021年陕西省城区、镇区、乡村高中学生数量变化情况

资料来源：2019~2021年《陕西省教育事业发展统计公报》。

全省共有高中教职工87850人，比上年增加892人，增长1.03%，其中，专任教师56934人②，比上年减少290人，下降0.51%，占教职工总数的64.81%。综观地区差异情况，城区高中专任教师占比46.82%、镇区占比49.23%、乡村占比3.95%。通过了解专任教师学历情况，专任教师中本科及以上学历占比98.90%，其中本科毕业教师居多，占比84.16%，硕士研究生毕业次之，占比14.74%，全省高中教师中有博士研究生毕业30人，

---

① 《2021年陕西省教育事业发展统计公报》，陕西省教育厅网站（2022年6月11日），http://jyt.shaanxi.gov.cn/news/tongjinianjian/202206/11/20679.html，最后检索时间：2022年10月19日。

② 《2021年陕西省教育事业发展统计公报》，陕西省教育厅网站（2022年6月11日），http://jyt.shaanxi.gov.cn/news/tongjinianjian/202206/11/20679.html，最后检索时间：2022年10月19日。

其中13人在西安市、12人在安康市，高中阶段及以下毕业10人。全省专任教师学历合格率98.95%，较上年下降0.46个百分点；综观全省各地市基本情况，安康市高中专任教师学历合格率最高，为99.49%，渭南市高中专任教师合格率最低，为98.12%。通过了解专任教师职称情况，一级教师和二级教师占比居高，分别为37.04%、28.33%。陕西省高中专任教师正高级教师234人，其中西安市和延安市居多，分别为54人、30人。通过了解专任教师年龄情况，高中专任教师中30~54岁的教师占比达77.91%，高中教师队伍以中年教师为主。

全省共有普通高中453所，比上年减少11所，下降2.37%。其中，民办普通高中87所，与上年持平，民办普通高中占全省高中的19.21%。综观地区差异情况，城区高中占比54.75%、镇区占比39.29%、乡村占比5.96%；综观全省各地市基本情况，西安市和宝鸡市高中数量居高，分别为167所和44所，占全省高中总数的36.87%、9.71%。

全省高中总体占地面积2910.24万平方米，校舍建筑面积1699.72万平方米，较上年增加87.38万平方米，增长5.42%。生均校舍建筑面积26.13平方米，较上年增加1.5平方米。其中，生活用房面积占比最高，为47.32%。生均生活用房面积12.37平方米，较上年增加0.83平方米。聚焦办学条件中体育器械配备达标校数、音乐器材配备达标校数、美术器材配备达标校数、数学自然实验仪器达标校数，达标占比均在99%以上，体育运动场馆面积达标校数占比96.25%，配备校医院高中占比85.65%。此外，2021年全省高中共有图书册数3810.66万册，较上年增加38.06万册，增长1.01%，生均图书册数58.59册，较上年增加0.94册。

二 陕西省基础教育存在的问题

总体来看，近年来陕西基础教育呈现出良好发展的状态，在学习者、教育者、教育措施三个要素方面的发展量化指标态势良好。但深入分析，仍存在一些值得重视和改进的问题。

（一）学生发展方面的问题

1. 班级超编一定程度上影响学生身心健康

2021年，陕西省农村小学较2018年减少174所，下降9.32%，而城市小学增加128所，增长13.21%。农村小学在校生人数较2018年减少5.2万人，下降14.69%，城市小学在校生人数增加33.38万人，增长超30%，城区初中在校生人数增幅超25%。这种状况造成城区学校班额超编，小班额目标难以实现，而镇、村学校生源不足、班额不足。根据我国义务教育阶段班额的要求，小学和初中的班额应分别不超过45人、50人。但截至2021年底，陕西省小学、初中分别有43.18%、28.42%的班级超编。城镇化的发展加剧了义务教育大班额的问题，在一定程度上影响学生的身心健康。从生理的角度看，大班额造成了教室空间和生活空间的密闭狭窄，长时间影响下无法保证空气质量，尤其是流感高发季节，空气流通慢加剧病毒传播速度，影响学生身体健康。此外，班额超标导致桌椅摆放靠前，且排与排之间的距离变小，影响学生的视力及身体发育，生均活动空间不足；从心理的角度看，学生脱离家庭加入班级中，班级人数过多会造成部分性格内向、敏感的学生面临交友障碍，不会处理复杂的小群体关系，造成焦虑、抑郁等情绪状态，有损心理健康。

2. 生均教师占有量不足影响学生学习效果

根据《关于统一城乡中小学教职工编制标准的通知》中的规定，小学阶段的生师比为19∶1，初中阶段的生师比为13.5∶1。参照《2020年全国教育事业发展统计公报》，全国小学阶段生师比为16.7∶1，初中阶段生师比为12.7∶1。陕西义务教育阶段城区小学生师比为19.1∶1，初中阶段生师比为13.7∶1，均略高于全国平均水平，生师教师占有量略显不足，可能会导致教师没有充足的时间和精力关注到每一位学生的发展，无法和学生在课堂上进行有效的交流和顺畅的沟通，部分学生因被给予的关注较少而散漫不自觉，影响学习效果。

3. 厌学情绪导致高中生退学问题突出

2021年陕西基础教育阶段小学共有2人因失能退学；初中有11人退学，其中4人因失能，7人因其他原因；高中生退学人数416人，其中因家庭原因退学60人，占比14.42%；因厌学退学的人数高达256人，占比61.53%。由此可见，厌学成为高中生退学极为重要的原因。学生长时间厌学会对学习失去兴趣，甚至出现反感的情绪。高中生长时间厌学一方面会影响其个人学习成绩，学生将学习视为负担，将关注点转移到与学习无关的事情上，增加了价值观念被误导的风险，不利于学生形成健康的社会人格；另一方面，厌学行为如果蔓延可能会影响整体学风，导致高中阶段教育质量大幅滑坡，从而影响高等教育入学生源质量，影响高质量人才培养。

（二）教师发展方面的问题

1. 乡村优质师资流失严重

中小学专任教师变动数据显示，2019~2021年乡村各学段教师数量明显低于镇区和城区，且乡村专任教师调出数量远远超出调入数量，与城区教师变动趋势方向相反。乡村专任教师调出数量在减少教师数中占比超过了50%，表明乡村教师流失现象严重，且大部分调出的教师都流入了城区。乡村教师总量下降且不断流失首先会影响教学秩序的正常开展，破坏学生学习的连贯性，迫使学生花费更多时间去适应新教师的教学风格。其次，乡村优秀教师的调出会拉低乡村教师队伍整体水平，进而影响乡村教育质量。① 此外，高级教师占比是衡量教师队伍整体专业水平的重要指标，2019~2021年初中和高中阶段乡村高级教师占比低于镇区和城区。高级教师在教师队伍中可以起到"领头羊"的示范作用，高级教师城乡分布失衡会加剧城乡学生成绩差距，影响教育公平的实现。

2. 教师性别比例整体失衡

2019~2021年各学段的不同区域女教师数量占据压倒性的比例，且男教

---

① 王晓生、邬志辉：《乡村教师队伍稳定机制的审视与改进》，《教育科学》2019年第6期，第71~77页。

师占比均在不同程度地下降，教师性别失衡问题逐渐凸显。一方面，教师性别比例失衡不利于学生的全面发展。一是不同性别教师在思维方式上存在性别优势，男教师的逻辑思维和创新意识更强，男教师占比低会影响学生在逻辑思维考察度高的学科中的学业表现和学习成就感，可能导致学生产生偏科现象。二是部分教师在教育教学中会把性别偏好代入师生互动情境中，女生乖巧听话，更符合女教师的性别特征，因此部分女教师会给予女学生更多的指导和关心，男学生得到的教育教学资源变相减少，不利于使所有学生都得到全面发展。另一方面，教师性别比例失衡不利于教师队伍的整体发展和质量提升。女教师数量的绝对优势会使得男教师感到"性别孤立"，影响其群体归属感，增大其心理压力，降低其职业认同感，进而削弱其提升教育教学能力的积极性。

3.非城区中学教师学历水平未达标

镇区和乡村中学教师的学历合格率虽然随着年份增长呈不断上升趋势，但是始终未达到100%，没有达到《教师法》中对中学教师的学历要求。镇区和乡村的高中教师学历合格率均低于初中教师，且存在"镇区塌陷"（镇区中学教师合格率整体低于乡村）的现象。《教师法》中对初中教师的学历要求为专科及以上，对高中教师的学历要求为本科及以上。教师学历水平未达标会对乡村教育教学和师生交往的质量造成不利影响，增大城乡教育差距。非城区中学教师学历未完全达标与城乡发展差距大有密切关系。由人力资本理论可知，教师对薪资待遇的回报率与教师学历是成正比的，教师学历越高，对薪资待遇要求的水平越高。非城区基础设施建设水平低于城区，教师的生活工作条件都较差，不能够完全满足高学历教师的待遇和发展要求，因此高学历教师在非城区的分布比例低。此外，"特岗计划"的实施能够为一部分毕业生流入乡村提供政策支撑，所以出现高学历教师"镇区塌陷"的现象。

（三）教育措施方面的问题

1.校舍房屋结构有待优化

危房清零行动实施一段时间以来，陕西省危房问题已经得到有效解决，学前教育阶段和义务教育阶段均已不存在危房情况，高中阶段危房情况自2018年以来呈快速减少态势，但截至2020年底，仍有3536.8平方米危房问题需要解决。此外，虽然城乡义务教育阶段均已实现危房清零，但不同地区校舍建筑结构仍有较大差距。通过统计分析，城区主要建筑结构是框架结构，占比64.93%，次之的砖混结构占比34.8%，仅有少量为砖木结构且不存在土木结构房屋。而镇区和乡村的主要建筑结构是砖混结构，占比均在50%以上，框架结构占比次之，镇区、乡村仍分别存有2400平方米、173平方米的土木结构校舍。土木结构的房屋在质量上远不及框架结构结实安全，防风抗震能力都弱一些。危房清零是底线不是终点，乡村房屋的建筑结构仍有很大改善空间。

2. 城乡教育资源配置不均衡

乡村教育是我国教育发展的重难点，国家先后实行了一系列乡村教育改造计划以推动乡村教育办学条件标准化建设，陕西省也推行了全面加强乡村小规模学校和乡镇寄宿制学校建设工作，陕西省教育厅制定并印发了《陕西省义务教育阶段学校基本办学标准（试行）》，文件中对乡村义务教育阶段办学条件基本指标和规划指标进行清晰划定。研究发现乡村义务教育学校办学条件标准化建设水平显著提高，小学阶段和初中阶段的11项评价指标中，除生均用地面积、生均计算机室面积之外的其余9项评价指标均已达到规划指标，有些甚至远远超出规划指标要求。但截至2020年底，乡村义务教育小学阶段生均用地面积实际数据为27.76平方米，而文件要求的基本指标和规划指标为34平方米。此外，小学生均计算机室面积的实际数据为生均0.29平方米，但基本指标和规划指标为0.30平方米。总而言之，乡村在基础教育学校办学条件方面仍有一些亟须解决的问题，功能室配备和信息化建设方面仍有较大提升空间。

3. 学校医疗条件有待扩充

通过分析陕西省义务教育中小学办学条件仪器设备达标情况不难发现，医疗条件及相关人员配备有较大空缺。陕西省城区小学有79.58%的学校有校医院、39.20%的学校有专职校医、30.90%的学校有从事专职保健的人员。镇区小学有70.41%的学校有校医院、9.09%的学校有专职校医、10.11%的学校有从事专职保健的人员。乡村小学有58.78%的学校有校医院、3.43%的学校有专职校医、5.74%的学校有从事专职保健的人员。陕西省初中共有75.52%的学校有校医院、20.11%的学校有专职校医、18.83%的学校有专职保健人员。陕西省高中有85.65%的学校有校医院、62.47%的学校有专职校医、48.79%的学校有专职保健人员。通过数据结果不难看出，医疗配备达标校数不容乐观，从事专职保健和专职校医的人员数量更是稀少。当学生在学校发生大小紧急疾病，第一时间先送往校医院（卫生室）寻求最快的应急救治处理，为下一步的救治争取最宝贵的时间，是保障基础教育学生生命健康安全的第一道救治保护防线，具有举足轻重的地位，应当受到重视。

三 推进陕西省基础教育高质量发展的对策建议

通过对陕西省基础教育的发展现状、主要问题进行深度剖析，结合陕西省基础教育城乡差异的基本情况，本文分别从学生、教师、学校三个视角提出改进对策和建议。

（一）软硬兼施，满足学生高质量教育需求

1. 优化教育资源布局，满足学生发展需要

乡镇生源大量涌入城区造成城区教育资源"捉襟见肘"、乡镇供大于求的局面，严重影响了学生的身心健康。为解决这一问题，要平衡城镇生源分布，缓解"大班额"教育困境。一是建立学校教育教学设施使用的动态审核机制，将使用效率低的教学设施收回并流动到教学设施紧缺的学校，发挥教育设施的最大使用效能。二是引导家长正视乡村教育，切勿盲目择校，引导进城务工人员返乡创业，并带动随迁子女回家上学，促进乡村教育资源利用最大化，分解城市义务教育供求压力。此外，学生作为受教育的主体，应引导其主动挖掘和使用身边的教育资源，实现自身发展需要。

2. 改善师资供给，满足学生求教需要

一是通过不断提高乡村教师的工资待遇、缩小乡村教师与城市教师的福利差距、提供更多的培训名额和机会等方式增强乡村对优秀师资的吸引力。在留住优秀教师的同时，留住优秀生源，从而改善"城挤乡空"的局面，让学生在本地就可以接受好的教育，满足学生求教需求，实现受教育权。二是合理扩充教师编制，一方面要优化教师编制核定周期，健全教师编制年度统筹制度；另一方面要建立教师编制动态管理机制，充分考虑寄宿制学校、乡村学校和城镇学校当年的实际需求，统筹调配教师编制分配计划，提高编制使用效率。合理的生师比可以让教师有时间和精力关注到每一位学生的学习情况和思想动态，能够根据每位学生的不同情况和学习能力实现因材施教。改善师资供给、降低过高的生师比，可以提高学生的学习效果。

3. 构建良好师生关系，提升学生自我效能感

高中生产生厌学心理很大程度上源于学习上自我效能感的缺失，学习成就感低。解决这一问题，一方面要建立良好的师生关系，增进师生互信，创设轻松的师生互动氛围，拉进学生与教师之间的心理距离，从而促使学生产生向师性和向学性。"亲其师则信其道"，师生关系是影响学生学习动力的重要因素之一，当学生对教师产生信任和依赖时就会更乐于接受教师的教诲。因此教师要尊重和理解学生，关心学生的情绪状态和学习情况，师生之间建立常态化沟通机制，及时帮助学生解决学习上的困难，增强其学习的成就感。另一方面教师要向学生传授一些学习方法，提高学生学习的效率和自学能力，使学生形成学习的心理正反馈和正强化，增强自我效能感，激发学生学习的内部动机，解决学生厌学的内部心理根源。

（二）多措并举，优化壮大教师队伍

1. 建立乡村教师队伍长效补充机制

一是改革免费师范生教育政策。目前免费师范生政策主要在部属师范大学范围内实施，部属师范大学的师范生有更广阔的就业机会，一定程度上降低了其回乡任教的意愿。建议将免费师范生政策从部属师范大学扩大至省

（市）属师范大学，省（市）属师范大学内本省生源的占比更高，对本省乡村的发展更具有认同度和使命感。扩大免费师范生实施范围可以提升乡村师资数量增长的可持续性，同时优化乡村教师队伍的学历和年龄结构。二是提升乡村教师的薪资待遇。薪资待遇是吸引优秀人才的关键因素，不断提高乡村教师的薪资待遇水平，一方面要建立乡村教师工资增长机制，另一方面要落实乡村教师津贴制度，增加车补和房补，不断改善乡村教师的工作和生活条件，从根本上增强其工作和生活的幸福感，进而提升职业认同感和扎根乡村的意愿。

2. 提升教师职业对男性的吸引力

一是在教师培养和录用全生命周期设置不同性别名额。高等师范院校作为教师职前培养的重要前端关口，是平衡教师性别结构极为关键的一环。通过查看几所部属师范院校的毕业生年度就业报告不难发现，师范院校的男女比例为3：7，性别比例严重失衡。建议在高考师范生招考计划中专门设置一定的男性名额，鼓励男性积极报考，改善师范生性别比。此外，目前在高校辅导员招考公告中单列男性和女性指标的实践对提升中小学男性教师占比有借鉴价值，建议在中小学教师招考中划出一部分男教师名额，为男性进入教师行业提供机会。二是进一步提升基础教育教师工资待遇与社会地位。教师工资待遇较低是男性进入教师职业的重要阻力因素。首先，建立基础教育教师工资动态增长机制。要及时调研各地经济社会发展水平、物价水平，适时并恰当地提高教师基本工资和最低工资标准，确保教师工资与经济发展水平保持同步增长。其次，加强对教师的关爱，及时帮助教师解决工作生活中的困难，在全社会加强对尊师重教文化的宣传，形成尊师重教的社会风气，增强教师职业认同感。三是增强对大学生就业观念教育。把就业观念教育贯穿到大学生职业生涯规划课程中，强化男性学生对教师职业的正确认知、心理认同和情感教育。

3. 提升非城区中学教师学历水平

一是强化组织供给，提升教师再教育的专业性。引导专业的教师发展和培训机构与非城区中学开展长效性合作。① 教师发展和培训机构要组织专业人员到合作学校开展调研，了解学历不合格教师在知识和能力上的共通薄弱点，对标同等学历在知识等各方面教育素养的要求，制定精准的课程方案，使学历不合格教师在专业知识和能力上得到针对性的提高，提升其学历水平；学校与教师培训机构共同开发"卓越教师培训计划""名师领航工程"等项目，使教师得到系统性、规范性的培训，教育水平跃升到一个新的层次，缩小城乡教育资源供给水平差距，推进教育公平的实现。二是优化服务供给，保障教师再教育的可行性。鼓励具有继续教育资格的高等师范院校开设学历提升课程，在学员名额上给予非城区中学适当的倾斜，一定程度上降低其学费，对成绩优秀的学员可以适当减免学费，进一步激发非城区教师提升学历的积极性；教师所在学校也要为教师学历再提升提供机会保障，允许教师弹性调整工作时间，缓解工学时间冲突，积极为本校教师争取学历提升名额，将学历提升作为评奖评优的重要参考指标，激发教师提升自身学历的动力，同时加大对完成学历提升教师的宣传和表扬力度，营造"比学赶帮超"的良好竞争氛围，保障教师学历提升可及可望。

（三）完善教育资源配置，提升办学条件

1. 优化顶层设计，加快全面提升

陕西省教育厅出台了《陕西省义务教育阶段学校办学标准（试行）》，文件中对学校的建设用地面积及其生均指标、运动场地配置标准、各类用房使用面积有清晰详尽的要求，对陕西省义务教育办学条件建设有一定指导意义。但该文件印发于2011年，已历经十余年，而这十多年来，陕西省的基础教育已发生了很大的变化，因此建议根据新的形势发展和变化进一步修订完善义务教育阶段学校的办学标准。此外，文件中缺乏对仪器设备配备值、生均图书册数、生均计算机台数、房屋质量标准等更详细的指标规定。为加

---

① 仲米领、秦玉友、于宝禄：《农村教师学历结构：功能议题、现实困境及优化路径》，《中国教育学刊》2021年第11期，第81~86页。

快办学条件全面提升，首先，应明确义务教育学校基础设施建设的"底线标准"。其次，应加强政府的顶层设计，明确责任主体，结合时代需要，不断更新、细化，使标准时刻具备适切性和价值性，能够指导实践。最后，应完善监管预警制度，建立定期督导评估和专项督导评估制度①，对陕西省义务教育基本办学条件达标情况进行实时监控。

2. 推进标准化建设，促进均衡发展

学校标准化建设一方面要求义务教育城乡办学条件在基本达标的基础上实现标准达标，另一方面要实现城乡义务教育优质均衡发展。根据《国务院办公厅关于全面加强乡村小规模学校和乡镇寄宿制学校建设的指导意见》文件要求，陕西省教育厅2019年出台《陕西省全面加强乡村小规模学校和乡镇寄宿制学校建设的实施意见》文件，为切实推进乡村小规模学校和乡镇寄宿制学校建设、强化农村教育薄弱点、办人民满意的教育确定前进方向。在制定有针对性建议的同时，还需进一步优化义务教育资源配置，加大对薄弱地区的经费倾斜力度和项目支持力度。对"边、远、少、穷"地区加大攻坚强度，做好扩建、增添、提质工作，加强乡村义务教育学校设施设备质量标准，健全义务教育城乡一体化均衡发展机制，逐步缩小义务教育办学条件城乡差距。

3. 补充医疗资源，搭建救治防线

对学生尤其是寄宿制学生而言，医疗条件配备充足是保证学生在校生命健康安全的基础。但陕西配备校医院的校数比例不高，除高中外，配备专职校医和专职保健员的校数比例均低于40%甚至低于10%。为了保障学生在校的第一道救治保护防线，猛抓学校的医疗条件十分必要。一是设置专项资金，增加医疗条件建设拨款，确保建立校医室的校数比例不低于90%，并保证基本医疗器械、医疗药品配齐配足。二是针对专职校医、专职保健员，在招聘时开设专门的岗位，招聘具有医学、卫生保健相关学科背景并有一定

---

① 范栖银、石伟平：《我国中等职业学校办学条件的建设历程与现状分析——基于2010—2019年分区域数据的实证研究》，《中国职业技术教育》2021年第13期，第67~77+92页。

基层经验的专门人才，在入职后明确其岗位职责。完备的医疗资源能够为学生生命健康安全保驾护航，有效防止贻误治疗时机的情况发生。

参考文献

兰慧君、司晓宏、周丽敏：《"小城镇"推动西部乡村教育振兴的价值逻辑——基于教育生态视角》，《当代教育论坛》2022年第4期。

司晓宏、樊莲花：《义务教育均衡发展监测的理性困境及其超越》，《教育研究》2020年第11期。

宋乃庆、肖林、辛涛：《改革开放以来义务教育办学条件建设：成就、反思与建议——基于数据分析的视角》，《教育学报》2019年第1期。

袁玉芝、白紫薇：《我国中学教师主观社会地位状况及其影响因素研究》，《清华大学教育研究》2021年第2期。

B.4
2022年陕西社会保险发展报告

范钰玺 张永春*

摘 要： 党的十八大以来，我国相继进行了养老保险和医疗保险制度整合、社会保险费征收体系改革、成立国家医疗保障局等一系列改革，以"普惠公平"为目标，保障了每个公民的社会保障权利，大大提升了人民的获得感和幸福感。2022年，陕西省全面统筹推进经济社会发展和疫情防控工作，以社会保险事业发展肩负起稳定社会、保障民生的任务。本报告以2022年陕西社会保险发展为研究对象，以翔实的数据对陕西基本养老保险、医疗保险、工伤保险、失业保险的发展现状进行梳理总结，从发展质量、给付水平、补充型保险发展、社会保险管理与经办四个方面深入分析陕西社会保险发展存在的问题，并提出六方面的具体对策建议。一是从"安全网""稳定器"到"助推器"，推动社会保险高质量发展；二是做好顶层设计，推进社会保险法治化；三是坚持系统集成和协调高效，提升社会保险治理效能；四是提高统筹层次，规范社保经办标准化流程；五是建立多层次社会保险体系，重视多元主体作用；六是以安全规范为目标运营和监管社会保险基金。

关键词： 养老保险 医疗保险 失业保险 工伤保险 陕西省

---

* 范钰玺，中共西安市委党校编辑，研究方向：社会保障、社会治理；张永春，西安市社会科学院二级研究员、西安市人力资源和社会保障学会会长，研究方向：社会保障、社会学。

一 陕西社会保险发展现状

2022年,陕西以"全民参保"为目标,以灵活就业人员和新业态人员为重点,继续扩大企业职工养老保险覆盖面,进一步优化基本医保、大病保险和医疗救助三重制度保障体系,不断优化医疗保险、失业保险支持疫情防控,开展职业伤害保险试点,提升社保经办服务水平,加强对社会保障基金监管,社会保险事业稳步健康发展。

(一)基本养老保险发展现状

陕西以"全民参保"为目标,以灵活就业人员和新业态人员为重点,继续扩大企业职工养老保险覆盖面,截至2021年12月底,全省城镇企业职工养老保险和城乡居民养老保险参保人数分别达到1029.18万和1799.47万,两项养老保险参保率达到94%以上。

1. 企业职工养老保险发展情况

近五年来,陕西企业职工养老保险参保人数稳步增长。如图1所示,截至2021年,陕西省企业职工养老保险参保人数达1029.18万人,年均增速为7.66%。2021年,陕西企业退休人员基本养老金月人均3118元,相比2012年提高1181元。① 2019年西安市史上最宽松的落户和人才引进政策持续释放政策红利,为陕西企业职工养老保险扩面工作提供助力,全年累计新增参保人数85.8万人,增速达到10.58%。企业职工养老保险参保人数的大幅增长,从另一个方面反映陕西人口增长是有质有量的增长,也体现了在职劳动者参保意识的加强。

从表1来看,2018~2021年,陕西企业职工养老保险抚养比逐步上升。2021年国家人力资源和社会保障事业统计年报数据显示,全国企业职工参

---

① 《一图读懂:陕西人社事业高质量发展成就》,[EB/OL],https://rst.shaanxi.gov.cn/newstyle/pub_newsshow.asp?id=1018011&chid=100079。

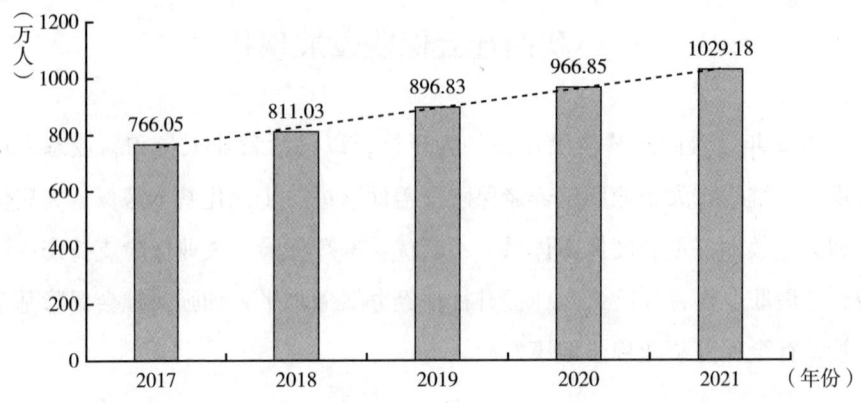

图1 陕西企业职工养老保险参保人数

资料来源：陕西省人社厅网站。

保人数为48074万人，其中在职34917万人，离退休13157万人，全国企业职工养老保险抚养比为2.65∶1。与国家相比，陕西2021年企业职工养老保险抚养比为3.74∶1，说明陕西劳动力结构相对趋于年轻化，企业职工养老保险的负担相对较轻。

表1 陕西企业职工养老保险情况

项目	2018年	2019年	2020年	2021年
企业职工养老保险在职人数(万人)	607.17	688.20	754.29	812.19
企业职工养老保险离退休人数(万人)	203.86	208.63	212.56	216.99
企业职工养老保险抚养比	2.98∶1	3.30∶1	3.55∶1	3.74∶1

资料来源：陕西省人社厅网站。

2. 城乡居民养老保险发展情况

陕西省委、省政府向来重视社会保险事业的发展，并在社会保险制度的创新方面走在全国前列。早在2007年陕西就在宝鸡探索新农保试点工作，为中国8亿农民养老保险提供了可借鉴的模板，打造了著名的"宝鸡模式"。2011年，陕西在全国又率先出台了《关于实施城乡居民社会养老保险制度全覆盖的意见》，启动城乡居民养老保险试点。作为起步晚、覆盖面最广的养老保险制度，城乡居民养老保险制度的吸纳力是最强的，可以和其他不同养老保险制度进行衔接。2022年，陕西城乡居民养老保险扩面工作中以退役军人、残障人员、困难群体为重点，通过代缴、补贴等方式，将三类人员纳入居民养老保险制度之中。从表2可以看出，从参保结构来看，陕西城乡居民养老保险60岁以上领取待遇人数占比，与参保人数的增长呈现正相关且上升幅度合理，城乡居民养老保险的负担也相对较轻。

表2 陕西城乡居民养老保险参保情况

项目	2018年	2019年	2020年	2021年
城乡居民养老保险参保人数(人)	1741.68	1765.64	1785.18	1799.47
60岁以上领取待遇人数(人)	500.01	514.63	535.24	541.56
60岁以上领取待遇占比(%)	28.70	29.15	29.98	30.01

资料来源：陕西省人社厅网站。

在基础养老金待遇方面，由于不同地区经济水平不同，基础养老金也存在较大差异。目前，陕西已经建立起基础养老金正常调整机制，实现了基础养老金的动态调整，但省内不同地区在执行中还存在一定差距。

3. 机关事业养老保险发展情况

2015年1月，国务院发布了《关于机关事业单位工作人员养老保险制度改革的决定》，确定了我国机关事业单位养老保险制度改革的政策框架。同年10月，陕西出台《陕西省人民政府关于机关事业单位工作人员养老保险制度改革的实施意见》，提出了机关事业养老保险改革的具体措施，并明确了10年的过渡期。在这样的背景之下，陕西机关事业养老保险在改革探索中稳步发展，相继破解了中央驻陕单位参保、院士退休、养老保险关系转移接续等改革难题。如表3所示，参保人数小幅增长，但在2021年基金收支方面，出现了收不抵支的情况，应该引起重视。

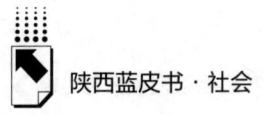

表3 陕西机关事业养老保险发展情况

项目	2018年	2019年	2020年	2021年
机关事业养老保险参保人数（万人）	173.92	187.97	188.01	195.91
机关事业养老保险基金收入（亿元）	280.62	355.17	458.57	543.03
机关事业养老保险基金支出（亿元）	277.97	349.02	376.63	560.10
本年结余：（亿元）	2.65	6.15	81.94	-17.07
累计结余：（亿元）	91.95	122.64	203.57	186.50

资料来源：陕西省人社厅网站。

4. 多层次养老保险制度发展情况

为了构建多层次养老保险体系，国家鼓励用人企业、集体组织等用人单位发展企业年金、职业年金，形成补充型养老保障，并要求扩大商业养老保险产品供给，形成养老保险第三支柱，推动个人养老金发展。陕西省结合机关事业单位养老保险改革，建立起机关事业职业年金，并颁布了《机关事业单位职业年金办法》，规范职业年金运行。

企业年金是企业及其职工在依法参加基本养老保险的基础上，企业自愿选择的"补充性养老保险"，陕西省相继出台了《陕西省企业年金试行办法》《关于贯彻实施〈企业年金办法〉有关问题的通知》等文件，鼓励引导符合条件的企业及其职工、社会团体及其专职工作人员、社会组织与其建立劳动关系的劳动者建立企业年金。2022年4月，国家正式出台了《国务院办公厅关于推动个人养老金发展的意见》，陕西及时宣传部署，大力推动个人养老金制度在陕西建立。

（二）医疗保险发展情况

自2018年省医疗保障局成立以来，陕西实现城乡居民基本医保整合，建立了基本医保、大病保险和医疗救助三重制度保障体系，完成生育保险与职工医保合并实施，明确三孩享受生育保险待遇，持续优化大病保险制度。2021年，全省基本医保参保人数3891.64万人，参保率持续稳定在

95%以上。① 2022年，陕西全面统筹疫情防控与医疗保险发展，积极开展资助困难群众参加医保、拨付医保资金保障新冠疫苗接种、将新冠疾病诊疗相关服务与药物纳入医保支付范围等工作，有力地保障了三秦人民的身体健康。

1. 基本医疗保险发展情况

（1）参保情况。2021年陕西基本医保参保人数3891.64万人，其中城镇职工783.8万人、城乡居民3107.84万人，生育保险参保人数560.24万人。② 截至2022年7月，全省基本医疗保险参保人数3853万人，参保率上升至96%以上。③

（2）医保待遇情况。2021年底，陕西职工医保、居民医保住院费用政策范围内报销比例分别稳定在80%、70%左右，比制度建立时分别提高15个、20个百分点。全省享受"两病"门诊用药保障324.42万人，政策范围内支付62.72%。2022年，陕西按照国家要求各级财政继续加大对居民医保参保缴费补助力度，人均财政补助标准新增30元，达到每人每年不低于610元，同步提高个人缴费标准30元。

（3）医保基金情况。截至2022年5月，陕西医保基金收入255.34亿元，支出133.6亿元；滚存结余892亿元，同比增加102.21亿元，增长12.94%。④ 医保基金继续保持"收支平衡，略有结余"的基本态势。在医保基金管理方面，西安、汉中两市分别作为国家医保智能监控和基金监管信用体系建设试点城市，在国家医保局试点工作评审中被评定为优秀，为探索形成"陕西经验"迈出坚实步伐。

---

① （记者）杨静：《全省基本医保参保率持续稳定在95%以上》，《陕西日报》2022年2月28日第4版。
② （记者）杨静：《全省基本医保参保率持续稳定在95%以上》，《陕西日报》2022年2月28日第4版。
③ （记者）苏怡：《省财政厅支持打造我省升级版医疗保障体系》，《陕西日报》2022年7月5日，第3版。
④ （记者）马相：《全力保障新冠疫苗接种 陕西省医保支付相关费用超38亿元》，《西安日报》2021年11月3日。

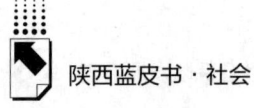

2. 新冠肺炎医疗保障情况

自2020年初新冠疫情突发至今，陕西不断完善医保支持疫情防控政策、持续优化医保经办服务，在疫情反复、防控常态的背景之下，关注三秦人民的参保就医需要，为保证群众及时便利享受医保待遇发挥了保民生的重要作用。一是明确突发疫情时医保基金先预付后结算，建立集中收治新冠患者的医疗机构资金拨付和结算的"绿色通道"，确保满足新型冠状病毒疾病防治、救治需要。二是投入医保资金支持患者救治，将新冠疾病诊疗方案中的药品和12项医疗服务项目临时纳入医保支付范围，取消支付限制。截至2022年8月，已连续三次调减核酸检测价格，精准助力疫情防控，新冠病毒核酸检测单人单检价格（含检测试剂）每人次最高限价为15元，多人混检不分样本数量，每人次最高限价为3元（含检测试剂）。三是拨付医保基金为群众免费接种疫苗。截至2021年9月底，陕西省累计接种5966.29万人次，累计接种人数3134.09万人，疫苗费用支付32.47亿元、接种费用支付5.9亿元，① 巩固提升了陕西省疫情防控成效。

3. 多层次医疗保障发展情况

除了企业职工医疗保险和城乡居民医疗保险"保基本"的基本医疗保险之外，陕西还构建基本医保为主、大病保险为辅、医疗救助托底的多层次医疗保障制度体系，保障群众特殊的医疗需求。

（1）大病保险。大病保险是"因病致贫、因病返贫"的重要医疗保障，参加城乡居民基本医保的群众同步参加城乡居民大病保险，个人不另外缴费。2015年，陕西全面实施居民大病保险制度，提出了支付比例50%的目标。近些年来，城乡居民医保基金筹资能力增强，医保行政管理改革推进，陕西大病保险制度建设不断优化升级，支付比例连年提高。2019年8月，陕西统一降低了大病保险起付线，最低报销比例达到60%以上。2021年，陕西省出台《关于深化医疗保障制度改革的若干措施》，支持有条件的地区

---

① （记者）马相：《全力保障新冠疫苗接种 陕西省医保支付相关费用超38亿元》，《西安日报》2021年11月3日。

探索取消最高支付限额。2022年出台《陕西省关于健全重特大疾病医疗保险和救助制度的若干措施》，要求对低保对象、特困人员、返贫致贫人口三类人员进行大病保险政策倾斜，起付标准降低50%，支付比例提高5个百分点，并取消最高支付限额。

（2）医疗救助。在基本医疗保险、大病保险、医疗救助三重医疗制度保障中，医疗救助发挥着"兜底"作用，不仅助力了我国脱贫攻坚事业的伟大胜利，同时还关乎脱贫攻坚成果同乡村振兴的有效衔接。截至2021年底，陕西通过医疗救助保障全省建档立卡脱贫人口全部参加2021年城乡居民基本医保和大病保险，三重医疗保障制度下脱贫人口县域政策范围内住院费用报销比例达80%以上。2021年全年医疗救助资助困难群众参保107.65万人，直接救助135.36万人次，支出救助资金15.69亿元。①

（3）长期护理保险。随着我国人口老龄化、高龄化趋势加剧，建立长期护理保险制度逐渐成为迫切的社会需求。2020年9月国家出台《关于扩大长期护理保险制度试点的指导意见》，将探索建立长期护理保险制度作为党中央、国务院积极应对人口老龄化的重大制度安排，陕西省汉中市入选成为长期护理保险制度试点城市。同年11月，汉中市出台《汉中市长期护理保险实施办法（试行）》，明确了长期护理保险的具体实施办法，参加企业职工养老保险的失能人员可选择居家自主护理、机构上门护理、医疗机构护理、康养机构护理等方式享受长期护理保险待遇，待遇标准分别为每月不超过450元、800元、1100元、1200元。自2021年以来，汉中市借助长期护理保险试点的契机，积极支持养老服务产业蓬勃发展，打造"医养在汉中"战略品牌。在建立职工基本医疗保险门诊共济保障机制中，也将长期护理保险纳入个人账户共济支付范围，为长期护理保险在全省乃至全国的推广进行探索、积累经验。

（三）工伤保险发展情况

从表4和表5可看出，近四年来陕西工伤保险参保人数稳步增长，2020

---

① （记者）肖琳：《陕西已提前实现门诊费用跨省直接结算定点医疗机构的县区全覆盖》，《华商报》，2022年2月18日。

年由于社保减负政策的落实,工伤基金收入减少,再加上工伤医疗待遇人次上涨导致了工伤保险基金支出增加,因此工伤保险基金出现了收不抵支的情况。2021年在财政加大转移支付的情况下,工伤保险基金收支状况回归正常。

表4 陕西工伤保险参保情况

项目	2018年	2019年	2020年	2021年
陕西省工伤保险参保人数(万人)	528.03	577.41	602.27	629.61
陕西省享受工伤保险待遇人数(人)	31012	29871	32355	38845
陕西省享受工伤医疗待遇人次(人次)	28813	37641	60096	67282

资料来源:陕西省人社厅网站。

表5 陕西工伤保险基金收支情况

单位:亿元

项目	2017年	2018年	2019年	2020年	2021年
陕西省工伤保险基金收入	17.00	20.80	18.55	13.35	22.49(剔除上级补助收入)
陕西省工伤保险基金支出	12.20	14.40	17.23	19.19	18.97(剔除补助下级支出)
本年结余:	4.80	6.40	1.32	-5.84	3.52
累计结余:	4.56	39.56	42.09	35.52	39.06

资料来源:陕西省人社厅网站。

2022年,陕西还以出行、外卖、快递、即时配送、同城货运等行业的平台企业为重点,积极开展职业伤害保障试点。采取政府主导、信息化引领和社会力量承办相结合的方式,建立健全职业伤害保障管理服务规范和运行机制,力求在2022年底,实现陕西省全部快递企业从业人员100%参加工伤保险。

(四)失业保险发展情况

面对疫情带来的不利影响,失业保险在"稳就业""保民生"方面发挥了不可替代的作用。从表 6 和表 7 可以看出，由于失业保险援企纾困政策的落实，陕西领取失业保险待遇人数、失业保险基金支出都出现了较大幅度的增长。

表 6　陕西失业保险参保情况

单位：万人

项目	2018 年	2019 年	2020 年	2021 年
陕西省失业保险参保人数	372.35	426.36	439.85	468.90
陕西省领取失业保险待遇人数	5.40	6.12	6.74	8.66

资料来源：陕西省人社厅网站。

表 7　陕西失业保险基金收支情况

单位：亿元

项目	2018 年	2019 年	2020 年	2021 年
陕西省失业保险基金收入	22.76	25.53	23.77	30.89（剔除上级补助及下级上解收入）
陕西省失业保险基金支出	14.18	42.14	90.65	30.07（剔除补助下级及上解上级支出）
本年结余：	8.58	-16.61	-66.88	0.82
累计结余：	168.21	117.97	90.65	51.88

资料来源：陕西省人社厅网站。

2021 年以来，陕西相继推出失业保险提标扩围与稳岗返还、畅通失业保险跨省转移接续、失业保险支持疫情防控、失业保险延续实施失业补助金临时生活补助、失业保险援企纾困等一系列政策，以"小险种"托举"大民生"，保障失业人员生活，助力企业复工复产。一是保生活。截至 2021 年底，共为 8.59 万人发放失业保险金 7.21 亿元，为 5694 人发放农民工临时生活补助 572.89 万元，① 失业保险平均标准从每月 1530 元提高到每月 1665

---

① 《战疫情　保民生　陕西失业保险持续发力》，[EB/OL]，https：//rst.shaanxi.gov.cn/newstyle/pub_newsshow.asp?id=1017052&chid=100079。

元。二是稳岗位。除了阶段性缓缴养老、失业、工伤保险费之外，还为企业提供稳岗返还补贴。放宽企业裁员率和政策享受范围，实行"免申即享"，助力企业共渡疫情难关，有序复工。截至2021年底，陕西失业保险基金为1.41万户不裁员和少裁员的企业发放稳岗返还资金16.56亿元，稳定企业职工96.49万人。① 三是贴民心。对失业保险参保不满1年的失业农民工，发放临时生活补助；对因疫情影响暂时失业、未参保的困难人员，给予临时救助。加大对生活困难未就业大学生等青年的救助帮扶力度，根据实际情况及时采取临时救助等相应帮扶措施，对未参加失业保险的无生活来源失业人员强化救助帮扶。

二 陕西社会保险发展存在的问题

通过上文对陕西社会保险事业发展的梳理，可以发现，陕西在社会保险事业的发展中基础扎实，亮点频出，但对照3900多万三秦人民对社会保险的需求和对美好生活的向往，依然存在一定差距。

（一）与社会保险高质量发展的要求还存在差距

随着中国特色社会主义进入新时代，人民群众对社会保障的需求和对美好生活的向往日益增长，社会保险领域发展不平衡不充分的问题逐步凸显。从制度层面来讲，不同养老保险制度的保障能力差距还是比较大的，而在同一制度内，地区间的差距也比较突出。比如2022年榆林市城乡居民基本养老保险基础养老金人均每人每月198.07元，列全省第一，其中府谷县城乡居民基本养老保险基础养老金人均每人每月220元，居全省最高。② 渭南澄城县2022年城乡居民基本养老保险基础养老金人均每人每月98元，仅比国家最

---

① 《战疫情 保民生 陕西失业保险持续发力》，[EB/OL]，http：//rst.shanxi.gov.cn/newstyle/pub_new shoow.asp？icl=10170528&chicl=100079。
② 《榆林：调整城乡居民基本养老保险基础养老金》，[EB/OL]，https：//rst.shaanxi.gov.cn/newstyle/pub_newsshow.asp？chid=100216&id=1017598。

低标准高 5 元。① 从不同险种来看,基于自愿性的城乡居民养老保险虽然实现了"应保尽保",但大多数人只选择了较低的缴费档次,影响了该制度持续健康的发展。而工伤保险、失业保险、生育保险,与陕西省现有市场主体规模相比,覆盖率还比较低。

(二)社会保险待遇给付水平还较低

由于不同地区经济水平不同,全国各地在社会保险待遇方面也存在较大差距。以城乡居民养老保险为例,2021 年陕西省在全国 31 个省区市中 GDP 排名第 14 位,但在基础养老金待遇方面却排在第三梯队。以表 8 中 2020 年城乡居民基础养老金为例,陕西属于低缴费低给付的第三梯队。

表 8 2020 年 31 个省区市城乡居民基础养老金标准

单位:元/月

省区市	基础养老金	省区市	基础养老金	省区市	基础养老金
上海	1100	内蒙古	128	湖南	103
北京	800	福建	123	吉林	103
天津	307	山东	118	云南	103
西藏	180	广西	116	陕西	103
海南	178	重庆	115	河南	103
青海	175	辽宁	108	山西	103
广东	170	河北	108	四川	103
江苏	160	江西	105	甘肃	103
浙江	155	安徽	105	贵州	93
宁夏	153	湖北	105	黑龙江	90
新疆	140				

资料来源:各省人社厅网站。

---

① 《我县城乡居民养老保险基础养老金再提 5 元》,[EB/OL],http://www.chengcheng.gov.cn/ccdt/bmdt/czj/83468.htm。

（三）企业年金和个人养老金补充型保险还需加强

2018年，陕西省出台《关于加快发展商业养老保险的实施意见》，要求扩大商业养老保险产品供给，拓宽保障服务领域，完善养老风险保障机制，满足人民群众日益增长的养老保障需要。陕西人社"十四五"规划，将"完善企业年金、职业年金制度，建立个人养老金制度，推动养老保险第三支柱发展"作为五年内的发展目标。结合目前发展现状来看，陕西省补充型养老保险的发展不尽如人意。企业年金管理还在试行阶段，与现存企业主体规模相比，覆盖面较小。个人养老金制度推进成效不明显，参保积极性不高。

（四）社会保险管理与经办创新不足

通过"我为群众办实事""十五分钟便民圈"等系列活动的大力推进，2022年陕西社保经办工作实现了优化升级，工作亮点频出。

为了有效克服疫情防控工作对社会保险经办带来的影响，陕西进行智慧化改造，开展社保业务"网上办""码上办""掌上办"的不见面服务。借助于"社保卡"的发放和激活，社保经办从"卡时代"迈入"码时代"，为群众带来了实实在在的便利。但在一些复杂业务和历史遗留问题上，还需要进一步提升创新，比如参保单位和个人中断缴费问题频繁出现，说明社保征缴的精准性和主动性还存在不足。对于破解国企改革时解除或终止劳动关系人员等城市困难群体无力续交社保费的现实困境，需要下大力气找到创造性的解决办法。

三 推进陕西省社会保险发展的对策建议

（一）从"安全网""稳定器"到"助推器"，推动社会保险高质量发展

习近平总书记在2022年中央政治局第二十八次集体学习时提出促进我

国社会保障事业高质量发展、可持续发展。①当前我国社会保险已从过去注重外延式扩张的数量型增长模式转向注重完善内在机制的质量型增长模式，陕西应重点着眼于提升社会保险制度运行的质量和效益，促进社会保险事业健康持续发展，满足人民群众日益增长的社会保险需求。一是要持续推动社会保险制度优化升级。比如加速机关事业单位养老保险"并轨"改革、由"被动—主动"实施更加积极的就业政策等。二是要继续提高社会保险各项待遇。以划拨国有资本充实社保基金、提升基金运营能力、发展多层次保障体系等手段，稳步提升社会保险待遇水平。

（二）做好顶层设计，推进社会保险法治化

社会保险关乎民生福祉，关乎人民健康，必须依靠法治推动社会保险事业的发展。陕西省应在《中华人民共和国社会保险法》的基础之上，推动社会保险法治化进程。一是助力社会保险制度改革。比如尽快制定实施办法，探索突破灵活就业人员参加企业职工养老保险的户籍限制。二是加强规范社会保险基金运营、绩效管理等相关地方法规的制定。三是重视制定关于建立补充型社会保险的指导性、支持性意见，鼓励多层次社会保险的发展。

（三）坚持系统集成和协调高效，提升社会保险治理效能

目前我国已经建立世界上最大的社会保障体系，基本医疗保险覆盖13.6亿人，基本养老保险覆盖近10亿人，基本实现了"应保尽保"。习近平总书记指出，我国社会保障制度改革已进入系统集成、协同高效的阶段。①陕西应及时转变理念，注重不同社会保险制度的综合效能，提升社会保险事业治理效能。比如推广宝鸡、铜川失业工伤保险费信息共享平台建设经验，节省管理成本、提升效率；统筹针对生育保险、医疗保险、养老保险进行政策设计，落实多孩补贴待遇，推动全省人口持续健康发展。

---

① 习近平：《促进我国社会保障事业高质量发展、可持续发展》，《求是》2022年第8期。

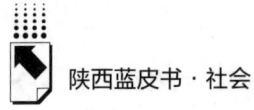

（四）提高统筹层次，规范社保经办标准化流程

我国社会保险制度的建立采用的是"先试点后推广"模式，初期鼓励各地大胆创新，积极探索。2022年习近平总书记在中央政治局第二十八次集体学习中提出，社会保障体系建设要坚持国家顶层设计，做到全国一盘棋，坚持制度的统一性和规范性。① 陕西作为企业职工养老保险省级统筹起步较早的省份，2022年3月中旬接入全国统筹信息平台，迈出落实全国统筹的重要一步。下一步，陕西要加快融入企业职工养老保险全国统筹信息平台，实现政策衔接稳、系统对接快、服务连接畅。对标国家要求，着力推动失业、工伤保险省级统筹，逐步实现失业保险政策、基金收支管理、基金预算管理、经办服务管理、信息系统"五统一"和工伤保险管理体制、待遇标准、费率政策、经办规程、征管体制、基金管理"六统一"。

（五）建立多层次社会保险体系，重视多元主体作用

以"企业补充"为主的第二支柱和以"个人储蓄"为主的第三支柱，是基本社会保险的重要补充。建立多层次社会保险体系，要坚持以政府为主体，积极发挥市场作用，促进社会保险与补充保险、商业保险相衔接。陕西应结合发展现状，继续推进多层次社会保险体系的建设。一是要发挥企业、集体组织、社会组织的作用，提升社会保险缴费意愿和覆盖率。比如可推广宝鸡集体补助参保的试点经验，有条件的地方，可以探索通过集体补助提高居民养老保险的档次。二是尽快制定个人养老金具体实施办法，通过政策宣传，鼓励引导有条件的职工或居民缴纳个人养老金。三是支持商业保险机构推出优质养老险、健康险的补充型保险。比如商业健康险除了要在赔付待遇上跟基本医保衔接以外，还要在医药服务管理、医药服务价格、医药服务信息、医疗保险经办管理四个方面和基本医疗保险进行衔接，这需要政府相应的政策支持。

---

① 习近平：《促进我国社会保障事业高质量发展、可持续发展》，《求是》2022年第8期。

（六）以安全规范为目标运营和监管社会保险基金

人口老龄化、人均预期寿命延长、受教育年限增加、就业方式多样化等趋势，给社保基金发展带来了前所未有的压力和挑战，陕西要坚持系统思维，强化风险意识，确保基金平稳安全。一是要管好。全面做好划转国有资本充实社保基金衔接工作，创新委托投资模式，确保基金保值增值。对标国家《社会保险基金预算绩效管理办法》，树立绩效理念，提升基金使用效益、促进基金精算平衡。比如加速医保基金 DRG/DIP 支付方式改革，重构医疗机构内部运行机制，降低参保患者自费负担比例，从而提升医保基金使用效能。二是要防好。认真贯彻落实《社会保险基金行政监督办法》，健全政策、经办、信息、监督"四位一体"的基金风险防控体系，常态化飞行检查机制，及时化解风险隐患。同时加大打击欺诈骗保的力度，通过约谈、通报和举报奖励等方式多部门协同监管，形成社保基金安全监管长效机制。

B.5
陕西省住房保障体系建设报告

石 冰*

摘　要： 加快住房保障体系建设，是实现群众安居梦、满足群众对美好生活向往的有效途径。陕西省委、省政府历来高度重视，认真贯彻落实党中央、国务院决策部署，扎实推进住房保障工作，全省城镇户籍住房困难家庭居住问题基本解决，但西安市新市民、青年人群体住房保障不充分问题日益凸显，需针对性完善住房保障体系加以解决。本文梳理了目前全省住房保障体系建设推进现状，分析了土地、资金、建设、运营等方面存在的问题及瓶颈，针对性地提出了摸清底数加快推进建设筹集、刀刃向内加强土地供应保障、多措并举强化财税等要素保障、强化监管提升住房质量与品质、完善机制提升运营管理水平等相关意见建议。

关键词： 住房保障体系　高质量发展　陕西省

加快住房保障体系建设，是实现群众安居梦、满足群众对美好生活向往的有效途径。陕西省委、省政府历来高度重视群众住房问题。其中，公租房主要是为了解决城镇住房和收入双困家庭，目前全省城镇户籍住房困难家庭居住问题基本解决，14.81万户低保住房困难家庭实现应保尽保。保障性租赁住房主要是为了解决特大及大城市新市民和青年人住房问题，目前西安市

---

* 石冰，陕西省政府研究室社会处处长。

这一群体住房保障不充分问题日益凸显，是当前住房建设的重点。共有产权住房，全省仅西安因地制宜开始了探索。

一 发展保障性租赁住房是"十四五"住房建设的重点任务

近年来，我国大城市住房问题日益凸显，尤其是新市民和青年人面对偏高且上涨较快的房价，压力较大，安居乐业矛盾较为突出。

习近平总书记强调，要解决好大城市住房突出问题，高度重视保障性租赁住房建设，有效增加保障性租赁住房等供给。

2021年7月国务院办公厅印发了《关于加快发展保障性租赁住房的意见》，第一次明确了国家层面住房保障体系的顶层设计，提出加快完善以公租房、保障性租赁住房、共有产权住房为主体的住房保障体系，随后中央加快金融、财税、土地等配套政策落地。7月11日，《国务院办公厅关于印发全国深化"放管服"改革着力培育和激发市场主体活力电视电话会议重点任务分工方案的通知》明确提出，增加保障性租赁住房和共有产权住房供给，尽最大努力帮助新市民、青年人等缓解住房困难。7月22日，时任国务院副总理韩正出席加快发展保障性租赁住房和进一步做好房地产市场调控工作电视电话会议，研究部署加快发展保障性租赁住房，强调要认真贯彻落实党中央、国务院决策部署，把发展保障性租赁住房作为"十四五"住房建设的重点任务，把握好保障性租赁住房的政策重点，明确保障对象，着力做好新市民和青年人的住房保障，优先保障新市民中从事基本公共服务的住房困难群众。7月30日中央政治局会议、12月8～10日中央经济工作会议也分别再次明确提出加快发展租赁住房、推进保障性住房建设等要求。

在此期间，保障性租赁住房发展明显提速，据住房和城乡建设部数据，近两年，全国已建设筹集保障性租赁住房256万套（间），"十四五"期间，40个重点城市初步计划新增650万套（间），预计可帮助解决2000万新市民、青年人的住房困难问题。各省区市也纷纷响应，北京市提出"十四五"

时期，将力争建设筹集保障性租赁住房40万套（间），其中，公租房、共有产权住房各6万套。重庆市形成16条措施加快筹集保障性租赁住房，预计中心城区"十四五"期间将新筹集保障性租赁住房35万套（间），占新增住房供应总量的30.4%。四川省提出，"十四五"期间，将力争筹集保障性租赁住房34万套（间），其中成都市筹集30万套（间），面对的群体为住房困难的新市民、青年人，在申请上不设收入门槛。厦门市印发了《意见》的实施办法以及《存量非住宅类房屋临时改建为保障性租赁住房实施方案》等配套文件。

"七普"数据显示，西安市受2017年实施人才引进政策影响，新市民、新青年数量快速增加，全市流动人口有374万，占常住人口的28.9%。受近几年商品房价格大幅上涨和租赁市场出现结构性供给不足影响，新市民、新青年"买不起房，租不好房"问题较为突出。据省统计局测算，"十四五"期间，保障性租赁住房需求总量为30万套，投资规模1250亿元。

二 陕西省积极推进保障性租赁住房等情况及成效

"十三五"前后陕西省保障性住房主要围绕公租房和棚户区改造建设和分配等运营管理工作进行，成效明显，连续九年保持全国前列。据省住房和城乡建设厅数据，截至2020年末，全省累计分配保障性住房145.35万套，其中中等以下收入家庭70.49万户、低收入家庭28.83万户、新市民住房困难家庭31.22万户、低保家庭14.81万户，中低收入群体的住房困难得到有效改善。

"十四五"以来，陕西省坚决贯彻习近平总书记关于住房保障工作的重要讲话重要指示精神，全面落实党中央、国务院决策部署，按照省委、省政府工作安排，全力推进相关工作。

（一）保障性租赁住房方面

一是科学确定目标。组织各市（区）进行摸底，针对存量房、存量地和新市民、青年人住房困难等情况精准梳理。陕西省住房和城乡建设厅针对各市上报需求情况，组织专家团队就各市人口、就业、产业发展、存量地、存量房等情况进行专题研讨，"一城一案"合理确定各地保障性租赁住房发展目标和建设任务。其中，西安市作为人口净流入特大城市，被确定为全国发展保障性租赁住房试点城市，拟于"十四五"期间筹建30万套（间）保障性租赁住房。

二是完善政策体系。制定了《陕西省住房保障"十四五"规划》，对全省发展保障性租赁住房进行总体规划布局。下发了《陕西省人民政府办公厅关于加快发展保障性租赁住房的实施意见》（陕政办发〔2021〕40号），明确了发展保障性租赁住房的指导思想、基础制度、相关措施，提出到"十四五"末全省基本建立住房保障体系，其中，西安市要切实缓解新市民、青年人等群体住房困难，形成有效的保障性租赁住房供给。出台了《2021年度发展保障性租赁住房监测评价工作方案》，明确了监测评价体系和具体指标。

三是加快项目进度。督促指导西安市发展保障性租赁住房工作，对已筹集项目具体推进情况及时了解掌握，科学建立了高效完善的审批机制，推动已筹集项目加快实施。积极对接各金融机构，搭建联动机制，提供金融帮扶，共同推动项目落地。截至2021年底，全省已开工保障性租赁住房22421套，完成投资53.33亿元。出台了《关于征集保障性租赁住房项目的公告》，积极引导广大市场主体参与保障性租赁住房建设及运营，目前已征集意向项目49个，共计房屋近4.2万套（间）。

四是推广经验做法。多次在全国相关会议上做经验交流，西安市发展保障性租赁住房有关做法被住房和城乡建设部转发全国学习推广。

（二）公租房方面

截至12月底，公租房新开工5068套，占年度任务的101.36%，发放城镇住房保障家庭租赁补贴42687户，占年度任务的108.17%。其中，西安市2018~2020年续建公租房0.5万套，2021年新增公租房0.7万套。积极开展公租房问题项目清零行动的同时，进一步扩大政府购买公租房运营管理服务范围，出台了《关于进一步推行政府购买公租房运营管理服务工作的通知》《关于在全省保障性住房小区共同缔造"和谐社区·幸福家园"的通知》，对工作开展情况较好的44311套下达3000万保障性安居工程专项资金进行支持，新华社就陕西省公租房小区开展"美好环境与幸福生活共同缔造"进行刊登报道。

2021年7月初，成功上线"陕西省公租房综合服务平台"，开通了"陕西保障房"公众号和"保障房申请"微信小程序，西安、榆林、宝鸡、汉中、杨凌、韩城6市（区）达到市域全覆盖，其余市主城区均已开通公租房线上申请业务。截至2021年底，全省累计注册3.6万人，访问量约5.6万次，公租房申请受理超4700件，切实解决了群众申请难、办事难的问题。与公安、民政、人社等8个部门实现公租房资格联审相关数据对接，极大地加快了审核速度，比如汉中市，由原来60个工作日缩短至10个工作日，运营管理水平不断提高。

从公租房供应与需求来看，全省供给与需求总体上基本平衡，但各城市情况不一：西安市供应不足，咸阳市、汉中市缺口较小；宝鸡、渭南、延安、安康、商洛、杨凌、韩城等市供与需基本平衡。

（三）共有产权住房方面

目前，西安市共有产权房项目均在前期建设阶段，初步建立了运营管理制度。续建2018~2020年共有产权房1.04万套，2021年新增0.8万套。2021年共成交土地3宗，其中2宗仍在办理前期手续，仅1宗开始基础建设。截至2022年9月底，西安市首个共有产权房——高新区鸿基新城223套房源将进入选房程序。

（四）总体情况

"十四五"期间全省公租房、共有产权房需求量达5.72万套。目前，全省已建成的保障性住房覆盖率达19.56%，全部建成后保障性住房覆盖率将达到20.93%。其中，西安市2021年建设和筹集保障房3.04万套（公租房、共有产权房分别为1.2万套和1.84万套），年度累计发放租赁补贴家庭不低于5000户。具体来看，2021年新增保障房1.5万套（公租房、共有产权房分别为0.7万套和0.8万套），2018~2020年续建1.54万套（公租房、共有产权房分别为0.5万套和1.04万套）（见表1）。

表1 "十四五"期间城市保障房需求情况

单位：万套

区域	合计	公租房	共有产权房
全省	5.72	2.72	3.00
西安	5.00	2.00	3.00
汉中	0.25	0.25	0
安康	0.37	0.37	0
商洛	0.10	0.10	0

资料来源：陕西省住房和城乡建设厅。

2020年，全省计划筹建8.8万套保障性租赁住房，全部集中在西安市，截至2020年6月底已建4.59万套，完成全年任务的52.2%。城镇公租房租赁补贴发放3.1万户，完成年度目标任务的91.18%。据省统计局数据，目前全省有61个在建或已竣工待分配安置的保障性住房项目，其中31个为纯保障性住房项目，30个商品住宅项目含有部分保障性住房。从地区分布看，78.7%集中在西安市，其余分布在铜川、咸阳、渭南、延安、汉中和安康等市。

三 存在的问题

（一）土地方面

供应量总体呈减少趋势，加上选址困难、前期手续办理缓慢、批而未供等因素，土地供给已成为瓶颈制约。如，《西安市2021年保障性住房工作实施方案》显示，2018~2020年保障性住房未落实土地达3086亩，其中，公租房1348亩，共有产权住房1738亩（见表2），计划分5年清零。

表2 2018~2020年西安市保障性住房土地未落实情况

序号	责任单位	公租房未落实土地		共有产权房未落实土地		备注
		净用地（亩）	套数（套）	净用地（亩）	套数（套）	
1	新城区	26	500			
2	碑林区	26	500			
3	莲湖区	81	1534	51	800	含60亩提供土地任务
4	雁塔区	26	500			
5	灞桥区	190	3591	178	2800	含190亩提供土地任务
6	未央区			32	500	
7	阎良区			19	300	
8	临潼区			51	800	
9	长安区	21	402	127	2000	
10	鄠邑区			13	200	
11	高陵区	26	500	32	500	
12	蓝田县					
13	周至县					
14	高新区			406	6400	
15	经开区	256	4846	190	3000	含100亩提供土地任务
16	曲江新区	91	1719	146	2300	
17	浐灞生态区	204		203	3200	
18	航空基地		3850	32	500	
19	航天基地	29	553	152	2400	
20	港务区	372	7032	106	1800	含261亩提供土地任务

资料来源：《西安市2021年保障性住房工作实施方案》。

（二）资金配套方面

据省住房和城乡建设厅信息，前期一些延期尚未完成的公租房项目，因配套资金不到位而搁置。截至 2022 年 6 月底，中央财政能用于保障性住房建设的资金仅有 11.42 亿元，其中 8 亿元是西安市租赁住房试点费用。此外，最早一批建设的公租房已进入集中维修期，维修费用来源尚不明确。

（三）建设方面

在老龄化加剧、鼓励三孩的大背景下，目前的保障性住房难以满足正常家庭基本需求。以保障性租赁住房为例，一方面，数量不足。以住房为代表的资产过于集中，住房租售比倒置，房产开发企业只愿意快建快售，不愿意对回收期长的租赁房进行长期持有，更不愿参与保障性租赁住房的投资建设。另一方面，需求背离。新市民和青年人的住房需求主要集中在中心城区，而房源多分布在郊区，房屋质量、品质与普通商品房相差较大，且周边配套不完善，特别是产业不够集聚，上下班通勤不方便。除了基本保障租户的居住需求外，缺乏居住以外的延伸服务和配套服务，尚未实现宜居生活。

（四）运营管理方面

一方面，体制机制有待完善。与公租房分配管理和退出机制相关的政策、工作流程、制度落实和物业管理等各个环节尚未形成闭环，退出执行难，形同虚设；跨区域、跨部门联合监管力度不足，对于自由职业、不缴纳社保等群体资格审核存在监管缺失和漏洞；公租房保障性租赁住房综合服务平台系统不够完善，不能提供有效便捷的实时信息服务。另一方面，项目建设运营难以健康可持续发展。目前保障房普遍实行"政府支持、企业运作"的运营模式，但保障性租赁住房项目折旧费用庞大，维护成本高，普遍处于投资建设资金压力大、投入产出不平衡的状态。

（五）遗留问题方面

前期建设的保障房大多手续不全，特别是土地审批手续不全，影响后续建设进度及资产确权。宝鸡市、铜川市等地因人口流出，前期建设的公租房供大于求导致闲置，盘活困难。

四 对策建议

（一）摸清底数加快推进建设筹集

进一步夯实地方政府主体责任，准确掌握存量土地、保障性租赁住房需求、房屋资源情况，借鉴北京市在火车站旁优先将现有建筑改建为保障房的做法，采取新建、改建、改造、租赁补贴和政府闲置住房转变用途等多种方式，在交通便利地段加快推进建设筹集，尽快形成更多实物工作量。继续实行实物保障与货币补贴相结合的保障方式，采取老项目老办法的过渡政策，加快存量公租房项目建设进度。采取限房价、定品质、竞地价的方式，合理控制销售价格，降低无房家庭及各类人才购买共有产权房的门槛，减轻购房压力。住建部门应紧盯目标任务，提前谋划部署，督促相关地市每季度有进展、有成效。坚持项目统计制度，及时掌握了解项目实施进度，对进度较慢项目及时督促相关地市拿出针对性强的工作措施，争取尽快全面完成。

（二）刀刃向内加强土地供应保障

据张鹤《土地供给、保障房建设与商品房价格》研究，"当其他条件不变时，保障性住房土地供应比率每增加1个百分点时，商品住房价格会下降0.45%~0.48%"。首先，适度降低财政对土地的依赖程度。规范土地出让金支出管理，逐步降低土地出让收入比重，有效控制压缩征地范围，抑制"土地财政"规模急速膨胀，通过转变经济发展方式和创新驱动拓展新的财政收入来源。其次，加大保障性住房用地供给增量。根据"三区三线"科学编制土地供应计划，优先提供保障性住房建设用地。优化土地审批供应程序，探索容缺受理、一站式审批、绿色通道等方式，进一步提高用地审批效率，加快保障性住房土地供应。适当提升招拍挂用地项目中保障性住房配建比例，城市更新配建项目原则上优先作为保障性住房。最后，优存量扩增量。积极探索通过利用企事业单位自有闲置土地、集体建设用地、存量闲置房屋和产业园区配套用地等方式筹集房源，切实解决符合条件的新市民、青年人等群体的住房困难问题。

（三）多措并举强化财税等要素保障

进一步细化财税、金融、项目审批等支持政策，加大财政资金投入力度，充分发挥政策对保障性住房建设的扶持、导向、带动作用。如借鉴上海市、南京市等地财税支持政策，"商改租""工改租"等长租房可享受增值税减按1.5%（原为5%）等。充分调动各方面积极性和主动性，发挥市场机制作用，鼓励各类市场主体参与投资建设和运营，探索建立健全非营利机构、专业化住房租赁企业参与建设和运营管理机制，全方位加强要素保障。确保各项支持政策不打折扣，组织住建、房管等部门，梳理汇总可享受税收优惠政策的单位和项目，及时汇总提供给税务部门，并跟踪监督优惠政策的执行情况。

（四）强化监管提升住房质量与品质

借鉴深圳市保障性住房配建管理办法，"商品房与保障房配套必须一致"。保障性住房应当与所在项目的商品住房同步设计、同步建设、同步交付；住房设计应当满足对声、光、通风、公共配套设施及物业服务等基本需求，既功能齐全、节能环保，又合理布局；建筑风格、材料等方面应当与所在项目的商品房基本一致；项目分期建设的，保障性住房原则上应当安排在首期。征集评审一批年度示范项目，积极争取省级保障性安居工程专项资金进行支持。督促指导全省现有公租房小区对照标准、补齐缺项，按照"美好生活共同缔造"理念，深入推进"和谐社区·幸福家园"创建活动。

（五）完善机制提升运营管理水平

习近平总书记在十八届中共中央政治局第十次集体学习时强调，保障性住房建设是一件利国利民的大好事，但要把这件好事办好、真正使需要帮助的住房困难群众受益，就必须加强管理，在准入、使用、退出等方面建立规范机制，实现公共资源公平善用。完善准入和退出机制，加强全过程监督和全周期管理，探索住建、人社、公安等部门联合执法机制，对非法占有保障性住房的依法依规惩处，并纳入征信体系，从制度上堵塞漏洞、加以防范。坚持公平分配，按照"惠民一卡通"相关要求规范发放租赁补贴，使应获得保障的群众真正受益，确保好事办好。全面加快推进公租房综合服务平台应用，进一步强化系统数据实时更新。建立健全西安市保障性租赁住房管理服务平台，开发线上租房应用场景，为新市民和青年人找房、申请、签约以及办理相关公共服务事项提供标准化、规范化、便捷化服务，切实提高实际使用效率。各地可在市场化运营、大数据运用、高质量发展等方面探索保障性住房建设管理的创新机制，引入政府购买服务等市场化机制，吸引社会力量参与公租房运营，提升管理水平。

参考文献

张鹤：《土地供给、保障房建设与商品房价格》，《中国高校社会科学》2019年第6期。

叶子怡：《上海租赁型保障房现状、问题分析》，《上海房地》2019年第4期。

B.6
陕西老年数字鸿沟问题与路径研究

韦 艳 郭歆宇 杨丽红*

摘 要： 明晰老年数字鸿沟问题是促进陕西省老年事业稳步进行、推动弥合老年数字鸿沟的内在要求。通过专项调查发现，陕西省农村老年人及高龄老年人的数字接入情况有待提升；超六成老年人不使用智能手机，操作复杂与需求较低是主要原因。老年人更倾向于向子女寻求智能手机使用方面的帮助；超过半数的老年人将不熟悉智能手机的主要原因归于自身。城乡老年人均在数字素养方面表现出明显的弱势，但总体上对智能设备持有较为乐观的态度。本文提出具体对策建议：社区应积极开展智能设备培训课程，循序渐进引导老年人数字化学习；老年人应转变传统思维，发挥主观能动性的同时积极拥抱数字生活；政府应加大基础数字建设的投入，构筑兼顾城乡老年人需求的信息基础设施。

关键词： 老年数字鸿沟 数字素养 陕西省

一 引言

党的十九届五中全会发布的《中华人民共和国国民经济和社会发展

---

* 韦艳，西安财经大学人口资源环境统计研究中心主任，博士，教授，省政协参政议政人才库特聘专家，研究方向：人口与可持续发展；郭歆宇，西安财经大学统计学院硕士研究生，研究方向：经济统计；杨丽红，西安财经大学统计学院硕士研究生，研究方向：社会统计。

第十四个五年规划和2035年远景目标纲要》提出要加强全民数字技能教育和培训，加快信息无障碍建设，帮助老年人共享数字生活。同时"实施老年人科学素质提升行动"也被列为"十四五"时期提升全民科学素质五项提升行动之一。随着大数据、互联网、人工智能、5G等新一代信息技术的发展，我国网民规模持续增长，基数较大的互联网用户成为我国数字经济发展的潜在消费者，推动了我国数字化建设的发展。在"老龄时代"与"智能时代"的背景下，促进老年人融入数字时代，有助于推动互联网适老化进程，积极应对未来我国深度老龄化发展前景。

智能时代的到来使数字化生活成为未来生活发展的趋势，移动支付、线上购物、亮码出行等数字化应用对中青年群体并未表现出明显阻力，但在老龄化背景下，在我国总体网民数量稳步增长的同时，老年人的互联网使用及其数字化融入情况不容忽视。中国互联网络信息中心（CNNIC）第50次《中国互联网络发展状况统计报告》显示，截至2022年6月，我国网民规模为10.51亿，网络普及率达74.4%，而60岁及以上网民在我国网民中占比为11.3%；我国60岁及以上非网民群体占非网民总体的比例为41.6%，相比于2021年12月增长2.2个百分点[①]。截至2021年底，我国60岁及以上的老年人口数量达2.67亿，占总人口的18.9%[②]。由此可见，在如今新技术飞速发展的社会，老年人正在逐步被边缘化，我国老年人的数字接入、数字使用与数字素养均有待进一步提升。

为全面探究陕西省老年数字鸿沟问题，推动提出针对性政策路径，西安财经大学智慧健康养老课题组于2021年12月至2022年4月进行了陕西省

---

① 第50次《中国互联网络发展状况统计报告》，中国互联网络信息中心网站（2022年8月31日），http://www3.cnnic.cn/NMediaFile/2022/0926/MAIN1664183425619U2MS433V3V.pdf，最后检索时间：2022年10月18日。
② 《中华人民共和国2021年国民经济和社会发展统计公报》，国家统计局网站（2022年2月28日），http://www.stats.gov.cn/xxgk/sjfb/zxfb2020/202202/t20220228_1827971.html，最后检索时间：2022年10月18日。

"智慧养老与健康老龄化"专项调查，调查包括个人问卷与质性访谈，本文研究所使用的个人问卷主要分为三部分，即老年人基本信息及家庭情况、智能设备使用情况以及子女基本信息。共回收有效个人问卷339份，质性访谈主要是对老年人及社区（村）干部进行的深入访谈，涉及社区情况、老年人的生活情况与智能设备使用情况等，共进行8次访谈。

二 老年数字鸿沟现状与问题

为深入了解陕西省老年数字鸿沟的现状，本部分利用个人问卷调查数据和质性访谈数据，主要对老年人基本信息和老年人的数字鸿沟现状进行分析，老年人的数字鸿沟包括接入沟、使用沟和知识沟三个方面。

（一）老年人基本信息

本节主要从老年人的月收入水平、生活来源、日常生活自理能力、自评身体健康状况以及生活满意度等五个方面进行分析。

1. 超过六成老年人月收入较低，老年人的生活来源较为丰富

老年人月收入水平不高，生活来源种类较为丰富。从总体上看，月收入在1000元以下的老年人最多，占比为22.6%，其次是没有收入的老年人，而月收入在4000元及以上的老年人仅占11.5%。分区域看，城市老年人月收入主要集中在中低收入1000~2999元部分，超过五成的农村老年人月收入主要集中在1000元以下，且更多农村老年人表示自己没有收入。在性别上，男性老年人的月收入水平整体上稍高于女性老年人。在生活来源上，超过五成的老年人通过养老金、子女赡养费和存款获取生活所需，有退休金和政府补贴的老年人占比分别为31.7%、47.9%，将工资和理财收入作为生活来源的老年人较少。可以看出，老年人整体的月收入水平不高，且城市老年人和男性老年人的经济状况更优，除了子女的赡养费外，养老金和存款是老年人的主要生活来源（见表1、表2）。

表1 老年人分居住地和性别的平均月收入情况

单位：%

项目	内容	没有收入	1000元以下	1000~1999元	2000~2999元	3000~3999元	4000~4999元	5000元及以上	总计
居住地	农村	26.8	30.7	22.2	9.8	5.9	3.3	1.3	100.0
	城市	14.1	15.8	16.3	21.7	14.7	11.4	6.0	100.0
性别	男性	17.8	16.4	18.5	16.4	13.0	13.0	4.9	100.0
	女性	21.5	27.2	19.4	16.2	8.9	3.7	3.1	100.0
总计		19.9	22.6	19.0	16.3	10.7	7.7	3.8	100.0

资料来源：2022年陕西省"智慧养老与健康老龄化"调查。

表2 老年人生活来源

单位：%

生活来源	占比	生活来源	占比
工资	16.1	政府补贴	47.9
退休金	31.7	存款	66.9
养老金	58.2	理财收入	8.4
子女赡养费	75.1	—	—

资料来源：2022年陕西省"智慧养老与健康老龄化"调查。

2.老年人的身体健康状况较好，在城乡方面表现出明显差异

女性老年人和城市老年人的健康状况较好。60.8%的老年人12项指标完全自理，处于轻度失能或中度失能的老年人占比分别为18.6%、13.3%，重度失能老年人所占比例为7.3%。从性别上看，完全自理、轻度失能和中度失能的女性老年人占比高于男性，重度失能的男性老年人略多于女性。从城乡来看，完全自理的城市老年人（36.6%）占比高于农村老年人（24.2%），轻度失能和中度失能老年人城乡差异不明显，但重度失能的农村老年人占比为5.2%，超出城市老年人（2.1%）3.1个百分点（见表3）。可以看出，老年人的身体健康状况整体较好，在性别和城乡上存在差异。

表 3　老年人分性别和城乡的日常生活自理能力等级

单位：%

项目	内容	完全自理	轻度失能	中度失能	重度失能	总计
性别	男	26.0	7.1	6.2	4.1	43.4
	女	34.8	11.5	7.1	3.2	56.6
居住地	农村	24.2	9.4	6.5	5.2	45.3
	城市	36.6	9.2	6.8	2.1	54.7
总计		60.8	18.6	13.3	7.3	100.0

资料来源：2022年陕西省"智慧养老与健康老龄化"调查。

自评健康方面，身体非常健康和比较健康的老年人占比超过了五成，身体比较不健康的老年人占比为15.1%，身体非常不健康的老年人占比为3.6%（见表4）。可以看出，老年人整体身体健康状况较好。

表 4　老年人自评健康状况

单位：%

内容	非常不健康	比较不健康	一般	比较健康	非常健康	总计
比例	3.6	15.1	30.2	42.0	9.1	100.0

资料来源：2022年陕西省"智慧养老与健康老龄化"调查。

3. 超过九成的老年人对其生活比较满意，城市地区、身体健康状况良好和月收入高的老年人生活满意度较高

整体上老年人的生活满意度较高，但不同年龄、居住地以及月收入水平的老年人生活满意度存在差异。总体来看，对生活状况满意的老年人较多，占比为67.6%。73.4%的65~74岁老年人对自己生活很满意，城市老年人对生活满意的人数超过农村老年人。从身体健康状况来看，身体越健康的老年人对自己的生活状况越满意，超过八成的身体比较健康和非常健康的老年人对自己的生活状况比较满意，身体状况较差的老年人对自己的生活状况满意度也不高。在月收入上，月收入为5000元及以上的老年人中超过九成对其生活状况满意，同时绝大多数月收入比较低的老年人也对其生活满意（见

表5）。可见，绝大多数老年人对自己的生活状况比较满意，不同年龄、健康状况的老年人生活满意状况存在差异，除月收入为5000元以上的老年人具有较高的生活满意度，其余月收入水平老年人的生活满意度相差并不明显。

表5 老年人的生活满意度

单位：%

项目	内容	不满意	一般	满意	总计
年龄	55~64岁	4.2	26.3	69.5	100.0
	65~74岁	3.2	23.4	73.4	100.0
	75岁及以上	8.4	37.3	54.3	100.0
居住地	农村	6.0	30.7	63.3	100.0
	城市	3.8	25.3	70.9	100.0
总计		4.8	27.6	67.6	100.0
身体健康状况	非常不健康	33.3	41.7	25.0	100.0
	比较不健康	7.8	52.9	39.3	100.0
	一般	5.2	36.0	58.8	100.0
	比较健康	2.1	13.6	84.3	100.0
	非常健康	0.0	19.4	80.6	100.0
月收入	没有收入	4.5	34.8	60.7	100.0
	1000元以下	12.5	26.4	61.1	100.0
	1000~1999元	3.1	28.1	68.8	100.0
	2000~2999元	1.9	24.5	73.6	100.0
	3000~3999元	0.0	33.3	66.7	100.0
	4000~4999元	0.0	23.1	76.9	100.0
	5000元及以上	7.7	0.0	92.3	100.0
总计		4.8	27.6	67.6	100.0

资料来源：2022年陕西省"智慧养老与健康老龄化"调查。

（二）老年数字鸿沟之接入沟

本节主要分析了老年人家中接入宽带或互联网的情况，以及老年人分城乡、性别和年龄的智能手机接入情况，同时还分析了老年人不使用智能手机的原因。

1. 老年人智能手机接入情况存在地区和年龄差异，农村地区和高龄老年人智能手机接入情况有待提升

总体上近六成的老年人使用智能手机，而超过五成的农村老年人不使用智能手机。从总体上看，家中接入宽带或互联网的老年人占比为77.5%，使用智能手机的老年人占比为59.6%，未使用智能手机的老年人占比为40.4%。分地区来看，农村地区中超过半数老年人未使用智能手机，超出城市地区（31.1%）20.2个百分点。63.9%的男性老年人使用智能手机，超出女性老年人（56.3%）7.6个百分点（见表6）。可以看出，男性老年人和城市老年人的智能手机接入情况较好。

表6 老年人数字接入情况

单位：%

项目	内容	是否接入宽带或互联网		总计	是否使用智能手机		总计
		是	否		是	否	
居住地	农村	67.5	32.5	100.0	48.7	51.3	100.0
	城市	85.9	14.1	100.0	68.9	31.1	100.0
性别	男性	77.6	22.4	100.0	63.9	36.1	100.0
	女性	77.5	22.5	100.0	56.3	43.7	100.0
年龄	55~64岁	84.2	15.8	100.0	83.2	16.8	100.0
	65~74岁	77.1	22.9	100.0	62.4	37.6	100.0
	75岁及以上	70.9	29.1	100.0	28.2	71.8	100.0
总计		77.5	22.5	100.0	59.6	40.4	100.0

资料来源：2022年陕西省"智慧养老与健康老龄化"调查。

不同年龄的老年人在是否使用智能手机上存在差异。不同年龄段的老年人家中接入宽带或互联网情况相差不大，55~64岁的老年人家中接入宽带或互联网的比例最高，为84.2%，其次为65~74岁的老年人，占比为77.1%，75岁及以上的高龄老年人占比最少。而对于是否使用智能手机则存在明显的年龄差异，其中，超过八成的55~64岁年龄段的初老人群使用智能手机，而75岁及以上的高龄老年人智能手机使用情况较差，占比不足三成。可以看出，老年人是否使用智能手机在年龄方面存在较为明显的差

别，年龄越小的老年人智能手机接入情况越好。

在质性访谈中发现，较多农村老年人使用子女用过的智能手机或仅具备最基础电话和短信功能的"老年机"，普遍使用现金交易，大多数农村老年人不会上网，更不会使用手机进行支付。许多老年人表示自己不使用智能手机的原因是不会操作，或害怕操作失误导致信息泄露及被网络诈骗。另外，许多老年人不敢"触"网的原因来自其对智能设备的心理障碍，目前绝大部分老年人的思想较为传统，他们在接触和使用互联网与智能产品的过程中会产生焦虑、不安和畏难心理，并且随着年龄的增长，许多老年人因为身体机能退化等原因，认为学习智能手机十分困难，因此他们不愿意主动学习互联网相关知识和技能，相比之下，他们更愿意通过传统的报纸、电视等媒介获取信息。并且多数老年人表示不需要、买不起或学不会智能手机。可见，农村地区的互联网基础设施建设比较薄弱，很多农村老年人没有机会像城市老年人一样了解并使用各式各样的智能产品，相关需求也较低，农村地区老年人智能设备的接入情况有待提升。

2. 超过六成的老年人不使用智能手机，操作复杂和需求较低是老年人不使用的主要原因

操作复杂和不需要智能手机是老年人不使用智能手机的主要原因。在各项原因中，认为智能手机操作复杂的老年人占比为35.1%，不需要智能手机的老年人占比为31.4%，没有学习途径和认为智能手机价格高的老年人占比分别为15.5%、11.0%，认为使用智能手机会泄露信息的老年人占比较少（见表7）。另外，在其他原因中，不会使用智能手机、年龄较大和身体原因也是老年人不使用智能手机的原因。可见，老年人不使用智能手机既受到操作复杂等客观因素的影响，也受到自身年龄、身体等因素的影响。

表7 老年人不使用智能手机的最主要原因

单位：%

内容	操作复杂	不需要	没有学习途径	价格高	担心个人信息泄露	其他	总计
比例	35.1	31.4	15.5	11.0	3.3	3.7	100.0

资料来源：2022年陕西省"智慧养老与健康老龄化"调查。

（三）老年数字鸿沟之使用沟

本节主要结合老年人的基本特征，从使用时长、常用软件及倾向求助对象等方面对老年人智能手机使用情况进行全面分析，并深入分析使用智能手机的老年人不熟悉智能手机的原因。

1. 不同年龄段老年人智能手机使用情况差异较大，低龄老年人使用时间与频率均相对较高

整体上老年人使用智能手机的时间均较长。智能手机使用时间低于1年的老年人占比极少，有52.8%的老年人使用智能手机时间超过3年，大部分老年人已步入数字时代。具体来看，接近七成的55~64岁低龄老年人以及45.9%的65~74岁老年人使用智能手机的时间超过3年，大部分75岁及以上的高龄老年人使用手机时间为2~3年（见表8）。

表8 不同年龄段老年人使用智能手机频率及时间

单位：%

年龄	智能手机使用频率					智能手机使用时间				
	每天	每周4~6天	每周1~3天	几乎不用	总计	1年以下	1~2年	2~3年	3年以上	总计
55~64岁	6.3	50.6	26.6	16.5	39.5	0.0	7.8	23.4	68.8	39.1
65~74岁	20.4	37.8	31.6	10.2	49.0	7.2	15.3	31.6	45.9	49.7
75岁及以上	26.1	30.4	34.8	8.7	11.5	13.6	27.3	31.8	27.3	11.2
总计	15.5	42.0	30.0	12.5	100.0	5.1	13.7	28.4	52.8	100.0

资料来源：2022年陕西省"智慧养老与健康老龄化"调查。

不同年龄阶段的老年人使用智能手机频率相差较大。42.0%的老年人每周有4~6天的时间使用智能手机，几乎不使用智能手机的老年人最少，同时每天都使用手机的老年人占比也相对较低，为15.5%，但整体来看，老年人智能手机的使用频率是处于中等偏高水平。从各年龄层来看，55~64岁低龄老年人中有50.6%每周使用智能手机4~6天，占比最高；65~74岁老年人的各项频率占比相对平均，其中每周使用4~6天的老年人占比较高；75岁及以上的高龄老年人使用智能手机的频率有所降低，其中每周使用1~3天的老年人占比最高，为34.8%，其次为每周使用4~6天的老年人。这表明大部分老年人积极通过智能手机融入数字生活，但仍需推动智能时代下高龄老年人数字技能的提升。

2.生活满意度越高的老年人求助对象越多样化，更多老年人倾向于向子女寻求帮助

在使用智能手机过程中遇到困难时，有超过半数的老年人更倾向于向子女寻求帮助，并且生活满意度越高的老年人其求助对象也更具多样性。整体来看，有57.0%的老年人倾向于向子女求助，倾向于自己解决、向熟人或朋友求助的老年人占比相同但均远少于前者，极少有老年人不愿解决使用智能手机过程中遇到的问题（见表9）。从不同的生活满意度来看，随着生活满意度的提高，老年人的选择越发多样，但倾向于向子女求助的老年人始终是最多的，其次是向熟人或朋友求助，或者选择自己摸索。由此可见，老年人的家庭关系是十分和谐的，并且老年人在使用智能手机的过程中态度较为乐观，遇到困难也会选择向外界寻求帮助并解决，不断从自我角度积极弥合数字鸿沟。

表9 不同生活满意度的老年人智能手机使用困难时倾向求助对象

单位：%

生活满意度	使用智能手机遇到困难时倾向求助对象					总计
	不解决	自己	子女	熟人或朋友	其他	
非常不满意	0.0	0.0	100.0	0.0	0.0	0.5
不太满意	0.0	50.0	50.0	0.0	0.0	1.0
一般满意	0.0	11.9	61.9	23.8	2.4	21.8
比较满意	5.7	17.1	56.2	18.1	2.9	54.4
非常满意	0.0	27.9	53.5	16.3	2.3	22.3
总计	3.0	18.7	57.0	18.7	2.6	100.0

资料来源：2022年陕西省"智慧养老与健康老龄化"调查。

3. 老年人手机智能用途与常用软件相对较少，使用的生活性与娱乐性目的较为明显

智能手机的生活性用途占比较高。与年轻人相比，老年人使用智能手机有独特的用途，用于接打电话的老年人占比高达96.0%，其次是用于微信聊天，占比为85.1%，休闲娱乐占77.1%，这三者都更贴近于生活与娱乐需求。同样，在老年人手机常用软件中社交软件与短视频类软件的较高占比也体现出老年人的生活需求与娱乐需求。而使用智能手机进行学习的老年人占比最低，仅为26.9%，并且用于在线支付的老年人占比也相对较低（见表10），整体上老年人的智能手机用途不够多样，可见使用智能手机的老年人还需继续开发智能手机的适用性用途，真正通过智能手机融入互联网时代。

表10　老年人智能手机的用途及常用软件

单位：%

项目	内容	比例
手机智能用途（多选）	接打电话	96.0
	微信聊天	85.1
	在线支付	59.7
	学习	26.9
	休闲娱乐	77.1
	获取新闻资讯	60.7
手机常用软件（单选）	社交软件	34.3
	新闻类软件	17.0
	购物类软件	13.2
	视频类软件	5.9
	短视频类软件	25.7
	游戏类软件	2.7
	学习类软件	0.6
	其他	0.6

资料来源：2022年陕西省"智慧养老与健康老龄化"调查。

4. 老年人不熟悉智能手机多为主观因素影响，外部因素的影响较小

不熟悉智能手机的老年人将主要原因归于自身，有35.7%的老年人认

为自己学习能力弱、接受新事物困难，其次有31.0%的老年人是因为需求不大而对智能手机不熟悉，即可能是未曾因为自身需求而深入学习智能手机的相关操作。仅少部分老年人认为是外部原因导致自己不熟悉智能手机，如19.4%的老年人认为没有人提供相关的帮助，10.3%的老年人认为智能手机的设计不适合自己（见表11）。在其他的具体原因中，老年人更多提及的是自身原因，如不识字、记忆力与视力较弱、难以理解手机功能、认为手机操作困难、仅了解需要用的软件，等等。可见，提升老年人自身素养尤其是身体素养是促进其数字技能提升的关键步骤，同时也应转变老年人的传统思想，促进其主动融入数字时代。

表11 老年人不熟悉智能手机的主要原因

单位：%

内容	学习能力弱、接受新事物困难	对智能手机的需求不大	没有人提供相关的帮助	智能手机的设计不适合自己	其他	总计
比例	35.7	31.0	19.4	10.3	3.6	100.0

资料来源：2022年陕西省"智慧养老与健康老龄化"调查。

（四）老年数字鸿沟之知识沟

本节主要分析了基于多项指标的老年人智能设备感知情况，同时基于地域特征分析了老年人的数字素养情况。

1.大部分老年人对智能设备的态度与认知较好，愿意向社群好友推荐

在对智能设备态度的各项感知指标中，大多数超过80%老年人的态度处于中等偏上的情况，表明如今老年人对智能设备的接受与使用情况相对较好。

绩效期望方面，有23.9%的老年人非常同意使用智能设备能得到有价值的知识信息这一观点，并且共有55.3%的老年人对此观点持有明显的积极态度。这一方面表明老年人认可从智能设备端获取有价值知识信息这一行为，另一方面表明老年人有可能已成功进行了相关实践，对其自身的数字素养提升有明显的帮助作用。满意程度方面，在获得与期望上，较多老年人认为智能设备基本满足其需求与期望，认为使用实际感受超出期望的老年人占比相对较低，44.2%的老年人对自己所接触的智能设备能够满足其对智能信息产品的期望这一观点持有较好的看法，总体来看，大部分老年人对智能设备的满意程度较高。使用意愿方面，超过半数的老年人愿意向亲朋好友推荐使用智能设备，并且有47.5%的老年人表示自己一有机会就愿意使用智能设备（见表12），这表明智能设备不仅为老年人自身带来了便利，更让老年人觉得是可以信赖的。

表12 老年人对智能设备的态度

单位：%

项目	内容	非常不同意	不太同意	一般同意	比较同意	非常同意	总计
绩效期望	得到有价值的知识信息	1.6	8.0	35.1	31.4	23.9	100.0
	展示自己的生活状态	3.2	16.8	34.6	33.0	12.4	100.0
	提升我在朋友中的形象	9.8	29.9	30.4	20.1	9.8	100.0
满意程度	基本满足需求与期望	2.7	8.8	31.9	38.5	18.1	100.0
	使用实际感受超出期望	3.9	18.8	33.7	29.8	13.8	100.0
	满足对智能信息产品期望	2.7	16.6	36.5	30.4	13.8	100.0
使用意愿	愿意推荐亲朋好友使用	2.2	10.4	35.7	34.6	17.1	100.0
	一有机会就愿意使用	3.3	13.1	36.1	30.6	16.9	100.0

资料来源：2022年陕西省"智慧养老与健康老龄化"调查。

2. 老年人难以理解网络用语的含义，在城乡两地区中均表现出明显的弱势

无论是农村地区老年人还是城市地区老年人，对网络词句均存在明显的不理解问题。农村地区老年人中，对近期或早些时间出现的网络词语，绝大部分老年人难以理解其含义，不理解的老年人占比最高达到86.1%；城市地区老年人中，少部分老年人能够明确理解或大致理解一些含义明显的词语，有23.0%的城市老年人理解"干饭人"一词，能很好地融入网络世界用语，但对于一些谐音词语或有来源性的词语，绝大部分老年人仍难以理解，如对于"耗子尾汁"这一谐音词，有93.6%的老年人不理解其含义（见表13）。这表明老年人还未能深度融入互联网时代，难以通过互联网语言了解如今的网络世界，还需加强数字素养的培育。

表13 城乡老年人对网络词语的理解程度

单位：%

地域	理解程度	网络词语							
		气氛组	吃瓜群众	干饭人	爷青回	凡尔赛	耗子尾汁	内卷	集美
农村	理解	8.3	11.1	25.0	2.8	6.9	0.0	7.0	1.4
	似懂非懂	16.7	15.3	12.5	13.9	11.2	13.9	11.1	12.5
	不理解	75.0	73.6	62.5	83.3	81.9	86.1	81.9	86.1
	总计	100.0	100.0	100.0	100.0	100.0	100.0	100.0	100.0
城市	理解	11.9	18.3	23.0	0.8	6.3	0.8	9.5	1.6
	似懂非懂	19.8	20.6	18.3	7.1	9.5	5.6	16.7	8.7
	不理解	68.3	61.1	58.7	92.1	84.2	93.6	73.8	89.7
	总计	100.0	100.0	100.0	100.0	100.0	100.0	100.0	100.0

资料来源：2022年陕西省"智慧养老与健康老龄化"调查。

在质性访谈中发现，老年人在拥有智能手机、平板电脑等智能设备之后，对于网络购物、信息收集、浏览新闻等操作还不太熟练，容易成为数字技能应用的弱势群体。针对老年人的网络诈骗、虚假信息等多种安全隐患需引起重视，老年人经常成为网络诈骗中受骗金额较高的受害对象，他们常常因为抢红包、转发分享有诈骗信息的链接或二维码而钱财流失，关于养生保健、投资理财的广告也是诱导老年人上当受骗的主要方式。但是在家庭层面，部分老年人的子女或者孙子女对他们的数字反哺比较频繁和主动，并且老年人对智能手机的学习热情较高。可以看出，老年人的数字素养不高，加之其防范意识较弱，难以辨认网上信息的真实性，很容易遭受网络诈骗，而家庭层面的数字反哺可以帮助老年人更主动地进行数字化学习，从而更有助于弥合老年数字鸿沟，提高老年人的数字操作技能。

三 陕西省弥合老年数字鸿沟的对策建议

综合陕西省老年数字鸿沟现状与问题，本文从社区、个人及政府三个层面提出具体对策建议，以助力老年人弥合数字鸿沟，享受数字红利。

（一）社区应积极开展智能设备培训课程，循序渐进引导老年人数字化学习

社区可推动政府、企业、高校与第三方服务机构的资源整合，面向老年人开展智能手机等智能设备的培训课程，普及数字化知识，帮助老年人熟悉智能设备操作，丰富晚年生活。首先，对于受教育程度较低的老年人，可对其进行针对性地识字教学，循序渐进引导其学习相关基础知识，确保他们能够正常操作智能手机。其次，可根据老年人数字化学习程度的差异，鼓励同龄人、朋友、邻居等密切群体组建帮扶小组，促进朋辈帮扶，发挥老年人间的人际关系网对弥合数字鸿沟的帮助作用。最后，健康的身体素质可以加强智能设备的学习效果，社区在为老年人开展数字化培训课程的同时，应督促适宜锻炼的老年人坚持锻炼，保持健康体魄，从而有精力不断重复练习所学操作等实践知识。

（二）老年人应转变传统思维，发挥主观能动性的同时积极拥抱数字生活

随着大数据、物联网、5G等新一代信息技术在智能时代的迅速发展，老年人应认识到学习数字技能的重要性，理解数字化生活将成为未来社会发展的趋势，积极顺应智能化与数字化时代的发展。首先，老年人应积极通过社区等途径学习数字化知识，了解智能手机的便捷性与适用性，积极融入互联网时代。并充分发挥主观能动性，通过了解时代新潮流主动转变传统养老观念，同时也可通过新兴媒介等渠道，学习并掌握互联网信息知识与操作技能。其次，政府应为老年人的信息融入创造更好条件，推动基层组织的指导

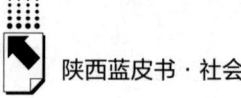

和帮扶,确保老年人遇到难题可以随时求助并得到解决。最后,针对网络诈骗、信息泄露等问题,应加强网络信息安全的宣传与教育,可通过在社区公示栏里张贴相关数字化知识与网络防诈骗宣传海报,增强老年人的防诈骗意识。

(三)政府应加大基础数字建设的投入,构筑兼顾城乡老年人需求的信息基础设施

首先,政府应加大基础数字建设的投入,尤其要发展农村地区的互联网基础设施。目前我国互联网普及率虽呈上升态势,但是在农村地区依旧较低,因此老年数字融入问题应更注重农村地区的数字化基础设施建设。政府可以在加强顶层设计的同时实地考察老年人的需求,尽可能地降低老年人互联网通信成本,让老年人能更加低廉便捷地享受数字红利。其次,还应注重针对老年人特性的智能产品和服务的适老化改造。对目前已有的智能终端设备、互联网应用、智能化服务等进行全方位适老化优化提升。例如在视觉上依据老年人生理特性调整合适的界面大小、间隔、色差等项目,综合老年人感知能力、肢体控制能力与记忆力等方面的衰退问题,推出"语音版""老人模式""关怀模式"等版本和模式,从而创新推出更多方便老年人使用的智能产品和服务。

B.7 "残特奥会"助推陕西残疾人事业高质量发展研究

聂翔 李巾*

摘　要： 2021年10月，全国第十一届残疾人运动会暨第八届特殊奥林匹克运动会在陕西举行，陕西残疾人运动员的金牌数和奖牌数都实现了历史性跨越，取得了历史以来的最好成绩。"残特奥会"的成功举办，不仅为陕西残疾人体育事业发展奠定了坚实基础，全面展示了陕西残疾人事业发展取得的成绩，也为未来残疾人事业高质量发展积蓄强大力量。要充分挖掘"残特奥会"遗产，结合《陕西省"十四五"残疾人保障和发展规划》相关要求，加强"残特奥会"遗产与残疾人工作有机结合，不断促进陕西残疾人事业实现更高质量发展。

关键词： 残疾人体育　残疾人事业　高质量发展　陕西省

2021年10月22~29日，全国第十一届残疾人运动会暨第八届特殊奥林匹克运动会（以下简称"残特奥会"）在陕西举行。本次"残特奥会"首次实现与全国运动会同地同期先后举办，参赛项目共设立了43个大项，其中残运会为34个大项，特奥会为9个大项。陕西代表团共有505名残疾人运动员参加了赛事，参赛人数为历届之最；共参加了35个大项的比赛，参

---

* 聂翔，陕西省社会科学院社会学所助理研究员，研究方向：残疾人政策与治理；李巾，陕西省社会科学院社会学所副研究员，研究方向：残疾人口与政策。

赛项目为历届之最。赛场上陕西残疾人运动员们努力拼搏，在本次残运会上共获得了金牌149.5枚、银牌95枚、铜牌62枚，其中8人9次超过世界纪录，23人25次打破全国纪录，金牌数居金牌榜首位，奖牌数超过历届之和；在特奥会上共荣获金牌52枚、银牌45枚、铜牌14枚，金牌数居金牌榜前列，金牌数和奖牌数都实现了历史性跨越，取得了陕西代表团参加"残特奥会"的历史最好成绩。为此，陕西省委、省政府专门给陕西代表团致贺信，"展示了陕西省广大残疾人自强不息、奋发有为的良好面貌，全面体现了陕西残疾人事业的发展成就，必将激励全省人民以更加昂扬的姿态奋力谱写陕西高质量发展新篇章"。[1]

在北京冬奥会之后，相关部门发布了《冬残奥会竞赛组织知识手册》和《北京2022年冬奥会和冬残奥会无障碍中国方案》，通过系统梳理与总结提炼冬残奥会成功经验与做法，为未来举办冬残奥比赛提供参考借鉴，使冬残奥会遗产得以传承下去。在"后残特奥会"时代，陕西如何更好地传承和利用"残特奥会"遗产、发展残疾人竞技体育和群众性体育活动、促进残疾人体育和残疾人事业更高质量发展，成为当前残疾人研究领域需要积极探索的重要议题。

一 "残特奥会"推动了陕西残疾人体育事业高质量发展

"残特奥会"的成功举办，为陕西残疾人体育事业发展奠定了坚实基础，特别是在发展优势项目、储备优秀人才、完善基础设施、创新办赛模式等方面亮点突出。同时体育不仅是残疾人展示自我的舞台，也是健全人了解残疾人的窗口，许多优秀残疾人运动员站在聚光灯下，为残疾人代言、为残疾人事业发声，将推动更多残疾人主动融入社会生活当中。

（一）"残特奥会"培育壮大更多优势体育竞技项目

在残运会上，游泳、田径、射箭、射击、乒乓球、轮椅击剑等传统项目

---

[1] 中共陕西省委、陕西省人民政府：《贺信》，《陕西日报》2021年11月8日，第1版。

优势明显，占代表团金牌总数的 62%，其中游泳、田径、射箭、射击四个项目更为亮眼，金牌数分别为 44 枚、21.5 枚、14 枚、10.5 枚。同时新参赛项目惊喜不断，4 个新设参赛项目共获得 26 枚金牌，分别为网球站姿 7 枚，盲人射箭 7 枚，射击飞碟 10 枚，划艇 2 枚。通过"残特奥会"的赛场展现，传统优势项目不断巩固，新增金牌项目不断培养，为未来较长一段时间陕西残疾人竞技体育奠定了坚实基础，人才选拔、科学训练、赛前备战、临场竞技等备战竞赛体系更为科学规范。

（二）"残特奥会"储备了一大批优秀的年轻运动员

为推动陕西残疾人竞技体育可持续发展，相关部门非常重视对年轻运动员的发现和培养。据陕西省残疾人体育运动管理中心统计，参加本次"残特奥会"的陕西残疾人运动员中，首次参赛的年轻运动员超过 40%，年龄最小的运动员仅 13 岁，并表现出非常高的竞技水平。通过"残特奥会"的参赛经历，这些新生代运动员已经成长为各个竞技体育项目的骨干，将为陕西残疾人竞技体育发展注入新鲜活力。

（三）"残特奥会"完善了残疾人体育基础设施

通过"残特奥会"的举办，各大竞赛场馆都升级改造了无障碍设施，配备了辅助器具维修点，充分保障参赛运动员、教练员以及工作人员、观众在无障碍环境中参赛、观赛，这为未来陕西举办更高层次的体育赛事提供宝贵的经验与技术支持。同时，与陕西省残疾人体育运动管理中心负责人访谈了解到，一些残疾人运动员日常训练设施较为缺乏，部分比赛项目没有专门训练场馆，上级部门正在积极谋划，以保障残疾人运动员拥有更好的训练设施及备赛环境。

（四）"残特奥会"推动了"省队校办"的新发展模式

在本次"残特奥会"上，陕西省残疾人体育运动管理中心和西安特殊教育学院合作，由西安美院特殊教育学院承接残运会的聋人篮球和跆拳道项目,陕西聋人篮球女队取得了全国三强的好成绩,西安美院学生徐晓虹也荣获了女子跆拳道金牌。"省队校办"的残疾人体育发展新模式,不仅为残疾人大学生通过竞技体育展示自我搭建了舞台,也为残疾人体育走进高等院校探索出一条行之有效的发展道路。

(五)"残特奥会"推动残疾人走向更大舞台展示自己

体育是残疾人展示自我的舞台,以往"残特奥会"上获得优异成绩的陕西残疾人运动员,通过多种方式走入大众视野、获得社会认可。2016年里约残疾人奥运会女子铁饼项目金牌获得者董飞霞,参加了北京冬残奥会火炬接力活动,手握象征着激情冰雪赛道和永恒火种的火炬展示在观众面前。[①] 东京残奥会上获得两枚金牌的残疾人运动员张丽,作为护旗手参加了北京冬残奥会开幕式。[②] 在北京冬残奥会冬季两项男子6公里(坐姿组)比赛中,陕西省残疾人运动员刘子旭获得了本届冬残奥会上的中国体育代表团首枚金牌,陕西省委、省政府专门向中国体育代表团发去贺电表示祝贺。2012年伦敦残奥会S3级女子100米自由泳冠军、S3级女子50米自由泳冠军夏江波,作为陕西残疾人运动员优秀代表出席了党的第二十次全国代表大会。"残特奥会"的舞台让陕西残疾人运动员实现了梦想,也将助力更多优秀残疾人运动员走向更大舞台,展示自己、展示残疾人形象。

(六)"残特奥会"营造了残疾人体育发展的良好氛围

"残特奥会"赛场上残疾人运动员奋勇争先、积极向上,鼓励了更多残疾人走出家门参加体育运动。通过举办"我要上残运"活动,鼓励更多残疾人参加运动员选拔训练。积极开展"全民健身助残工程""自强健身工程""康复体育关爱工程"等残疾人群众性体育项目,不仅为残疾人提供了

---

① (记者)毛毛:《陕西运动员董飞霞参加北京冬残奥会火炬接力》,《陕西日报》2022年3月5日,第6版。

② (记者)王文波:《商洛籍运动员张丽作为护旗手参加北京冬残奥会开幕式》,《商洛日报》2022年3月8日,第3版。

便利可及的体育健身设施，也构建了更为完善的残疾人体育健身服务体系。积极开展"残疾人健身周""全国特奥日"等残疾人体育项目活动，不断激励更多残疾人融入群众体育当中，推动残健融合更快、更高质量发展。

二 "残特奥会"促进了陕西残疾人工作高质量发展

"残特奥会"不仅是一次陕西残疾人事业的全面展示，更是一次推动陕西残疾人事业发展的难得机遇。陕西省残联借助这次难得的体育盛会，不仅向外界展示了残疾人事业及残疾人工作取得的成绩，进一步增强残疾人的获得感与幸福感，同时也为今后推动残疾人事业发展积蓄了更大力量。

（一）锻炼了残疾人工作者队伍

残疾人事业发展关键在于残疾人工作者队伍。通过举办"残特奥会"，一批残疾人工作者加入"残特奥会"筹委会，通过协调落实筹委会各项任务，拓宽了残疾人工作者的视野，提高了残疾人工作者的能力，少部分优秀残疾人工作者还走向新的工作岗位。"残特奥会"之后，陕西省残疾人福利基金会举行换届大会，一些优秀残疾人工作者充实其中，增加了残疾人慈善事业发展活力，壮大了残疾人慈善事业发展力量。"残特奥会"也加强了残联部门与其他相关部门的联系，促进其他部门对残疾人工作的了解，增强了对残疾人事业发展的认识，为残疾人事业发展提供创新活力。

（二）弥补了残疾人事业发展弱项

当前，陕西残疾人事业发展特别是基础设施建设短板较多，难以推动残疾人事业实现更高质量发展。例如，当前陕西视力残疾人的就业渠道总体较为狭窄，从事按摩保健是其就业的主渠道，社会认可度也相对比较高，随着人口老龄化进程不断加快，社会对按摩服务需求也不断增长，但是按摩行业管理不规范、机构经营规模小等问题较为集中，如何破解视力残疾人就业难与按摩服务需求大的两大难题，《"十四五"省级盲人按摩医院建设方案》

提供了解决方案①，通过设立省级盲人按摩医院建设项目，不仅能够推动拥有盲人医疗按摩资质的视力残疾人集中就业、规范执业，辐射带动更多视力残疾人在医疗按摩机构就业，同时也能够为社会提供更多预防性医疗按摩的专业化服务。陕西省残联充分利用"残特奥会"的机遇，积极与中国残联、国家发展改革委等部门汇报沟通，会同其他部门编制完成建设方案，经过专家评审、项目公示后，陕西省盲人按摩医院建设项目获准立项并获得了中央预算内投资补助支持。通过盲人按摩医院建设项目，陕西不仅能够推动盲人医疗按摩事业发展，为更多残疾人提供医疗按摩就业机会，也能够加强盲人医疗按摩基础设施建设，为社会提供更加专业化、规范化的医疗按摩服务。

（三）推动了残疾人事业创新发展

残疾人事业要实现高质量发展，创新是引领发展的第一动力。近年来，陕西省残联在筹备举办"残特奥会"的过程中，坚持改革导向，尊重基层首创精神，激发了残疾人事业改革创新活力，推进了残疾人事业重点领域、关键环节改革取得突破性发展。以残疾人辅助器具适配服务的政策创新为例，为保障残疾人得到便捷、精准、满意的辅助器具适配服务，经过试点探索、研讨完善，2021年初，陕西省残联联合省财政厅出台了《陕西省残疾人辅助器具适配补贴办法（试行）》，将分散政府招标采购转变为凭单制政府购买服务，从无偿适配转变为部分有偿适配，残疾人从被动接受服务转变为依托"互联网+辅助器具"获得服务，减少辅具适配资源浪费，提高补贴资金使用效率，让残疾人获得多样化、个性化、专业化辅助器具适配服务。通过与陕西省残疾人辅助技术中心相关负责人访谈了解到，政策运行容易形成路径依赖，打破政策路径依赖需要改革创新，通过"残特奥会"，更多部门了解了辅具适配政策，了解了当前残疾人辅具适配政策遇到的难题，"残

---

① 《"十四五"省级盲人按摩医院建设方案》（残联发〔2021〕52号），https://www.ndrc.gov.cn/fzggw/jgsj/shs/sjdt/202111/t20211112_1303808.html?state=123&code=&state=123，最后检索时间：2022年12月10日。

特奥会"也为辅具补贴政策创新提供难得机遇,大大缩短了政策达成共识的时间。

(四)培养了一批助残服务志愿者

为了保障"残特奥会"顺利开展,组委会招募了 7380 名赛会志愿者,通过发放通用知识读本、开发志愿服务资源 App、开展线下志愿培训等方式,提升志愿者队伍助残服务质量,同时还根据参赛项目特点和场馆实际情况,对赛会志愿者进行专业化培训和岗位实际演练,从交通出行、饮食起居、备战比赛等流程环节,为参赛残疾人运动员提供专业化的周到细致志愿服务。这些"残特奥会"志愿者,大多是高校在校大学生,通过"残特奥会"的志愿者服务,他们能够真实而又具体地了解残疾人,感受残疾人运动员所迸发的精神力量,对促进残健融合、营造残疾人事业发展氛围具有积极作用。

(五)提高了无障碍环境建设水平

无障碍环境建设是残疾人顺利融入社会的有力支撑,也是现代社会文明的标志。"残特奥会"竞赛场馆建设过程中,本着"能用不改、能改不建"的原则,[①] 对竞赛场馆的无障碍设施进行改造提升,对可能影响残疾人运动员出行的电梯、卫生间、坡道等进行改造,配备听力残疾人运动员需要的语音提示、手语翻译等无障碍设施,同时对比赛场馆周围公共设施无障碍环境进行优化,对医院、银行、旅游景点、商场超市等进行无障碍设施改造提升,保障残疾人运动员备赛比赛的无障碍通行,打造残疾人体育健身、交通出行的无障碍环境。西安市加大了无障碍环境设施改造和提升力度,让残疾人及残疾人运动员在城市生活与出行更加便利,使残疾人感受城市无障碍设施改造带来的便利。

(六)增强了残疾人事业宣传效果

通过举办"残特奥会",媒体记者深入各个赛场进行采访报道,通过图

---

① (记者)吕贵民:《残特奥会让我们收获了什么?》,《陕西日报》2021 年 11 月 13 日,第 14 版。

文、视频等方式及时报道赛场情况，持续引发社会各界关注。同时，各级残联加强对残疾人事业的宣传报道，深入报道优秀残疾人运动员的事迹，展示残疾人自强不息、奋发向上的精神面貌。《陕西日报》等主流媒体也及时刊发相关宣传报道，及时传递残疾人的心声，展示残疾人的正面形象，为残疾人事业发展创造了良好氛围。

举办"残特奥会"作为陕西残疾人事业发展历程中的"大事件"，启示了残疾人事业发展的新思路。一是残疾人事业实现高质量发展需要强化党委领导。"残特奥会"举办过程中，各级党委、政府发挥统筹协调作用，各级残联充分调动可以调配的资源，充分保障"残特奥会"成功举办。实践证明，残疾人事业只有纳入党委、政府工作大局，才能为残疾人事业高质量发展提供坚实基础。二是残疾人事业发展需要"大项目"带动。"残特奥会"在举办过程中，相关部门相互配合、相互协作，促进更多部门了解残疾人事业，了解残疾人工作和残疾人工作者。残疾人事业发展要实现高质量发展，也需要通过"大项目"带动，促进残疾人工作创新，实现残疾人政策与项目资源充分整合。三是残疾人事业发展需要提升媒体影响力。"残特奥会"为残疾人事业发展提供难得的宣传报道机会，促进社会各界更广泛、更深入地了解残疾人事业。残疾人事业发展要实现高质量发展，需要进一步提高媒体影响力，正面宣传报道残疾人先进典型事迹，宣传报道基层残疾人工作者为残疾人办好事、办实事的先进典型经验，促进更多社会力量参与残疾人工作，为残疾人事业发展集聚更多力量。

三 "残特奥会"遗产开发利用促进残疾人事业高质量发展的建议

举办"残特奥会"是陕西残疾人事业发展的时代红利，要充分挖掘"残特奥会"的物质与精神遗产，研究阐释新时代残疾人事业的新路径，结合《陕西省"十四五"残疾人保障和发展规划》内容，把"残特奥会"遗产与规划内容有机结合起来，不断促进陕西残疾人事业实现更高质量发展。

（一）加强"残特奥会"的档案资料管理与全方位精彩呈现

积极征集"残特奥会"在申办、筹办和举办过程中的照片、海报、宣传资料、视频音频，充分征集残疾人运动员获得的奖牌证书、纪念照片等具有历史意义的资料，完善陕西省档案馆、陕西历史博物馆、陕西体育博物馆等有关"残特奥会"档案资料库。建立公众可以直接线上查询的"残特奥会"档案数据库，让公众更多了解残疾人运动员的精彩故事，让"残特奥会"的故事得以完整呈现。为参加"残特奥会"有突出贡献或先进事迹的运动员、教练员以及工作人员录制口述史，全方位、多面向地完整记录"残特奥会"。制作"残特奥会"专题纪录片，充分挖掘"残特奥会"背后的故事以及为办好"残特奥会"所做出的不懈努力，让"残特奥会"专题纪录片带给公众更多震撼与感动。借鉴北京冬奥组委发布《北京2022年冬奥会和冬残奥会遗产案例报告集（2022）》的典型经验，展示筹办举办"残特奥会"过程中的创新性做法、代表性团队、示范性场馆建设等亮点成果，为持续办好全国"残特奥会"提供经验借鉴。

（二）加强"残特奥会"促进残疾人事业高质量发展的研究阐释

"残特奥会"对于推动陕西省残疾人事业发展意义重大，其不仅推动了残疾人体育事业的高质量发展，也为残疾人事业高质量发展提供了强大动力。当前，残疾人研究领域专家学者对于"残特奥会"整体关注不够、成果不多，对促进残疾人事业高质量发展的实践路径研究还远远不足，应着眼未来较长一段时间，围绕"残特奥会"的主题深入开展研究，对"残特奥会"促进残疾人事业高质量发展的路径、力量、机制等重点内容进行研究，设立研究课题，组织科研团队开展攻关。在理论研究的基础上，围绕研究成果强化阐释倡导，向残疾人工作者阐明"残特奥会"促进残疾人事业高质量发展的作用机制，结合陕西省"十四五"残疾人事业发展规划内容，将"残特奥会"遗产落实到残疾人工作和具体政策项目中；向残疾人阐明"残特奥会"遗产与美好生活向往之间的关系；

向公众阐释"残特奥会"遗产的具体内容,倡导残疾人运动员的奋发拼搏、勇敢顽强精神。

(三)加强"残特奥会"场馆设施与文化资源的开发再利用

比赛场馆赛后运营维护、避免资源浪费是"残特奥会"遗产开发再利用的重中之重。积极申办残疾人体育赛事,通过体育赛事扩大陕西城市的知名度与美誉度,让优秀残疾人运动员获得锻炼机会,为在国际赛事中取得好成绩奠定坚实基础;积极协调残疾人运动员训练使用"残特奥会"场馆资源,让既有残疾人比赛场馆设施得到高效利用;统筹"残特奥会"比赛场馆的体育功能与产业发展布局规划,探索体育产业与文化旅游、健身服务等融合发展新模式,改造利用既有场馆设施,向包括残疾人在内的公众开放,不断提高残疾人公共体育服务水平。"残特奥会"文化资源也是遗产开发再利用的重点内容,积极宣传优秀残疾人运动员奋发拼搏、勇于争先的自强精神,提升残疾人谋独立、谋发展的自信心和积极向上心态;充分总结"残特奥会"开展残疾人体育工作的先进经验,推动残疾人政策与项目实践创新升级。

(四)丰富残疾人群众性体育活动促进残健融合发展

残疾人体育是残疾人事业发展的一面镜子,反映了残疾人生活福利水平与人权发展状况,也直接体现了残健融合发展水平。充分利用"残特奥会"发展残疾人群众性体育有利契机,大力实施"残疾人自强健身工程",加强残疾人体育健身指导员队伍建设,依托乡镇、街道、村(社区)残疾人康复服务站,开展各具特色的残疾人群众性体育活动。结合残疾人基本服务状况和需求专项调查数据反馈的突出问题,促进残疾人事业发展与体育工作的有机衔接,帮助更多残疾人建立自信心,促进残疾人走出家门与外界交流。借助"残疾人日""全国特奥日"等节日,加强宣传倡导,让更多残疾人参与到残疾人群众性体育活动中。

参考文献

崔景安：《北京奥运会后中国大众体育走向的研究》，《大家》2011 年第 17 期。

郭沛沛、赵卫东：《创新传播手段 提升传播效能》，《人民日报》2022 年 4 月 7 日，第 9 版。

王占坤：《我国残疾人体育发展现状、制约因素及发展对策研究》，《山东体育学院学报》2008 年第 3 期。

许峻瑞、李炜炜：《北京冬奥会对中国形象全球话语建构的启示》，《现代视听》2022 年第 4 期。

王飞等：《冬奥会场馆赛后利用经验与启示——以温哥华、索契、平昌冬奥会为例》，《体育文化导刊》2022 年第 2 期。

B.8 陕西婴幼儿照护服务发展现状与对策建议

杨红娟 贺琳霞*

摘　要： 本报告从市场供给、普惠供给、公益供给等方面分析了陕西托育机构及其服务和家庭婴幼儿照护指导服务现状，认为，陕西婴幼儿照护服务发展存在的问题，主要有托育服务供给不足与需求乏力并存，托育机构服务参差不齐，大多数幼儿园对延伸托育服务积极性不高，从业人员存在质与量的匮乏，面向社区和家庭的婴幼儿照护指导服务缺乏等。提出强化政府保障，建立部门协同机制，建构完善的婴幼儿照护服务规范管理体系，完善普惠支持政策，加大对婴幼儿照护服务社会组织的培育孵化，促进幼儿园提供2~3岁幼儿托育服务，加强婴幼儿照护服务综合监管机制建设，强化婴幼儿照护服务的专业队伍建设等对策建议。

关键词： 托育机构 婴幼儿照护 幼儿园托育服务 普惠服务 陕西省

随着经济社会的发展、人口和家庭结构变化，以及人们对于婴幼儿发展科学认知的提升，婴幼儿照护成为全社会关注和要求解决的社会问题，成为基本的民生需求。党的二十大报告提出，"优化人口发展战略，建立生育支持政策体系，降低生育、养育、教育成本"。婴幼儿照护服务是我国生育支

---

* 杨红娟，陕西省社会科学院社会学所副研究员研究方向：社会政策；贺琳霞，陕西学前师范学院幼儿教育学院副教授，研究方向：学前教育。

持政策体系的重要组成部分，是我国保障和改善民生的重要内容。《国务院办公厅关于促进3岁以下婴幼儿照护服务发展的指导意见》（国办发〔2019〕15号）的发布，标志着婴幼儿照护服务被纳入我国儿童公共服务体系。同年底陕西颁发了《关于促进3岁以下婴幼儿照护服务发展的实施意见》，全省各地市跟进出台实施方案，有力推进了陕西省的婴幼儿照护服务发展。

一 陕西省婴幼儿照护服务现状分析

婴幼儿照护服务是指对家庭照护婴幼儿的辅助和支持的服务。高质量的照护服务包括五项核心内容，即良好的健康、充足的营养、安全保障、回应性照护和早期学习。婴幼儿照护服务主要包括托育机构服务和家庭照护指导服务等两类服务，托育机构服务是指经有关部门登记、卫生健康部门备案的机构，为3岁以下婴幼儿提供全日托、半日托、计时托、临时托等托育服务。[①] 家庭照护指导服务是指以家庭为主要场所，以家庭为中心，由家庭成员或看护人为主要照护人承担婴幼儿照料、看护，医疗保健机构、托育机构和其他专业社会组织为家庭提供关爱和婴幼儿早期发展支持等服务。[②]

（一）陕西托育机构发展过程与趋势

由于对于陕西托育机构缺乏权威统计数据，本报告通过企查查收集在工商局注册登记名称为含有"托育"的机构作为分析陕西托育服务发展的基

[①] 《卫生健康委关于印发托育机构设置标准（试行）和托育机构管理规范（试行）的通知》，http://www.gov.cn/gongbao/content/2020/content_5477327.htm，最后检索时间：2022年12月7日。

[②] 《浙江省家庭和社区3岁以下婴幼儿照护指南（试行）》，https://view.office.apps.live.com/op/view.aspx?src=https%3A%2F%2Fzjjcmspublic.oss-cn-hangzhou-zwynet-d01-a.internet.cloud.zj.gov.cn%2Fjcms_files%2Fjcms1%2Fweb3096%2Fsite%2Fattach%2F0%2Fd7687f337cd5441f98f031bb5004fd22.docx&wdOrigin=BROWSELINK，最后检索时间：2022年12月7日。

础数据；并结合对 15 所托育机构的实际调研，对陕西省婴幼儿照护服务供给与需求进行综合分析。

第一，萌芽阶段（1996~2013 年）：1996 年，西安市注册了第一个包含有托育服务的企业，陕西宇航科技工业公司，这是中国航天科技集团公司第四研究院所属的国有独资公司，致力于建设航天科技集团公司西安生产性专业化服务基地，主要是作为国企的后勤服务机构存在的。1996~2009 年，每年仅有 1 家左右的托育机构进行注册。2010~2013 年，每年有 10 家左右机构注册，其中 2011 年注册的西安哈喽贝贝托育服务有限公司是西安市第一家注册的能够提供全日制婴幼儿全托服务的企业。

第二，缓慢增长阶段（2014~2018 年）：从 2014 年开始到 2018 年，陕西以托育服务为主要业务的公司注册数量不断增加，但平均每年不到 100 家。这一阶段，这些专业的托育机构开始提供全日制、半日制或小时制的 3 岁以下婴幼儿托育服务。国内外连锁的早教服务、早期综合发展的公司开始进入西安托育市场，有些机构"立志将全球一流的教育理念与教学方法引进中国，为 0~6 岁婴幼儿提供最专业的早期综合教育培训服务"。反映出在二孩政策开放后，为适应家庭托育需求，托育机构开始大量涌现。

第三，快速增长阶段（2019~2021 年）：2019 年被称为"托育元年"，在我国明确将婴幼儿照护服务纳入国家公共服务以后，市场巨大活力被激发出来，这一年托育机构和早教机构从形式和服务内容上进行整合，注册有托育服务业务的企业成倍增加，托育机构数量飞速增长，2019 年有 322 家托育机构注册，2020 年和 2021 年分别有 1179 家和 1699 家托育服务公司注册，这两年注册托育机构数量占到总量的 85%。

第四，资源整合高质量发展阶段（"十四五"期间到未来一个时期）：在政策红利和需求旺盛的双向刺激下，婴幼儿照护市场增长将会持续。但在公共服务和市场之间保持平衡，还需要有明确的政策指导和支持，同时市场和社会供给的托育服务将会更加规范。

（二）市场供给为主的陕西托育机构现状

为分析托育服务发展状况，本文对陕西的托育服务机构的数量、注册行业和资本进行数据分析，并对一些机构的负责人就其运营状况、照护服务人员以及家长需求等相关内容进行访谈。综合调研资料分析发现，陕西托育机构发展基本状况如下。

第一，西安市托育机构占到陕西总量的六成以上。截至2022年9月，陕西省以托育服务为名称注册的机构有4675家，西安市注册的托育服务机构最多，达到2860家，占全省总量的六成以上（61.18%），其次为咸阳、渭南、榆林、安康等，都达到了200家以上，汉中、延安、宝鸡等在100~200家，铜川和商洛都不到100家。

第二，企业登记占绝大多数，登记行业多样分散。托育机构大多为有限责任公司，有3855家，占到总量的82.46%，其他凭营业执照依法自主开展经营活动的个体户697家，占到14.91%，只有16家注册为社会组织，占总量的0.34%，而上海的以社会组织注册的托育机构占到16.91%。实际走访也发现，目前提供3岁以下婴幼儿托育服务的机构还有原来的一些国企幼儿园，回应家长和企业需求，延续了2~3岁托班的服务，有些机构也为6月龄到2岁内婴幼儿提供亲子活动等服务，这些机构大部分以企业身份注册。

第三，八成托育机构注册资金在200万元以内。分析发现，注册资本在100万元以下的，占到总量的58%，注册资金在200万元以下的机构占到总量的87%，也有9家注册资金在1000万元及以上的机构。

第四，托育机构管理比较规范。调查显示，一般托育机构工作人员配备相对齐全，主要有机构管理人员、专业照护人员、卫生保健医护人员及保育员、负责婴幼儿营养和安全保障的营养师及保安员。服务方式灵活多样，大多数机构提供全日、半日及计时托管服务。机构收费标准每人每月在1000~4000元的占77.8%，接近90%机构员工薪酬略高于西安市社平工资，2/3机构职工薪酬人均3000~5000元（含5000元）。托育机构提供丰富多彩的活动，所有机构有亲子活动和家长课堂，机构安全保障和卫生保健措施完善，管理比较规范。

第五，形成3岁以下婴幼儿托育服务的连锁品牌。近5年来，陕西出现了一批连锁化经营的品牌托育机构，如爱鹿果子托育中心、乐融儿童之家、A索国际早教公司等。这些机构一般引进国际发达国家如美国、日本的养育理念和课程，为1~4岁的婴幼儿提供养育服务，以连锁加盟的方式扩大自己在西安的影响力。总部一般会给机构提供相关的托育服务培训和指导。还有一些机构会同我国高校和科研机构进行合作，对婴幼儿早期发展进行行动研究和政策倡导，取得了较好的经济效益和社会影响。

第六，大多数家长对托育机构选择比较理性。对家长的调查显示，大多数家长对托育机构的选择，会基于机构开展托育服务的优势与自己的收入、对孩子保障重要性进行综合考量，大多数会将收费标准、师资力量和教学水平、环境与硬件设施作为主要的考量因素。

（三）托育普惠服务试点初见成效

《陕西省人民政府办公厅关于促进3岁以下婴幼儿照护服务发展的实施意见》明确了"优先支持普惠性婴幼儿照护服务机构发展"的着力点。相关部门共同探索，充分发挥政策和规划的引导作用，普惠婴幼儿照护试点工作稳步推进。一是试点机构不断增加，到2021年底，将316所托育机构作为省级试点机构，对其进行税收优惠，实行用水、用电、用气与学校、幼儿园等教育机构相同的价格政策，采取以奖代补的扶持政策，重点给予试点机构的场地租赁、设施改造、设备购置、招聘人员等费用减免。二是加强托育机构管理和服务能力建设。通过多次培训，全省已有502名托育机构负责人（园长）、113名托育从业人员通过培训经考试取得省卫健委颁发的培训合格证书。三是积极推进婴幼儿照护服务示范城市和城区建设，西安市被确定为2022年全国婴幼儿照护示范城市，西安市雁塔区、咸阳市、兴平市等12个区（市）被确定为2022年陕西省婴幼儿照护服务示范城区。这将为陕西婴幼儿照护服务发展积累经验，形成完善的政策和标准规范体系，进一步提升陕西婴幼儿照护服务发展水平。

（四）开设幼儿园托班以民办幼儿园为主

2~3岁幼儿托班多以一种福利的形式存在一些企事业单位办幼儿园中，还有民办园将托班作为储备生源的一种形式。目前开设托班的都是企事业附属幼儿园和民办幼儿园，如西工大附属幼儿园、沣东新城西安车辆厂幼儿园等。托班遵循以养为主、教养结合的原则，重在一日生活和游戏，课程多为外来组合课程，如小袋鼠的托班课程插入奥尔夫音乐的部分课程，没有自己研发的课程或者成体系的课程。一般有全日制和半日制两种形式。随着三孩政策的全面实施，家长对全日制的托育需求趋势增加明显。

而渭南职业技术学院附属幼儿园开展的中国计生协婴幼儿照护服务示范创建（陕西）项目，通过在幼儿园开设托育班，进行设施改造，开展优育知识讲座、托育教学、亲子游园等各类活动，培训3岁以下婴幼儿家长，发放各类宣传资料，为婴幼儿及其家长提供托育服务和照护指导服务。

（五）多样形式、多种专业人员参与的家庭照护指导服务开始起步

作为公共服务的家庭科学育儿指导服务主要针对家长及其他的婴幼儿照护者进行家庭科学育儿能力建设，并对社会开展婴幼儿照护科学知识的宣传普及活动。

第一，形式多样。陕西各地市开展了形式多样的家庭婴幼儿照护指导服务，主要是在幼儿园的托班、周末亲子班、私立的早教机构、月子会所等场所，通过网上服务、一对一辅导、上门服务等形式，以商业化运营为主的照护指导服务已形成了一定的规模。面向中低收入人群的公益性"养育未来"项目处于探索期，主要通过集体活动、亲子活动等，指导和引领家长科学养育婴幼儿，使更多的中低收入家庭的婴幼儿从中受益。

第二，多种专业的人才从事家庭婴幼儿照护指导服务。在早教机构和托

育机构进行照护指导的一般为机构的老师，还有一些妇幼保健医生、儿科医生以及优生优育等方面的专家，提供婴幼儿照护指导服务，他们主要在社区、月子会所宣讲婴幼儿科学喂养知识；通过网络、门诊线上线下传播婴幼儿卫生保健知识，咨询解决家长育儿问题；卫健系统的妇幼保健专业人员的参与，使"医教融合"的婴幼儿早期教养理念得以落实，有效弥补了家庭科学育儿指导服务的短板。

（六）以公益项目为形式的农村婴幼儿照护服务散点供给

陕西农村的婴幼儿照护服务还未能全面开展，一些社会团体和公益基金对农村的婴幼儿照护服务进行积极探索，取得了一定成效。在陕南农村的实践主要在宁陕县推动。2018年1月，由国家卫生健康委人口家庭司与湖畔魔豆公益基金会联合推动的提升农村婴幼儿照护服务水平的"养育未来"整县模式项目落地宁陕，在专家顾问团队技术支持和业务指导下，进行设施建设和人才培育，通过覆盖全县的20个婴幼儿养育中心建设、高水平的婴幼儿照护养育师在地队伍的培育，探索实践"卫教结合、康智双抚、长幼并育"、"中心+家访"的"双抚双育"宁陕模式，为偏远山区婴幼儿托育服务发展积累了经验。而在陕北清涧县的"养育未来"项目则重点对农村的婴幼儿家庭照护指导服务进行探索，通过影响和改善农村以女性为主的照养人的婴幼儿照护观念和行为，从"零岁开始"关注孩子的情感和心智发展需要，提供高质量的婴幼儿照护指导服务，提升家庭照护的能力和水平。项目进一步实施，将协助当地政府建设5个婴幼儿照护服务中心，照护服务覆盖全县85%的婴幼儿，弥补婴幼儿照护服务的不足。汉中宁强县的中国发展研究基金会"慧育中国"项目，通过招聘在村妇女骨干作为育婴辅导员，为三个试点乡镇29个行政村的964名3岁以下儿童及其家庭，免费提供定期入户养育指导服务。这些农村项目的开展，为农村推广婴幼儿早期发展项目不断积累经验，为婴幼儿照护服务在农村发展的政策完善与制定提供依据。

二 陕西省婴幼儿照护服务发展存在的主要问题

实际调研发现，陕西省照护服务以市场供给为主，社会主体供给极度缺乏，公益主体主要以项目形式散点探索农村服务模式，普惠性供给不足、造成市场化程度较高、价格高昂、管理混乱等问题出现，同与居民收入相匹配的旺盛托育需要形成巨大矛盾。

（一）托育服务供给不足与需求乏力并存

与家庭支付负担相适应的旺盛托育需求同满足多元需求的服务供给严重不足矛盾突出。调研发现，目前陕西托育服务市场存在的主要问题，一方面是总量较少，虽然注册托育服务机构数量较多，但经卫生健康行政部门按照国家《托育机构设置标准（试行）》《托育机构管理规范（试行）》等标准、规定进行审核后认定为合格并备案的托育机构在2021年底登记的只有126所。

另一方面也存在供需结构性矛盾。以西安为例分析，市场上比较有质量的2~3岁幼儿全托价格在每月3000~6000元，2021年西安市城镇非私营单位就业人员年平均工资111078元，城镇私营单位就业人员年平均工资60865元。以此推算，每月托育费用会达到父母双方工资的42%~80%。可见，托育服务市场有着大多数家庭难以负担的费用，因此，城乡、不同人群之间的差异性需求满足是目前托育服务发展亟待回应的问题。

（二）托育服务水平差异较大

数据显示，2019年以来，托育机构注册每年都翻倍增长，在数量上到了个极速发展的阶段。在管理上却严重滞后，注册行业最多为居民服务业和教育，占到总量的58.41%，其他的商务服务业、文体娱乐业、科技服务业、信息服务业等也有大量注册，托育机构还在其他10个行业都有注册，托育机构管理主体多而杂，反映出托育机构还缺乏有效的主管部门。急需确

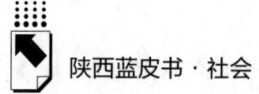

定托育机构管理部门发挥主体监管作用。

长期以来托育服务和机构一直处于市场自由发展中,为了在市场竞争中获取份额和较高利润,各机构在基础设施、人员配置、服务内容、服务价格等方面根据自我定位进行投入,缺乏相应的规范和标准导致托育服务参差不齐,总体服务社会评价不高,也未能激发托育服务市场潜力。

(三) 机构普惠性服务意愿不强,幼儿园延伸托育服务缺乏积极性

公益普惠是我国政府提出的0~3岁婴幼儿照护服务发展方向,普惠婴幼儿照护服务在我国是指"价格可承受、质量有保障、安全有监管"。但只有不到30%的幼儿园有提供普惠性托育服务的意愿。

"鼓励支持有条件的幼儿园利用现有资源,开设2~3岁婴幼儿托管班"是有效缓解托育资源不足的重要路径,特别是对于提高农村托育服务质量尤为重要。在陕西,学前教育三年行动计划期间建立起的农村乡镇中心幼儿园,按照幼儿园标准建设,配套设施齐全,师资力量专业,但是随着城镇化进程和人口流动,近几年来,乡镇中心幼儿园的在园幼儿逐年减少,生源不足是很多农村幼儿园面临的主要问题。但由于服务主管部门分设,公办幼儿园管理归口教育局,托育服务管理归属卫健委,目前对于幼儿园设托育班的具体政策不够明朗,大多数幼儿园处于观望状态。

(四) 从业人员质量难以适应婴幼儿照护服务的要求

高素质的专业照护服务从业人员是提高婴幼儿照护服务质量的根本保障。0~3岁婴幼儿教育涉及学前教育学、儿童心理学、社会学等多门学科,对陕西30家机构抽样调查显示,几乎所有的照护指导服务机构都面临着专业人才匮乏的窘境。目前从业者女性比例为98%以上,80%为30岁以下,大专及以上学历达到了98.61%,但从专业背景来看,学前教育专业占比为38.46%,早期教育专业仅占11.89%,还有其他如英语、艺术、语文等专业的毕业生等。专业背景多元、年龄较轻、从业意愿不强、流动性较大等服务

人才现状，导致婴幼儿照护服务的专业化程度偏低。更重要的是婴幼儿照护服务从业人员的专业发展缺少外部的有效支撑，如专业培训和园本教研普遍缺乏。从业人员专业素质与需求之间的矛盾成为提升婴幼儿照护服务水平的最大障碍。

（五）面向社区和家庭的婴幼儿照护指导服务缺乏

"以家庭为主，托育为辅，优先支持和发展面向社区的普惠性婴幼儿照护指导服务"是我国婴幼儿照护指导服务的基本方针。从服务需求来看，调研发现，大多数家长认识到婴幼儿科学照护的重要性，城市家庭大多数家长希望能够得到科学的育儿指导。家庭和社会科学照护婴幼儿的旺盛需求，反映出家庭婴幼儿照护指导服务的紧迫性和重要性，但目前提供的亲子互动服务存在"重孩子活动，轻家长指导""重教知识，轻婴幼儿整体发展"等问题，偏离了营造有利于婴幼儿家庭环境、提高照护质量的基本要求。虽然有多种形式和各种专业人才提供服务，但总体来说，符合婴幼儿照护家庭指导服务根本宗旨的供给比较缺乏，未能真正形成规模，且大多数还是通过市场方式提供，价格较高，大多数家长难以享受到普惠可及的家庭婴幼儿照护指导服务。

三 促进陕西婴幼儿照护服务发展的对策建议

2019年以来，在省级政策推动下，陕西婴幼儿照护普惠服务得到较快发展，逐年增加的试点机构充分发挥引领作用，取得了一定成效。但婴幼儿照护服务质量参差不齐、监管缺乏等问题依然存在，面临市场发育不完善、政策和资源制约等诸多挑战。距离陕西省提出的"到2025年，全省婴幼儿照护服务政策规范、服务标准、支持保障和监督管理体系基本健全，多元化、多样化、覆盖全省城乡的婴幼儿照护服务体系基本形成，婴幼儿早期发展知识普及率达到95%以上，婴幼儿家长和看护人员接受科学育儿指导率达到95%以上"的总目标，①存在很大的差距，婴幼儿照护服务工作还处于起步阶段，急需形成完善的政策体系，促进陕西省婴幼儿照护健康有序发展，以满足家长和社会对婴幼儿照护服务多元化、多层次的需求。为此，可借鉴其他省份做法和经验，"十四五"期间，促进陕西婴幼儿照护服务发展应在以下方面重点发力。

（一）强化政府保障，进一步促进婴幼儿照护服务供给

婴幼儿照护服务体系是一个以家庭为本、政府政策支持、社会广泛参与的系统工程。需要通过政府的政策支持和资金投入，撬动社会和市场资源，做大做强婴幼儿照护服务蛋糕。为此，要充分发挥陕西省推进3岁以下婴幼儿照护服务工作联席会议制度作用，一要将婴幼儿照护服务发展作为政府未来一个时期的民生实事，纳入政府每年的重点民生工作，将相关指标作为民生实事绩效的考核指标，切实推动婴幼儿照护服务加快发展。二要进一步完善促进家庭婴幼儿照护指导服务发展机制。成立各级婴幼儿照护服务发展指导中心，研究制定托育机构服务工作规范、质量控制体系，指导开展托育机构卫生保健评价和督导，并负责开发婴幼儿养育照护服务培训教案，组织开展卫生保健人员、托育机构管理及从业人员专业师资等培训，提升整体服务能力。三要建立3岁以下婴幼儿照护服务工作发展的支持政策清单。根据联席会议成员单位职能，出台关于婴幼儿照护服务具体的政策清单，从政策制定、资金支持、税收优惠、土地使用等多方面提出保障措施。四要加强陕西省婴幼儿照护服务设施规划，根据人口规模、婴幼儿数量、现有设施等情况进行设施布局，按年度通过新建或改扩建等形式，加快建成一定数量的婴幼儿托育机构和社区婴幼儿照护指导中心，以促进2025年婴幼儿早期发展知识普及率、家长和看护人员接受科学育儿指导率、伤、残、病等重点幼儿接受照护指导率等目标的实现，高质量的婴幼儿照护服务可及性不断提高。五

---

① 《陕西省人民政府办公厅关于促进3岁以下婴幼儿照护服务发展的实施意见》（陕政办发〔2019〕37号），http://www.shaanxi.gov.cn/zfxxgk/zfgb/2020/d4q/202003/t20200312_1636248.html。最后检索时间：2022年12月7日。

要支持婴幼儿照护服务行业自律，积极扶持婴幼儿照护服务的协会、学会等行业、研究组织建设，推动托育行业规范经营，以诚信建设和行业自律为重点，加强行业自律，健全服务标准，营造健康向上的托育市场环境。

（二）加大家庭婴幼儿照护指导服务政策支持力度

一是进一步落实各部门家庭婴幼儿照护指导服务的职责，将相关指标分解到不同年度、不同部门，形成具体的工作方案和预算。二是培育家庭婴幼儿照护指导服务的专业研究机构，探索提升家庭科学养育能力的工作模式。三是以现代信息技术赋能家庭科学育儿宣传，通过多种信息平台，积聚婴幼儿保健、保教等专业人才，开展线上线下相结合的公益讲座、个案辅导等婴幼儿家庭照护指导服务。四是创设社区家庭婴幼儿照护指导阵地，在社区妇女之家、儿童之家以及社区服务站点等，通过各种亲子活动和父母课堂，积极开展科学育儿理念和知识普及活动。

（三）建构婴幼儿照护服务机构和相关服务规范管理体系

一是建立陕西省3岁以下婴幼儿照护服务的标准体系，这包括与托育机构、社区托育机构建设、服务以及管理相关的指南或规范，出台婴幼儿家庭照护指导服务指南，遵循婴幼儿成长特点和规律，参照国家有关指导大纲，就健康照护、营养照护、回应性照护、安全照护、早期学习与发展及卫生评价等方面进行细致规定；对托育机构的场地设施、人员规模以及入托、收费、保育、健康、安全以及综合监督管理制定可操作性的规范和标准，为各托育机构、社区和家庭婴幼儿照护提供参考，为评价婴幼儿照护水平提供规范标准。以标准为先导，加强督导评估，促进婴幼儿照护服务健康有序发展。二是出台婴幼儿照护服务机构的注册登记和备案办法或实施细则，建立卫健与住建、教育等部门协同机制，定期共同研究解决婴幼儿照护机构监督管理以及婴幼儿照护服务市场主体反映的关键症结，如注册与备案、幼儿园托班设置等问题，促进婴幼儿照护机构依法登记管理。三是将"婴幼儿照护服务"与"早教服务"区别开来，明确"托育机构"和"早教机构"定义，辨析婴幼儿照护服务与早期智力开发之间的差异，明确婴幼儿照护服务的重点内容，明确政府公共财政所要支持的对象和服务项目。

（四）完善普惠支持政策，提高普惠托育机构增量

完善普惠机构支持发展政策体系。普惠服务是婴幼儿照护服务发展的基本原则和根本要义，普惠的根本要义在于价格的普遍接受。要突出普惠优先原则，一是建立普惠托育项目库，重点扶持示范性、普惠性托育机构。项目库实行动态管理，优胜劣汰，逐年更新。二是加快制定促进陕西省各地市普惠性托育机构的补贴政策，增加补贴类型，加大补贴力度，充分发挥财政引导社会和市场进入婴幼儿照护服务领域的作用。三是加快落实婴幼儿照护服务的税费减免政策。对于开展托育服务的社区、家政服务机构给予税费优惠，对服务收入免征增值税，企业所得税减计收入，免征契税、房产税、城镇土地使用税。

（五）加大婴幼儿照护服务社会组织的培育孵化

社会组织作为专业性、公益性、非营利性社会服务机构，能够动员社会力量、整合各类资源，是提供高质量婴幼儿照护服务的重要力量。一是要加强婴幼儿照护服务领域社会组织的民政登记备案，提高婴幼儿社会组织年度注册备案数量。二是以购买服务等多种方式激励婴幼儿照护服务组织的连锁化、智能化运营，扩大婴幼儿照护服务的优质资源培育。三是引进第三方社会组织和专业机构运营社区婴幼儿照护服务机构，通过免费或者低于市场价出租场地等方式，促进婴幼儿照护服务优质资源下沉社区，满足多层次、差异化托育服务需求。

（六）理顺体制，促进幼儿园提供2~3岁幼儿托育服务

幼儿园提供2~3岁托育服务具有较强优势：一是符合婴幼儿发展及早期教育的规律，0~3岁和3~6岁阶段可实施连续性、一致性、整体性的教育；二是专业优势，幼儿园具备现成的场地、设施设备、师资团队，能够发

挥教育资源整合聚集优势。但幼儿园主管单位在教育部门，托育服务则是卫健部门，需要卫健和教育部门积极行动起来，理顺关系，明确各自的职责，促进幼儿园托育服务有序发展。

（七）加强婴幼儿照护服务专业队伍建设

专业人才队伍是有质量的婴幼儿照护服务发展的基本条件和保障。一是出台加强婴幼儿照护服务的专业队伍建设规划和相应的人才标准，根据照护服务发展需求提出培养培训计划。二是支持符合条件的高校、职业院校设置育婴、保教等婴幼儿照护专业，培育婴幼儿照护专业人才，发展培育托育产教融合型企业。三是建立婴幼儿从业人员准入制度。研究制定托育机构从业人员职业标准，建立"学历教育+职业资格"的婴幼儿照护服务双证上岗制度。

参考文献

贺琳霞、刘迎接、张雨：《0~3岁婴幼儿早期教育的家长育儿需求调查——以陕西省为例》，《陕西学前师范学院学报》2019年第1期。

胡马琳：《我国0~3岁婴幼儿照护服务制度变迁：轨迹、逻辑与趋势》，《理论月刊》2022年第6期。

陈宁、高卫星、陆薇、张原震：《婴幼儿托育机构发展瓶颈、政策需求与治理取向——基于河南省2679个托育机构的调查》，《人口研究》2022年第2期。

李少杰、崔光辉、田原、庞国伟：《基于政策工具的我国省域层面3岁以下婴幼儿照护服务政策文本量化研究》，《现代预防医学》2022年第6期。

胡马琳、蔡迎旗：《我国0~3岁婴幼儿托育政策的价值取向变迁研究》，《教育学术月刊》2021年第10期。

范君晖、张未平：《我国3岁以下婴幼儿托育服务社会支持体系构建研究》，《黑龙江社会科学》2020年第2期。

刘会兰、罗生虎：《陕西省托育服务需求调研》，《发明与创新：职业教育》2020年第10期。

杨雪燕、高琛卓、井文：《低生育率时代儿童照顾政策的需求层次与结构——基于西安市育龄人群调查数据的实证分析》，《人口研究》2021年第1期。

B.9 2022年陕西城市社区居民医养结合服务分析报告

吴南 杨红娟*

摘　要： 医养结合是推进我国健康老龄化的重要途径，是适合我国国情和老龄人口特征的养老服务方式。近年来，在政策引导和市场化运行下，陕西在医养结合服务方面积极探索，取得明显成效。医养结合工作在实践中出现供给结构失衡、人才匮乏等发展中问题，需要通过理顺关系、推动实体性专业医养机构开展社区医养和居家医养服务、提升老年人口内在功能、培养人才提高服务质量等路径解决。

关键词： 医养结合　社区医养服务　居家养老　陕西省

健康老龄化是我国发展中国式现代化的必然要求，医养结合是健康老龄化的重要实践途径，是适合我国国情的养老医疗服务方式。医养结合服务工作重点是对老龄人口的健康管理，将医疗服务工作和养老服务工作相结合，可为不同需求的老龄人口提供适合的医疗养老综合服务，满足老龄群体高品质、多样化医养需求。基于"9073"养老服务格局，居家和社区成为医养结合发展的重要领域。

---

* 吴南，陕西省社会科学院社会学所研究员，研究方向：老年社会学、文化社会学；杨红娟，陕西省社会科学院社会学所副研究员，研究方向：社会政策。

一　近十年医养结合服务政策的主要进展

自 2011 年起，医养结合服务政策历经顶层设计、任务规划和全面推动三个发展阶段，顺应社会发展需求、应对老龄化趋势、增强社会治理能力，引导医养结合实践工作的顺利推进。

（一）明确医养结合服务方式，促进医养事业产业健康发展

2013 年《国务院关于加快发展养老服务业的若干意见》基于医养结合工作的重要性和紧迫性，明确提出积极推进医疗卫生与养老服务相结合。

2014 年《关于加快推进健康与养老服务工程建设的通知》旨在保障医养结合工作的基础设施建设。

2015 年《全国医疗卫生服务体系规划纲要（2015—2020 年）》正式明确"医养结合"概念，并提出具体要求。《关于推进医疗卫生与养老服务相结合的指导意见》为医养结合服务工作指明发展方向。

2016 年《关于做好医养结合服务机构许可工作的通知》确定首接责任制原则，明确机构职责，支持医养结合机构发展。《关于确定第一批国家级医养结合试点单位的通知》启动国家级医养结合试点工作，鼓励各地探索医养结合模式，为进一步发展提供经验。《关于全面放开养老服务市场提升养老服务质量的若干意见》支持社会资源进入养老服务行业，以提高资源配置能力。

2017 年《"十三五"国家老龄事业发展和养老体系建设规划》标志着我国医养结合进入快速发展的新阶段。《关于运用政府和社会资本合作模式支持养老服务业发展的实施意见》提出建立全生命周期健康管理、养老服务和医疗服务的功能格局。《关于养老机构内部设置医疗机构取消行政审批实行备案管理的通知》意在推进领域内"放管服"改革。

2019 年《关于深入推进医养结合发展的若干意见》立足医养结合服务发展的实践经验，解决发展中存在的难点及问题。以改革完善医养结合政策

为导向，提出多项针对性的政策措施。2019年《健康中国行动（2019—2030年）》制定医养结合工作具体目标，要求"到2022年养老机构以不同形式为入住老年人提供医疗服务比例达到93%，2030年达到100%"。《医养结合机构服务指南（试行）》《医养结合机构管理指南（试行）》《医疗卫生机构与养老服务机构签约合作服务指南（试行）》等文件陆续发布，标志着我国医养结合工作正式走上规范化、标准化、制度化轨道。《关于开展医养结合机构服务质量提升行动的通知》对医养结合机构服务质量提出明确的考核要求，加强监督，提高社会满意度。

（二）完善医养服务体系，确立居家社区医养服务定位

2015年《关于鼓励民间资本参与养老服务业发展的实施意见》针对社区居家老龄人口的医疗需求，鼓励医疗资源向基层社区倾斜，为社区和居民家庭提供有效医养服务。《关于进一步规范社区卫生服务管理和提升服务质量的指导意见》引导社区卫生服务机构增强服务意识，拓展服务范围，提升服务质量，建立与社区养老服务机构的合作关系，探索社区居家医养结合的实践路径。

2016年《"健康中国2030"规划纲要》推进老年医疗卫生服务深入社区、家庭，切实关注居家老人的养老医疗多样化需求，依据老年人生理特征，发展长期照护服务。

2018年《医疗卫生领域中央与地方财政事权和支出责任划分改革方案》要求自2019年起将老年健康服务、医养结合等内容纳入基本公共卫生服务，确定基层医疗机构是承担医护服务任务的重要主体。基层医疗机构为社区居家养老提供服务保障。

2019年党的十九届四中全会提出"加快建设居家社区机构相协调、医养康养相结合的养老服务体系"，明确养老服务体系中构成要素的结构关系、功能定位及发展目标等。

2020年《关于加强老年人居家医疗服务工作的通知》重在提升居家医养服务能力，增加居家养老医疗服务供给，为特殊老龄人口提供多项上门医

疗服务，解决居家养老医疗卫生服务中存在的实际困难。《关于全面推进社区医院建设工作的通知》提出，社区医院将逐步成为医养结合服务中医疗服务提供的新兴主体，为社区居家医养提供医疗服务支撑。

2022年《关于开展社区医养结合能力提升行动的通知》明确社区居家医养服务定位，积极提升居家社区医养结合服务能力，推动医养结合工作的衔接和融合，为社区居家老龄人口提供高质量、差异化服务。

（三）积极探索新形式，推动医养结合创新发展

"互联网+"。2015年，国务院办公厅转发的《关于推进医疗卫生与养老服务相结合的指导意见》鼓励各地将现代信息技术运用于医养结合领域，服务老龄人口，探索高新科技医养实践的新模式。2017年《智慧健康养老产业发展行动计划（2017—2020年）》支持养老产业转型发展，研发新科技产品，增加适合老龄人口特征的产品供给，建立信息网络体系，增强服务质量等。2021年《智慧健康养老产业发展行动计划（2021—2025年）》以新一代信息技术为基础，为养老产业的信息化发展提供行动指南，进一步提升智慧养老服务能力。

"中医药健康养老"。2015年《中医药健康服务发展规划（2015—2020年）》提出发挥我国中医药的传统优势，积极促进中医药与养老服务结合。2016年《中医药发展战略规划纲要（2016—2030年）》旨在继承和发展中医药健康理念观念及诊疗方式，发挥中医药的独特作用，与养老机构、社区和家庭建立联系，探索具有中医药特色的医养结合服务模式。2017年《关于促进中医药健康养老服务发展的实施意见》强调中医药在医养结合方面的重要功能。2022年《关于开展健康中国行动中医药健康促进专项活动的通知》鼓励发挥中医药的独特作用，开展"中医进家庭"等活动。

推行长期护理保险。2016年《关于开展长期护理保险制度试点的指导意见》发布，标志着长期护理保险医养模式开始进入实施阶段。2020年《关于扩大长期护理保险制度试点的指导意见》在前期实践经验的基础上，完善关于长护险的社会保险制度，推动加深长护险的社会普及程度。

二 陕西城市社区居家医养结合主要类型

依据顶层设计、老龄化发展规划，陕西结合本地经济、政治、社会、文化资源状况及老龄化态势，制定了一系列政策措施，推进陕西医养结合服务发展。政府、企业、机构、社区等相关部门、机构深入调研，积极探索，逐步建立起多种社区居家医养新模式。

（一）"养老+医疗"社区嵌入式综合医养模式

"养老+医疗"社区嵌入式综合医养模式指的是机构以养老服务为主，增加医疗服务，以保障老龄人口的医养需求。养老机构立足社区医养，根据自身业务能力拓展服务范围，开展社区日间照护和居家医养三个方面的医养服务，适合当前经济社会发展状况，是探索"社区居家机构相协调"的成果。此模式既可实现企业的经济效益，也具有明显的社会效能。如陕西康源投资集团有限公司与陕西隆基建设集团有限公司在西安土门西城摩尔商业中心创建的"康隆西城长者屋""康源隆基日间照料中心"是"养老+医疗"社区嵌入式医养服务模式的典型案例。康源医养在社区开办小型养老机构，设立二级门诊，签约附近医院。社区日间照料中心设在养老机构内，平日社区老人可以到日间照料中心参加社区举办的活动，享受中心提供的各种服务。同时，机构可上门为老人服务，为社区居家医养提供支持。机构的医养服务以小规模、多功能作为核心，将长期入住、短期入住、日托服务、上门服务等方式进行组合，提供灵活而切合实际的选择以满足老年人不同的需求。机构管理人员和护理人员多毕业于陕西工运学院与日本介护事业交流协会合作开设的老年服务与管理专业，通过访日介护短期研修（3个月）的培训，将国外先进养老经验运用于居家社区医养结合服务中，从现代管理和专业人才方面保障医养服务工作的质量，形成具有人才特色的服务模式，为居家社区医养结合服务提供可供参考的实践路径。此外，西安市莲湖区"家门口的养老院"，是依托街道养老日间照料与全托服务功能建立的综合医养服务机构，为老年人从居家到社区、从社区到机构的养老照料需求提供便利条件。目前莲湖区已成立7家街道综合养老服务中心，是"养老+医疗"社区嵌入式综合医养模式的推广实施。

（二）"医疗+养老"社区嵌入式综合医养模式

"医疗+养老"社区嵌入式综合医养模式指的是机构以医疗服务为主，增加养老服务。社区医疗机构作为医养中心，兼顾社区医养和居家医养。这种模式能够针对老龄人口特征提供有效、规范医养结合服务，解决老年群体最为关心的疾病诊治问题。如西安灞桥普康医院是西安市首家社区医院与养老院结合的社区医养结合服务模式，普康医院依托社区卫生服务站医疗资源，针对老年疾病治疗、康复训练、健康管理等开展工作。机构与太和医室合作，中医专家定期坐诊，采用中西医结合方式，提供特色医疗服务。目前，其主要服务项目包括住院医养、日间照料、短期托养、居家医养等，服务对象涵盖了辖区内失能、半自理等不同健康状况的老人。机构注重科技创新，建立西安首家"互联网+大健康"智慧社区平台，形成"互联网+医疗服务+居家养老+护理服务+综合生活""五位一体"服务结构，以社区医疗服务站为依托，以社区为支点，以家庭为基础，以互联网为支撑，以智能监测为链接，开展辖区内家庭医生服务签约，设置家庭病床，为社区居家老人配备智能手环，提供居家养老服务和护理服务。机构利用智能化设备，经信息平台链接社区医疗服务站和居家老人，利用能够及时提供服务的基础设施条件，通过医联体保障医疗服务质量，满足社区居家老年人医养结合需求。此外西安枣园社区、西京社区、和平中医院，以及铜川等地在此方面也进行有益探索，取得了明显成效。

（三）"签约型"社区嵌入式医养结合模式

"签约型"分为两种形式，一是社区医养签约型，由社区养老服务机构与社区卫生服务中心签署合作协议，为社区医养结合提供服务，但由于社区卫生服务中心的公共卫生服务工作任务较多，人员不足，不能很好地满足社区和居家医养服务需求。二是居家医养签约型，包括家庭医疗床位签约、家庭医生签约等，2021年西安市莲湖区开始实施家庭医疗床位试点，主要针对特殊人群，此种模式的实施细则正在逐步完善。

（四）试行"长护险"

2020年10月，国家医保局确定汉中市为第二批14个长护险试点城市之一。汉中市先后研究出台了30多个政策制度，形成了比较完善的体系。2020年确定《汉中市长期护理保险试点工作方案》和《汉中市长期护理保险实施办法（试行）》，① 截至2022年9月初，全市累计受理失能申请1934人，已享受"长护险"待遇1254人。2022年汉中市对长护险政策进行了调整和完善。出台了纸尿裤、护理垫等两类常用护理物品耗材的补助政策，长护基金按每人每年最高840元限额，每月最高70元限额支付。目前已有近300人提交申请并通过适配评估，近100名失能人员已收到纸尿裤、护理垫。纸尿裤、护理垫两类耗材补助政策落地，有效减轻了失能人员家庭经济负担，提高了失能人员的生活质量。② 长护险尚在探索之中，汉中试点将为长护险的普及提供有益经验。

三　陕西城市社区居家医养结合服务中存在的问题

陕西医养结合服务工作全面推进，政府、机构、企业及社会群体等在实践中解读政策、了解市场、配置资源，积极为老龄人口服务。工作进展过程中既有成功经验，也存在发展中的问题，需要正确认识、积极应对、妥善解决。

（一）医养行业差异，导致医养服务结合障碍

养老机构内配置医疗资源，首先，存在是否能够达到医疗机构专业性标

---

① 《汉中市出台长期护理保险试点工作方案和实施办法》，汉中市医疗保障局公众号，2020年11月17日。
② 《长护政策再发力　群众福祉再保障》，汉中市医疗保障局公众号，2022年7月5日。

准的问题，医疗服务体系具有严格的标准、规范及对医护人员从业要求，审批存在一定难度。养老机构可通过设置门诊聘请医生和签约医院初步解决医养问题，但自身应对老年疾病、预防、诊治及功能恢复的能力有待提高。其次，将养老机构医养结合服务纳入医疗保障体系、就诊能够使用医保卡，成为养老机构正常运营的关键因素。最后，养老机构与医疗机构合作，如何在法律许可的范围内划分双方职责范围、保障双方权益，还需进一步探索。医疗机构设置养老床位的问题，主要集中于老龄群体的健康状况与收费标准的关系、医疗纠纷，以及养老行业利润比较低等方面，影响医疗机构开展医养服务工作的积极性。

（二）供给结构失衡，凸显医养服务供需矛盾

现行养老服务体系和养老服务格局，决定了医养结合的主要服务群体是全部老龄人口，但目前医养结合服务的重点人群是少数失能、半失能和高龄等老龄人口。对于社区内居家老人的健康状况、医养需求及健康发展趋势等关注度不高，大多仅限于提供社区日间照料中心的免费公益性活动，缺乏针对性、整体性、长期性服务，不能满足社区老年群体物质需求及精神需求的医养结合服务，形成供给结构失衡的局面。社区作为养老服务体系的依托，起着至关重要的枢纽和平台功能，纵向承接政府各项资源，横向连接社会资源，是实现"居家养老为基础"的保障。因此，在医养服务供给方面，政策以及社会资源应向社区居家医养服务倾斜，重点关注居家社区医养结合服务，缓解供需矛盾。

（三）健康观念模糊，引发医养服务方向偏差

2015年世界卫生组织《关于老龄化与健康的全球报告》将健康老龄化定义为发展和维护老年健康生活所需的功能发挥的过程。内在功能和外部环境是健康老龄化的重要支撑。老龄人口的医养结合是以老年人"内在功能维护"为目的，不仅指疾病治愈，但目前不论机构医养还是居家医养，在维持老年人内在能力方面专业化程度不高，重视程度不够。据调查养老机构

中老人营养和自理能力是影响功能维护的重要维度，但是部分养老机构缺乏对个体化营养、自理能力的评估和支持，影响后续的干预服务。① 社区和居家养老中也普遍存在此类问题。从医学角度解读老年健康，拓宽了老年健康的范围。关注老年人身心健康、慢病管理、健康监测、维持功能，注重适量运动、合理膳食、社会活动、人际交往等，因此，维持正常的社会生活状态是医养结合服务的重点工作。医养结合服务的群体是处于健康谱系中不同状态的全体老年人，服务方向是普及健康知识、维护内在功能，通过老年综合评估，提供差异性、便利性和可及性医养服务。

（四）医养人才匮乏，致使医养结合服务质量不高

人才是医养结合工作的质量保障，是政策落实、资源汇集的执行者，医养结合人才中存在的问题，直接影响医养结合服务质量水平。医养人才问题首先是医养人才数量严重缺乏，不能满足需求。人才队伍结构不合理，专业性不强，院长、护理员及专业养老人才专业结构比例失调。其次，职业资格认证体系不够健全，养老护理员职业资格证与职业技能等级证无法衔接；培训体系分属不同部分主管，民政、教育、人社、卫健各有人员的培训体系，教材、师资、课程、标准各不相同，养老护理竞赛分为教育系统的院校竞赛和人社系统与民政系统的竞赛。培训证书师出多家，参差不齐，阻碍人员流动、技能认定及人员再教育等。再次，部分培训学校对市场需求分析不准确，课程设置不合理、师资力量缺乏、教材不统一，导致学非所用，无法很好地实现人才培养目标。最后，学校招生难，企业招人难、留人难。校企合作、产教融合效果参差不齐，不能形成良性的互动交流。②

---

① 杨伟、王颖等：《从护理院被照护者疾病分布状况探索医养结合医疗干预模式》，《中国临床保健杂志》2021年第4期。
② 闫晓华：《养老人才培养与发展》（论坛发言），中日养老介护行业人才培养与发展论坛，中国成都，2022年10月27日。腾讯会议号：691163690，发起人：旭东山森。

四 提升城市陕西社区居家医养结合服务质量的对策建议

"慎终追远"是中国优秀传统文化的核心,是中华民族团结一致的价值底蕴,是社会秩序的伦理基础。医养结合服务工作利国利民,在政策引导和市场化运行下,经过各方不懈努力,可有效地缓解老龄化、少子化社会背景下老龄群体及其家庭的养老压力,增强健康老龄化的信心。针对医养结合进程中存在的问题,本文提出相关建议,以推动医养结合工作持续高质量发展。

(一)理顺关系,促进居家社区机构医养康养融合发展

居家社区机构相协调,依据三者养老功能定位,形成特定结构性关系,通过发挥各自的优势,构建综合医养结合服务网络,服务老龄人口,促进医养结合服务的发展。居家是医养结合服务的主要场所,是当前老龄人口养老的主要选择方式,延续我国传统的养老观念和实践,社会接受度高,对居家医养中高龄老人、空巢老人、半失能等群体的刚性医养结合服务需求应予以特别关注。机构是提供专业化、市场化、规范化医养结合服务的主要力量,机构的健康生存和发展是保障医养结合服务质量的关键,也是医养结合服务的难点和重点。社区是资源配置的平台,是居家医养和机构医养结合的支撑,重在协调各方关系,维护供需平衡,是医养结合服务顺利发展的枢纽。三者的均衡发展、良性互动维持医养结合的正常运行。医养康养相结合,提供差异性、多样化、高品质的养老服务,满足不同年龄阶段、健康状况、收入水平等老龄人口的服务需求,提高老龄人口的幸福感、获得感和归属感。

(二)突出重点,推动实体性专业医养机构开展社区医养和居家医养服务

实体性专业医养机构不论是养老机构开展的"养老+医疗"服务,还是医院、护理院、社区卫生服务机构开展的"医疗+养老"服务,均能够提供专业化、市场化、社会化的医养服务,改善社区医养和居家医养服务供需结构性

矛盾。"9073"养老服务格局，决定了医养服务的重点在居家和社区，占比"90"的居家医养，人数众多，需求各异。占比"7"的社区医养面对的老龄群体与"90"居家医养的群体在社区内是重合的，是同一群体在不同状态下的多样化医养需求。当前一方面社会养老机构床位空置，另一方面居家社区医养供给不足，需求不能获得很好的满足，问题的关键在于医养服务需求与供给不匹配。因此需要通过政策支持，整合资源，提供平台，实现医养供需双方的交流与合作。依据现实状况，将满足老龄群体的医养需求放在首位，设置实体性专业医养服务机构，提供专业化、标准化、多功能的医养服务，不仅在数量上可实现"15分钟服务圈"的要求，更易于在质量上保障服务。"专业医养机构+社区日间照料中心+居家医养服务"是适合社区医养和居家医养的新模式，服务社区内老龄人口，在社区增加机构医养、居家医养服务的供给数量，提高医养服务供给质量，优化医养服务结构，解决结构性失衡问题。

（三）功能维护，支持老年人口内在能力提升

老龄人口的内在能力是健康老龄化的基础，外部环境是健康老龄化的保障。内在能力需要在科学指导下，对老人的健康状况进行常规性、专业性评估，提供适合方案，动态监测，以维护、提升老龄人口的内在能力。老龄人口的衰老是渐进的、动态的过程，专业医疗机构或社区卫生服务中心定期对辖区内老龄人口提供及时、有效评估，根据个体化特征提供干预，对老龄人口保持相对健康、维持生活自理能够起到重要预防作用。相关调查研究显示，衰弱综合征与起立行走时间、抑郁状态、营养不良、跌倒、自理能力差等相关。给予非特异干预2年后，老年综合征中营养状态、认知水平、自理能力、跌倒风险、握力较前均有好转，抑郁状态、衰弱较前无明显变化。在社区老年人中开展以衰弱为核心的老年综合评估，并给予非特异性干预，可以改善部分老年综合征。[①] 医疗卫生体系内老年科医师指导筛查导致失能及

---

① 任延平：《非特异性干预对持续照料退休社区以衰弱为核心的老年人内在能力减退的影响》，待刊稿。

功能状态变化的不稳定因素,并指导疾病管理,逆转或维持当前失能状态,最大限度地维护功能稳定能够有效提高医疗水平,[①]因此,应在医养结合工作中广泛实施专业化老年能力评估和干预,以提升老年人内在能力,维持正常社会生活,延长健康生活时间。

(四)创新驱动,促进社区居家医养结合快速发展

"互联网+"医养结合是信息科技在医养结合领域的研发和运用,人工智能、可穿戴设备智慧 App 等为智慧医养结合服务提供了物质基础,将高科技更好地服务于老龄人口,可实现老年人口医养供给和需求之间的连通、整合资源、节约人力、提高服务质量。建立省、市、区、街道、社区等不同级别医养结合服务智慧云平台,通过智能健康移动终端监测老人健康、位置及安全状况,已成为社区居家医养结合发展的大趋势。社区工作人员、医护人员、家庭成员等能够通过网络实时照看、了解老人动态,实现健康管理,提高应对老年人突发情况的能力。尤其对独居老人、空巢老人以及高龄老人等更需要普及应用,保障老龄人口的健康和安全。但是智慧医养结合前期基础设施投入资金较多,可穿戴设备、便携式健康监测设备等也需要一定的费用,需要通过政策支持和政府补贴等形式推行,智慧型产品亟须在社区居家医养中推广使用。

(五)人才培养,保障医养结合服务持续高质量发展

人才培养是促进医养结合高质量发展的重中之重。应调整医养人才队伍结构,增加一线养老护理员、养老院院长数量,以及扩充养老专业技术人员队伍,包括老年康复师、全科医生、护士、养老管家等 20 多类专业技术人员。以专业化人才队伍稳定医养结合服务的质量。健全人才培养体系各环节,提高医养结合从业人员质量,对于养老相关专业,中职中专技工层次的

[①] 杨伟、王颖等:《从护理院被照护者疾病分布状况探索医养结合医疗干预模式》,《中国临床保健杂志》2021 年第 4 期。

老年人服务与管理专业、高职大专层次的智慧健康养老服务与管理专业等给予相应的政策补贴,促进对高水平医养结合服务人才的培养。对相关部门举办的养老人员培训实行效果评估,提高培训的社会效能。鼓励人才流动,发挥人才效益。①

推进社区医养和居家医养高质量发展还应大力鼓励医养新业态、中医现代化,建立长护险,健全医养结合一体化的行政协调机制,建立健全老年人长期护理质量评价监督机制,制定老人享受服务的时间、频率、内容等标准,定期对老人进行标准化身体健康和机能评估,对老人医护照料实行动态化管理,形成完善激励和监管的政策制度体系等,通过全社会的共同努力推动医养结合快速发展,实现健康老龄化。

---

① 闫晓华:《养老人才培养与发展》(论坛发言),中日养老介护行业人才培养与发展论坛,中国成都,2022年10月27日。腾讯会议号:691163690,发起人:旭东山森。

治理篇

Social Governance

B.10
陕西法治社会建设研究报告

胡映雪*

摘　要： 陕西进入新的发展阶段后，不论是支撑高质量发展、完善共建共享共治社会治理格局，还是不断满足人民群众对美好生活的需求，都需要良好的法治环境，而推进法治社会建设是形成良好法治环境的有力抓手。近年来，陕西法治社会建设不断深入推进，法治社会制度基础持续夯实，全社会法治信仰持续强化，法律公共服务供给质量不断提高，社会治理法治化全面推进。陕西法治社会建设虽已取得明显成效，但仍存在一些短板有待完善，比如，法治社会治理体制不完善、各主体权责关系不明确、矛盾化解机制不健全。为进一步推进陕西法治社会建设，应当进一步推进社会主义法治文化建设，完善重点领域立法，健全完善自治、法治、德治"三治合一"的治理体系，打造依法治理专业化人才队伍。

---

* 胡映雪，陕西省社会科学院政治与法律研究所助理研究员，研究方向：政府治理、社会治理。

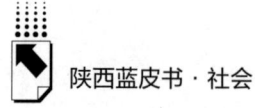
陕西蓝皮书·社会

关键词： 法治社会建设　法治文化　治理法治化　陕西省

党的二十大报告指出，要围绕保障和促进社会公平正义，坚持依法治国、依法执政、依法行政共同推进，法治国家、法治政府、法治社会一体建设。建设法治社会是构筑法治国家的基础，是保障人民美好生活的有效举措。党的十八大以来，陕西积极落实党和国家对法治建设作出的重大部署，法治社会建设在多个方面取得了显著进步，同时也面临新形势、新要求。

一　陕西法治社会建设面临的新形势

高质量发展是陕西面临的新形势，在新的发展阶段，为支撑高质量发展，完善共建共治共享社会治理格局，满足人民对美好生活的需求，陕西需要进一步推进法治社会建设，使其为谱写陕西高质量发展新篇章提供坚强法治保障。

（一）陕西高质量发展需要建设更高水平法治社会

高质量发展既是社会主义现代化的必然要求，也是社会主义制度优越性的体现。陕西省第十四次党代会提出陕西省高质量发展"六个更高"具体目标：经济发展质效更高、人民生活水平更高、生态环境品质更高、社会文明程度更高、治理体系效能更高、党的建设质量更高。每一项具体目标的实现，都需要充分发挥法治在促进政府治理、社会治理、市场治理等方面的支撑保障作用。当前，陕西正处于战略机遇叠加期、追赶超越关键期，要实现陕西高质量发展，进一步推进重点领域和关键环节改革任务，平衡城乡经济社会发展水平，完善秦岭等重点区域生态环境保护，提高公共服务水平，提升社会治理能力，迫切需要全面完善法治，以法治促发展、保稳定。提升陕西治理能力需要将法治陕西、法治政府、法治社会建设一体推进，在这其中，法治社会是前二者的基础。因此，只有建设更高水平的法治社会，才能为陕西高质量发展提供坚强的支撑力量。

（二）完善共建共治共享社会治理格局需要法治支撑

党的十九届四中全会强调"坚持和完善共建共治共享的社会治理制度"，将其作为坚持和完善中国特色社会主义制度的重要内容。"共建共治共享"不仅明确了治理参与力量、方式、目的，而且为进一步完善社会治理制度框架指明了方向。"共建共治共享"意味着治理主体多元化、治理方式协同化、治理成果普惠化，要将这三者统领起来，只能依靠社会治理法治化。法治化既能保障过程的规范化，也能保障最终目标的正当性。通过完善社会治理的法治支撑，各治理主体的权责范围更加清晰，参与规则更加健全。只有在完善的法治保障下，各主体才能遵循公开、互动、平等、包容的原则进行双向沟通和协商对话。因此，构建科学合理的治理格局离不开法治支撑，这就要求充分发挥法治作为社会治理根本规则的作用。只有善于运用法治思维解决各类社会治理问题，才能为实现"共建共治共享"创造稳定有序的社会环境。

（三）人民群众对法治社会建设水平提出了更高要求

中国特色社会主义建设已进入了新的发展阶段，人民日益增长的美好生活需要和发展不平衡不充分之间的矛盾已成为我国社会主要矛盾。进入新时代，经济更加发达、文化更加丰富，人民美好生活需要的范围不断扩大，不仅包含传统物质文化领域的内容，更包括对政治领域权利的要求，如民主、法治、公平、正义、安全、环境等方面。"十三五"期间，陕西经济、社会、文化建设方面都取得了极大成就，物质基础更加雄厚，社会民生持续改善，公共文化服务体系日益完善，发展空间不断拓展，社会大局长期保持和谐稳定。然而，欠发达仍然是陕西基本省情，且发展不平衡不充分已经成为人民群众追求美好生活的主要障碍。经济发展、社会进步需要法治支撑，人民美好生活更需要法治护航。当前，陕西正处在实现高质量发展的重要阶段，面临经济、社会、文化等各领域艰巨繁重的发展任务。在新发展阶段推动高质量发展，满足人民群众对全过程人民民主、个人权利保护、环境安全等方面日益提高的需求，都需要建设更高水平的法治社会。必须充分发挥法治对治理秩序的保障作用，对社会行为的引导作用，使陕西始终在法治轨道上推进高质量发展。

二 陕西法治社会建设的成效

法治社会是构筑法治国家的基础性工程。近年来，陕西全面贯彻落实中共中央《法治社会建设实施纲要（2020－2025年）》，法治社会制度基础、社会法治信仰、法律公共服务、社会治理法治化等方面进步突出，法治社会建设取得新成效。

（一）法治社会制度基础持续夯实

政策体系日趋完善。陕西出台《陕西省法治社会建设实施方案（2021—2025年）》，从全省层面上为陕西法治社会建设确立了总体目标，并就进一步落实提出了重点举措。该方案为推进陕西法治社会建设向纵深发展做出了具体规划，也为进一步推进法治陕西建设提供了重要依据。出台《中共陕西省委办公厅陕西省人民政府办公厅关于加强乡镇政府服务能力建设的实施意见》《中共陕西省委陕西省人民政府关于加强和完善城乡社区治理的实施意见》，为进一步激发城乡社区自治活力，充分发挥城乡社区在创新基层社会治理、促进基层群众自治等方面的基础作用，全面提升城乡社区综合服务能力奠定了法治基础。

社区建设规范不断健全。陕西省颁布《城镇社区组织建设管理规范》地方标准，规定了城镇社区组织建设的组织机构、规章制度、工作队伍、设施设备、社区服务、安全与应急管理和考核评估的基本规范；出台《陕西省智慧社区建设指南》，全面推进社区治理标准化、信息化和专业化；制定印发加强村民委员会规范化建设文件、推行村级"小微权力"清单制度、减轻基层自治组织负担；加强易地扶贫搬迁安置社区自治组织建设和社区治理，制定村规民约和居民公约等文件，不断提升城乡社区建设法治化、制度化、规范化水平。

社会重要领域立法成果突出。陕西以地方立法权限和省情实际为基础，进一步深化社会重点领域地方立法，相继颁布《陕西省秦岭生态环境保护条例》《陕西省天然林保护修复条例》《陕西省饮用水水源保护条例》《陕西省林业有害生物防治检疫条例》《陕西省煤炭石油天然气开发环境保护条例》，不断完善陕西生态文明建设的法治保障，全面护航美丽陕西建设；制定《中国（陕西）自由贸易试验区条例》，着眼高质量发展，服务"一带一路"建设；推行《陕西省物业服务管理条例》，关注民生热点，推进和谐社区建设；实施《陕西省防灾避险人员安全转移规定》，为人民生命安全筑牢立法保障。陕西聚焦构建经济社会新发展格局和人民群众的迫切需求，筑牢全省改革发展稳定的法治基础。

（二）全社会法治信仰持续强化

建设法治社会，必须持续强化法治信仰。近年来，陕西省深入开展普法工作，把普法工作作为全面依法治省的长期性基础性工作，在全社会培育法治信仰，法治社会的思想基础不断强化。

领导干部和青少年学法用法意识增强。陕西省突出抓好领导干部"关键少数"，组织开展"法润三秦大讲堂"法治宣讲报告会，开通网上普法公开课。突出抓好青少年"重点多数"，持续开展秋季开学第一周"法治教育第一课"、"法律进学校"宣传周、"全民读宪法"活动。"七五"普法期间，陕西省创新开展全省"红领巾法学院"创建活动，打造青少年法治宣传教育工作新品牌，"全省共有1362所学校参与创建，获省级创建命名学校43家，参与青少年300万余人"，① 学法用法意识在青少年头脑中深入扎根。

---

① 《【实录】陕西省政府新闻办举办新闻发布会 介绍"贯彻实施'八五'普法规划，推动全社会树立法治意识"有关情况》，www.fzsx.gov.cn/sx/fcsx/51993.htm，最后检索时间：2022年11月30日。

法治文化蓬勃发展。陕西重视提升青年法治素养，连续举办六届陕西省高校法治文化节，提升高校学生的法治意识。打造一系列法治文化活动阵地，如关于宪法实施的主题公园、宣传法治文化的休闲广场及主题景区等，推进建设法治创建示范点和"谁执法谁普法"的普法"责任田"。法治文化与陕西特色红色文化融合发展，陕甘宁边区高等法院旧址、铜川照金革命纪念馆被命名为"全国法治宣传教育基地"。法治文化基础设施建设提档升级，"七五"普法期间，"全省共建成现代化法治宣传教育中心8个、法治文化公园25个、法治文化广场53个、法治文化街（墙）1883个"，① 法治文化宣传教育阵地建设进一步加强。

法治乡村建设稳步推进。陕西从立法、执法、普法等方面推进法治乡村建设，涉农立法更加完善，乡村执法更加规范，乡村普法守法氛围更加浓厚，乡村公共法律服务更加优化。陕西乡村普法宣传教育工作进一步加强，一方面深入开展宪法、民法典学习宣传活动，另一方面常态化宣传与乡村居民生活密切相关的法律知识，如土地流转、医疗卫生、疫情防控、社会救助、妇女儿童权益保护等法律法规，通过贴近村民生活的方式进行宣传，使尊法守法精神在乡村扎根。同时，深入实施公民法治素养提升行动，深化行业、专项、基层依法治理，不断强化乡村法治氛围。

（三）法律公共服务供给质量不断提高

陕西围绕高质量发展提升公共法律服务水平，法律服务业务覆盖面更广，服务方式方法不断创新，质效不断提高。

公共法律服务平台不断完善。陕西省以创造高品质生活为导向，进一步建强公共法律服务基础设施，热线和网络等线上服务平台也不断完善，绝大多数村民及居民委员会都配备了法律顾问，"全省10个市、107个县（市、

---

① 《【实录】陕西省政府新闻办举办新闻发布会　介绍"贯彻实施'八五'普法规划，推动全社会树立法治意识"有关情况》，www.fzsx.gov.cn/sx/fcsx/51993.htm，最后检索时间：2022年11月30日。

区）、1313个乡镇（街道）、20191个村（社区）全部建立公共法律服务窗口"。① 陕西省建立老弱病残幼、农民工法律援助"绿色通道"，积极协助农民工依法追讨欠薪，被司法部确定为农民工欠薪法律援助全国示范省份。

公共法律服务方式方法不断创新。陕西定期组织律师团队为重点民营企业进行法律体检，组织律师事务所、优秀律师结对服务省级重点建设项目，动员在陕全国人大代表、在陕全国政协委员以及省人大代表、政协委员，"组织13个法律服务团2000多名法律服务人员开展涉疫公益法律服务"，②为群众及时提供法律服务保障，切实为群众排忧解难。鼓励省内律师事务所与港澳律师事务所进行业务交流合作，不断提高其业务水平，使其发展成为具有国际水平、能为西安自贸区等跨境通道和丝博会等国际商事活动提供高端法律服务的机构。

公共法律服务体系建设稳步推进。陕西省出台《关于加快推进公共法律服务体系建设的实施意见》，制定《陕西省公共法律服务体系建设规划（2021-2025年）》，公共法律服务体系更加完善，城乡法律服务水平差距进一步缩小。出台《关于进一步推进基层法律服务与人民调解融合发展的实施意见》，基本完成全省法院诉讼服务中心改造，"88个诉讼团队入驻当地综治中心，在综治中心设置便民法庭92个，建立基层自治组织调解点2384个"。③ 持续抓好全省民主法治示范村（社区）创建工作，建立秦创原法律服务中心，建立"一带一路"国际商事法律服务示范区，成立中国—上海合作组织法律服务委员会西安中心、"一带一路"律师联盟西安中心、西安"一带一路"国际商事争端解决中心和国家生物安全证据基地，公共法律服务水平全面提升。

---

① 资料来源：陕西省民政厅。
② 《为推动高质量发展提供坚强法治保障和优质法律服务》，陕西省司法厅，sft.shaanxi.gov.cn/yw/gzdt/50862.htm，最后检索时间：2022年10月10日。
③ 《为推动高质量发展提供坚强法治保障和优质法律服务》，陕西省司法厅，sft.shaanxi.gov.cn/yw/gzdt/50862.htm，最后检索时间：2022年10月10日。

（四）社会治理法治化全面推进

依法治理体制机制更加完善。陕西省以网格化服务管理为抓手，推进更高水平平安陕西建设。通过党建联建、共驻共建等方式链接、整合网格内各个治理主体，形成"一核多元"多主体协同治理的格局，同时推进司法、社保、交通、卫生等力量下沉网格，不断提升社会治理法治化水平。

各类调解资源进一步优化整合。陕西省依托各级矛盾纠纷联合化解中心或信访接待大厅，搭建了省、市、县、镇街、村社五级矛盾调解工作平台。省、市、县（区）分别将相关工作力量进行整合，建立各级矛盾调解工作平台，该平台可实现矛盾纠纷统一受理，经过研判后归口到相关业务部门，由各部门就该矛盾协调解决，实现"一站式"化解。镇街依托综合治理中心，设立矛盾多元化解组织，做好矛盾纠纷排查、研判、化解等工作。农村社区以村级组织机构为依托，将村（社区）调委会、治保会、综治工作站等工作力量整合为一体，成立村级矛盾纠纷联合化解工作站，使群众解决矛盾、提出建议有了便捷的平台。截至2022年8月，"陕西省共建人民调解委员会24856个，行业性专业性人民调解组织1001个，个人调解工作室320个，行政调解委员会及行政调解工作室207个，90%以上的县（区）设立了律师调解工作室"，[①] 实现了多层次、宽领域、广覆盖的人民调解委员会，为基层矛盾化解提供了坚实的保障。

利益表达、协调机制不断完善。陕西省司法厅等六部门制定下发了《关于进一步健全完善矛盾纠纷多元化解机制建立大调解工作格局的实施意见》《开展建立大调解格局示范试点的方案》等文件，推动矛盾多元化解，涌现出西安碑林"365"人民调解模式、咸阳秦都"三三制"人民调解模式等具有地方特色的解决矛盾纠纷创新做法。2019年以来，"陕西省各级人民调解组织共排查、成功调处各类纠纷30余万件，调解成功率达98%以上，

---

① 《强化示范创新引领 完善矛盾多元化解 法治陕西大调解工作格局已逐步建立》，www.fzsx.gov.cn/sx/fcsx/61981.htm，最后检索时间：2022年10月10日。

防止了群体性事件、群体性械斗、民转刑案件 947 件 10869 人次，全省群体性事件、来省集体访等分别下降 16%、17%，群众对人民调解的满意率提升至 98% 以上"。①

三 陕西法治社会建设的短板

陕西法治社会建设虽然已经取得了显著成效，但基层社会治理体制、各治理主体权责关系、矛盾化解机制等方面仍存在薄弱环节，制约了陕西法治社会建设进一步推进。

（一）基层治理体制有待理顺，依法治理能力偏弱

一是属地管理有待规范。虽然各部门对基层有纵向条块管理的职能划分，但基层横向以属地管理原则为主。属地管理指以辖区范围来划定责任归属，这种责任划分方式避免了某些领域权力交叉、相互推诿打架的情况，有利于明确责任，使各项政策能够在基层顺利落实。然而，一些地方和部门以"属地管理"为由，把本应当由自身承担的职责摊派给基层，有的乡镇一年需签订数十份各类任务书，有的社区疲于应付各部门推过来的各种证明。属地管理本身是为了压实责任、推进政策，现实中却成了"属地管理"是个筐，什么都可以往里装，基层不堪重负，极大影响了社区为居民服务的能力。面对不属于自身工作范围的任务，一些基层单位既无管理权也无执法权，根本接不起、担不住。

二是社会治理职能有待整合。社会治理职能分散在不同部门，各部门职能存在交叉，协调机制也较为薄弱，这成为社会治理中的堵点。当前陕西在社会治理方面的工作主要有以下类别：其一是平安建设，牵头部门为政法委；其二是党建引领社会治理创新，牵头部门为党委组织部；其三是社区治

---

① 《强化示范创新引领　完善矛盾多元化解　法治陕西大调解工作格局已逐步建立》，www.fzsx.gov.cn/sx/fcsx/61981.htm，最后检索时间：2022 年 10 月 10 日。

理，牵头部门为民政厅；其四是城市综合治理，牵头部门为综合行政执法部门；其五是其他职能部门，牵头推进城市治理专项行动。在这些社会治理实践中，各部门职能互相交叉，政法委牵头的平安建设包括社区网格化建设及矛盾化解；组织部牵头的党建引领社会治理行动几乎涵盖基层治理所有内容；民政部门是街办的直接上级单位；城市综合管理与社区工作密切联系。在社会治理实践中，治理内容涉及多个具体职能部门，需要各部门协同解决，但行之有效的协调机制尚未形成，治理效率仍较低下。

（二）社会治理的权责关系有待明确，法治保障亟须加强

近年来，陕西省聚焦法治社会建设，打造法治化营商环境，发挥法治对社会治理固根本、稳预期、利长远的作用，为推动陕西市域社会治理现代化进程提供了坚强保障。然而，当前的法治保障情况与法治社会建设的要求尚有差距，亟须进一步完善。

一是职能部门与街镇、社区权责范围不清。陕西现行的法规没有针对社区和街道的权责进行明确划分，也没有明确划分乡镇（街道）和县（区）部门之间的权责。近年来，各级政府都强调政府工作重心下移、资源下沉，但下沉的结果是责任下沉了，相应的工作保障未下沉。在职能部门与社区博弈的过程中，政府部门因掌握相应的行政权力而处于优势地位，社区往往处于不利地位。博弈的结果是，职能部门虽然掌握了大量的治理资源，但是分担的公共责任较少，社区没有相应权力来履行责任，承担的责任却较多，权责范围不清导致治理职责倒置，给社区治理带来困难。

二是社区、物业企业和业委会等基层组织之间权责关系不明。在当前的社会治理活动中，尤其是疫情防控常态化背景下，物业企业承担了相当一部分公共服务职能，如组织安排核酸检测、居民基本情况登记、门禁管理、物资发放等。但当前法律、法规中对于物业企业在疫情防控中的具体责任范围没有明确规定。物业企业作为营利性市场主体，受经营状况限制，其对于一些任务不愿意承担或没有能力承担。社区并非物业的主管部门，对物业进行管理既无法律依据也无实际权力，导致在治理实践中社区与物业的协同关系

偶然性较大。业委会虽然有约束物业的权力,但实际中成立较为困难,并未在大部分小区普及,因此难以发挥作用。

(三)矛盾纠纷多元化解机制有待进一步完善

一是矛盾纠纷多元化解机制的权威性不足。虽然纠纷多元化解机制在陕西已基本建立,但尚未完全发挥其效能,进而使群众对矛盾纠纷化解机制的认可度不高,影响纠纷多元化解机制顺利推进。建立矛盾纠纷多元化解机制的目的在于减轻法院案件堆积的压力,节约司法资源。在具体实践中,部分矛盾纠纷经化解后虽然签订了调解协议,但有的协议未经过司法确认,其执行没有保障,执行不顺利导致矛盾最终又回到了诉讼渠道。基于矛盾纠纷多元化解机制的不完善、效能不高等原因,大众普遍认为最有效的解决纠纷途径仍然是诉讼。

二是"三调联动"机制有待健全。各调解组织缺乏沟通协调机制,在组织机构上,大部分没有建立当地镇街、司法所、法院、派出所等部门联合建立的调解机构、调解工作机制,导致相互协调困难。各基层法庭、派出所、司法所等机构分别负责不同业务范围,各机构仍属于条块分割的管理模式,共同开展业务衔接联动的意识不强。在业务范围方面,各调解组织业务范围不一样,各调解委员会都只是调解各自受理的调解案件。对于适宜由当地行政部门或法院进行调解的案件,各镇街调解委员会大多建议当事人进行诉讼解决;行政调解方面,行政调解组织很少参与当地人民调解委员会的调解事务;司法调解方面,只有当事人经诉讼途径到了法院,法院受理案件后才开始调解,大部分法院很少参与当地行政机关、人民调解委员会的调解事务。

三是矛盾纠纷多元化解工作力量薄弱。首先,现有的调解机构中行业性专业性调解组织力量不足,调解员力量配备薄弱,尤其是专职调解员数量不足,无法满足多元解纷的现实需要。截至2022年8月,"陕西全省专职人民调解员比例为18%",[①] 尚不足20%。其次,基层法治力量严重缺乏。尽管

---

① 《陕西着力构建大调解工作格局》,陕西法治网,www.fzsx.gov.cn/fczx/sxyw/61366.htm,最后检索时间:2022年10月15日。

基层是法治建设的重点，但由于基层工作岗位往往无法提供令人满意的待遇，且需承受与待遇不匹配的工作压力，因而基层法律人才流失严重，导致在基层行政机关中专业从事法治工作的人员严重缺乏。

四 进一步推进陕西法治社会建设的对策建议

陕西法治社会建设在已有成效的基础上，着眼于解决当前存在的不足之处，应当从法治社会建设的精神基础、制度基础、治理基础、人才基础多方发力，培育全民法治思维，推进社会治理法治化，完善多元解纷机制，以期推动法治社会建设向纵深发展，为全面推进法治陕西建设提供支撑。

（一）进一步培育社会主义法治文化，夯实法治社会建设的精神基础

一是普及法治精神。把法治教育贯穿到教育全过程，把法治教育作为干部教育的常态化内容，作为初、中、高等国民教育的重要内容，作为社会教育的必要内容，使全体公民在潜移默化中提升法治素质。把法治精神落实到实践中，使市民公约、居民公约、村规民约、行业规章等社会规范体现法治精神的要求，成为人人认可的重要社会规范，在法治社会建设及平安陕西建设中发挥更大的作用，与推进依法治理实践活动有机结合。引导公民正确行使权利，提高规则意识。注重以制度对公民行为进行引导，对于尊重法律、遵守规则的行为应当予以激励，对于违反规则的行为予以惩戒，进一步完善社会信用机制，培育契约精神。

二是培育社会主义法治文化。打造区域性法治文化集群，组织开展红色法治文化宣传活动，形成法治文化传播新阵地。以陕西丰富的红色法治文化资源为依托，推进红色法治教育培训基地建设，以中国的语境讲好中国特色的法治传统。深入研究传统文化中的法治精神，鼓励各行各业尊法守法，实现传统法治文化与现代法治文化的融合。深度开发红色法治文化，进一步总结、宣传党在革命时期领导法治建设的成功经验和启示，使红色法治文化在

全社会生根发芽。加强对中国特色社会主义法治优越性的研究和宣传，以我国优秀传统法律文化阐释现代法治问题，为解决民主、人权等基本问题提出中国的法治主张。

三是充分运用新技术新媒体开展精准普法。丰富普法内容，充分发挥新媒体在传播范围和速度方面的优势，增加短视频、动漫等形式在普法中的运用，增强普法的趣味性和实效性，提高群众对普法的接受度。拓展普法平台，整合全省新媒体资源，运用新媒体传播法治文化，突出新媒体传播速度快、互动性强的特点。创新普法方式，推进"法治融屏"建设，升级取代普通静态宣传栏，提升法治宣传的科技含量。既要运用好群众习惯的传统普法方法，又要注重传播方式升级换代，以更加亲和、交互的方式提升人民群众对普法的满意度。

（二）完善重点领域立法，筑牢法治社会建设的制度基础

一是加强重点领域立法。围绕贯彻落实"五个扎实""五项要求""谱写陕西高质量发展新篇章"，聚焦统筹疫情防控和经济社会发展、创新驱动、乡村振兴、公共卫生、民生保障、生态环境保护、优化营商环境、防范化解重大风险、知识产权保护、安全生产以及社会治理等重点领域，以问题为导向，深化"放管服"改革，与时俱进完善地方性法规和制度体系建设，充分发挥立法工作对于推动高质量发展、创造高品质生活、实现高效能治理的引领和保障作用，坚持以良法促发展、保善治。

二是突出陕西地方立法特点。围绕陕西高质量发展中存在的薄弱环节，结合陕西实际选择立法项目，突出鲜明的地方特色。积极开展"小切口""小快灵"立法研究，系统谋划，通盘考虑，抓紧填补空白点、补强薄弱点，着力解决实际问题。要进一步加强延安革命旧址保护，发挥革命旧址在传承红色基因、弘扬延安精神中的重要作用。强化秦岭生态保护，突出秦岭对于国家生态安全的重要屏障作用，为陕西推进生态文明建设保驾护航。加强黄河流域生态保护，坚持质量效益并重，既要强化黄河流域生态保护，又要保障高质量发展顺利推进，实现二者协同发展。

（三）健全"五治融合"的治理体系，完善法治社会治理体制基础

强化基层治理在社会治理中的基础性地位。健全政治、法治、德治、自治、智治"五治融合"的社会治理体系。加强基层党组织建设，建设知法、懂法、守法、用法的基层法治社会建设领导核心，引领社区依法管理公共事务、服务村民。大力加强基层依法治理组织建设，强化司法所、法律服务所、人民调解组织力量配备，进一步扩大社区法律顾问覆盖面。完善居民协商议事制度，充分调动居民服务社区、服务群众的创造性、积极性，使居民成为社区治理的重要力量。

完善多元解纷机制。进一步完善落实"社区吹哨、部门报到"制度，使职能部门切实履职，充分发挥从根源上解决矛盾纠纷的作用。加强人民调解、行政调解、司法调解的衔接联动，以社区人民调解为中心，加强诉调对接、警调对接，完善案件分流，建立大调解工作格局。加快建设综合调解工作平台，推动各调解力量优化组合，遇到较为复杂的矛盾可进行联动处理，实现一站式解决。加强行业性专业性调解组织建设，强化工作力量配置，探索按照事件性质与复杂程度分级分类调解，提升行业性调解的矛盾化解能力。扩大司法确认的运用范围，将司法确认作为社区矛盾调解的末端环节，增强调解协议履行的法律保障，提升群众对调解的信任度。完善矛盾纠纷化解预警机制，注重矛盾预防与化解并重，将矛盾化解在萌芽中。

（四）打造依法治理专业化人才队伍，强化法治社会建设人才基础

提升基层法治人才的专业水平。一方面要建强基层法治机构，另一方面要打造一支精干的基层法治队伍，用法治思维和法治方式武装基层干部，提升社会治理专业化水平。围绕社区矫正、未成年人犯罪等领域，打造一支职业化、专业化、本土化的社区法治队伍。加强对法治社会建设工作者的理论知识、有关政策和法律法规的培训，鼓励基层法治人才考取职业资格证书，充分提高其专业水平。加强与发达地区社区经验交流，探索社区工作人员互相交流制度，促进社会工作者的职业化、专业化，提高其依法治理的能力。

加强基层对社会治理重点领域进行依法治理的能力。推进社会治理重点领域执法专业化，提升执法人员运用法律手段解决社会重点问题的能力，建立程序公开、标准公开、结果公开的行政执法行为规范。大力推动高层次法律人才下基层工作，加快打造基层法律专家库，切实解决基层法治建设力量不足等问题。将基层网格作为依法治理的基本单元，推动法律服务通过网格化建设落脚到乡村社区，加强网格内司法所、派出所、律师事务所等机构的信息共享、职能互补与执法协作，提升基层法治资源集中度，使基层成为法治社会建设的重要基础。

参考文献

柯尊清：《当代中国城市基层社会治理研究——基于政府管理的分析》，科学出版社，2020。

李林：《坚持在法治轨道上推进国家治理体系和治理能力现代化》，《暨南学报》（哲学社会科学版）2021年第1期。

马柏伟：《浙江社会治理法治化的创新实践与对策思考》，《中国司法》2021年第3期。

公丕潜：《法治社会建设的逻辑：目标指引、现实困境和路径选择》，《黑龙江社会科学》2022年第3期。

徐祥民、张慧颖：《习近平法治思想中的法治社会建设路径论》，《湖湘法学评论》2022年第1期。

B.11 陕西社区网格化服务管理发展报告*

陕西省社会科学院课题组**

摘　要： 以网格化服务管理改善农村基础设施条件、提升基本公共服务水平，是推动城乡融合发展的重要内容，同时，网格化服务管理也是推进市域社会治理现代化的重要途径，是推动社会精准化治理的客观需要。近年来，陕西省通过科学设置网格，整合网格力量，细化工作机制，强化党建引领，优化升级平台，使网格化服务管理成为推动陕西高质量发展、提升全省城乡公共服务水平、建设更高水平平安陕西的重要抓手。随着陕西社会治理现代化进程的推进，网格化服务管理在疫情防控中发挥了巨大作用，但还存在一些短板，网格职责任务、协调机制、信息化平台建设等方面都有待加强。为加强陕西城乡网格化服务管理，提升基层社会治理效能，应当打造"一网多元、联动共治"智慧网格治理新模式，推进城乡基层社会治理的一体化、协同化，明确网格化治理的边界和相关主体的权责义务，强化数据智能分析，配齐配好网格化服务管理工作队伍。

关键词： 网格化　服务管理　治理效能　陕西省

---

* 本文为陕西省社会科学基金项目"推进城乡网格化服务管理，提升基层社会治理效能研究"（2021ZX13）阶段性研究成果。
** 课题组成员：陈波，陕西省社会科学院政治与法律研究所副所长、副研究员，研究方向：法治建设、社会治理；胡映雪，陕西省社会科学院政治与法律研究所助理研究员，研究方向：政府治理、社会治理；乔欣，陕西省社会科学院政治与法律研究所助理研究员，研究方向：政治思想史、基层治理；何文兰，陕西省社会科学院政治与法律研究所助理研究员，研究方向：党史党建。

党的十九届五中全会提出"推动社会治理和服务重心下移、资源下沉，构建网格化管理、精细化服务、信息化支撑、开放共享的基层管理服务平台"，明确了新发展阶段网格化服务管理的总体发展思路和目标任务。根据党中央、国务院关于深化基层社会治理的决策部署，陕西从本省实际情况出发，积极探索以网格化服务管理促进基层社会治理效能提升，为及时有效化解社会风险、充分深入服务基层群众、促进全省高质量发展提供了有效保障。

一 在新发展阶段推进城乡网格化服务管理的重要意义

（一）网格化服务管理是推进城乡融合发展的重要内容

网格化服务管理推动城镇基础设施向乡村延伸。城乡差距大首先体现为基础设施差距大，农村公共服务和基础设施欠账多、标准低，必须下大力予以改善。通过网格化服务管理，农村社区整合辖区资源、强化网格力量、制定基础设施管护标准，对网格内道路、农村安全饮水工程、农村垃圾及垃圾处理设施、村级活动场所、村内路灯等设施进行全面管护，推动农村公共基础设施管护全面步入规范化、制度化轨道。

网格化服务管理推进城镇公共服务向乡村覆盖。城乡居民因户籍身份不同而基本公共服务差距明显，农村居民未能享受与城市居民同等的公共服务，因此应通过网格化服务管理加快构建城乡一体的基本公共服务体系。网格化服务管理以服务为核心，把惠民政策宣传、计生、人员流动情况、巷道卫生、全程为民代办等工作都纳入进来，做到网格化服务管理无缝隙、全覆盖。网格化扩展了农村公共服务的范围，提高了响应群众诉求和为民服务的能力，有助于进一步提升农村公共服务水平，使城乡公共服务体系和能力均衡发展。

（二）网格化服务管理是推进市域社会治理现代化的重要途径

习近平总书记2014年在北京考察时强调"要健全城市管理体制，提高城市管理水平，尤其要加强市政设施运行管理、交通管理、环境管理、应急管理，推进城市管理目标、方法、模式现代化"。① 要满足人民群众对美好生活的向往和追求，全方位推动陕西高质量发展，必须强化"市域社会治理能力"这个"硬保障"，提升市域社会治理现代化能力，必须用好网格化服务管理这个抓手。随着我国城镇化进程的推进，城市治理的内容越来越繁杂，治理任务越来越重，要求也越来越高。网格化服务管理适应新时代创新、协调、绿色、开放、共享的发展理念，是提高政府治理效能的重要举措，也是促进城市发展转型的必然选择，对于优化城市管理体制、推动社会治理现代化具有重要作用。

（三）网格化服务管理是推动社会精准化治理的客观需要

随着信息技术在经济社会中的运用逐渐深化，网格化以其扁平化、便捷化的特点已成为各领域争相运用的新管理模式，在社会治理领域中，网格化治理模式也得到普遍推广。尤其是在新冠疫情防控过程中，网格化服务管理对于实现社区精细化、精准化治理具有显著优势。

推进城市网格化服务管理是构建智慧城市的客观要求，有利于提升社会治理效能。网格化为推进社会精准化治理创造了可能，通过发挥技术平台的共享共建功能，大大提升了社会服务的便捷性，实现了与百姓需求的短距离对接。同时，网格化管理平台不仅实现了对人口、建筑、设施、设备、地理等信息要素的横向整合，还实现了与各个工作站终端之间的纵向整合，真正将原本无序的资源融汇成系统化、有序化的资源系统。网格化治理系统的规范性和专业度加快了对百姓诉求的回应和处理速度，为精细化治理创造了条件，为从根本上提升社会治理效能奠定基础。

---

① 本报评论员：《要在提高城市管理水平上有新认识》，《北京日报》2014年3月9日，第1版。

二 陕西城乡网格化服务管理的做法与成效

(一)主要做法

1. 科学设置，加快全省城乡社区网格全覆盖

根据社区内人、地、物、事、组织等自然分布和服务管理状况，按照"便于治理、便于服务、便于自治、精简效能"和组织结构扁平化原则，陕西省近年来科学划分设置网格服务管理区域，在城市以社区、住宅小区、楼栋为基本单元，在农村以行政村、村民小组、自然村落为基本单元，分别划分不同层级的网格，确保所辖区域不留空白、不留盲区。

网格根据类别大体可分为综合网格和专属网格两类。综合网格主要是指以居民住宅为主的网格，在城市社区以居民小区、楼栋为基本单元，在农村以行政村、村民小组为基本单元。专属网格是指在社区地域范围内，除综合网格之外以各类企事业单位为主体的网格，如行政中心、各类园区、企业事业单位等。"城市社区综合网格一般为300户至500户，1000~1500人；农村综合网格一般以村民小组为单位，或者300户，500~1000人。"[①] 目前，陕西基本实现所有城市社区、城镇社区和农村社区网格化管理全覆盖，形成横向到边、纵向到底、地域清晰、归属明确的网格化服务管理格局。

2. 整合力量，不断壮大网格治理队伍

除通过招聘、劳务派遣等方式配置专职网格员外，陕西各地还普遍从社区所属辖区内的国家工作人员、人大代表、政协委员、人民调解员、村（居）民代表以及各类志愿者等群体中选任一定数量兼职网格员，充实网格队伍。"绝大多数网格配备1名网格长，1~2名专兼职网格员"，[②] 基层网格

---

① 资料来源：陕西省委政法委。
② 资料来源：陕西省委政法委。

工作力量得到保障。遇到突发重大疫情等特殊情况时，下沉干部、志愿者也会被编入网格，作为网格员队伍中的临时成员。各级网格员通过走访采集网格基础信息、矛盾纠纷、问题隐患和应急信息等事件信息，做到网格内"家庭情况清、人员类别清、区域设施清、矛盾纠纷清"，对力所能及的事件在网格内直接处理，确保群众问题能够快速有效处理（见表1）。

表1 网格队伍来源及其职责

职务	来源	职责
网格长	村（社区）党支部书记、"两委"成员或专职网格员	组织协调网格内的服务管理工作
专职网格员	社区工作者和相关部门基层辅助人员	基础信息采集、社情民意收集、协助做好安全隐患排查整治、矛盾纠纷排查化解、社会心理服务、政策法律法规宣传、协助开展民生服务工作等工作
兼职网格员	国家工作人员、人大代表、政协委员、人民调解员、村（居）民代表以及各类志愿者等	

3. 细化机制，网格服务管理能力显著提升

一是积极构建"一网格多中心"的社会治理格局，探索创新"多员合一"工作机制。依托各地的综治中心，搭建集社会建设、社会管理、社会服务于一体的工作平台，形成汇集信息、分流交办、反馈结果、立案建档、通报考核的闭环工作流程，有效回应群众各类诉求。

二是社区服务管理效率提升，服务居民更高效。网格化服务管理将原来各部门的业务进行了统一建设和整合，一方面大大减少了部门间的重复建设，另一方面实现了社区服务各业务各环节之间的横向衔接，减少了很多业务受理的中间环节，使工作运行流程更加顺畅。

三是网格信息处理程序更加完善。许多地市区县围绕网格信息处理制定相关制度，使得网格信息化服务管理更加规范，基层社会治理效率效能得到很大提升（见图1）。

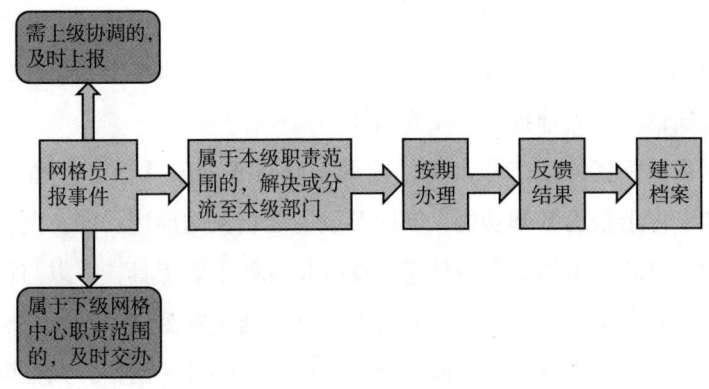

图1 网格事件处理流程

4. 党建引领，双网融合促进基层多元共治

一是把支部建在网格上，充分发挥党组织在网格中的领导核心作用，确保网格治理领导有力量、组织有保障。陕西省宝鸡市千阳县注重完善社区网格化治理框架，构建"网格党支部—网格党小组—网格联络员"三级网格体系，在每个单元网格中建立党组织坚强的领导力量，健全组织体系，充实工作力量，以组织协作提升网格及网格员的工作效率。

二是推进"共驻共建"，不断完善街办社区党委领导下居委会、物业公司、业委会、片警共同参与的"五位一体"工作机制，着力形成齐抓共管工作格局，凝聚工作合力。陕西省商南县积极探索并全面推行城市基层党建"四化五联"工作法，现基本形成"党建+网格"模式下多方联动、多元共治的基层社会治理新格局。

三是加快筑牢社区网格的党组织基础。铜川王益区积极探索在网格上推行建立党小组，发动社区内离退休党员及干部担任网格党小组长，专门负责网格内的党员联系管理、纠纷调解、群众服务等事务，实现党建工作与社会治理的无缝对接。

5. 平台升级，实现智慧管理

搭建统一的网格管理平台。依托各地"智慧城市"项目建设，建成区级智慧社区网格化管理平台，对辖区的人、情、事、物、组织等情况，做到底数清、变化明、一目了然；同时升级完善管理平台组成模块，按照方便指挥调度原则重新设计，升级后网格员可在平台地图上直接上报事件，与指挥中心视频通话，极大地提升了工作效率。

为网格员配置统一工作设备。根据实际需要开发App及小程序，以信息收集和事件上报为基础功能，同时开发与之相关的周边功能。网格员在日常工作中将终端设备作为上报信息、接收指令的主要工具，可以与指挥中心实时连线交流，远程管理质量明显提升。社区通过智慧网格平台与居民小程序互联互通，居民群众第一时间将身边问题反映到社区网格，社区网格长智能手机准确定位，立即报告处置，网格管理更精准、更高效。

融合叠加各类数据。打破数据壁垒，将从不同渠道收集的各类数据上传到网格化服务管理平台，不断生成各类治理数据库并实时更新。平台可根据实际需要调取网格数据、地图数据、居民数据及重点人群数据，一方面减轻向各部门分别报送数据的任务，另一方面也提高了数据的运用效能。

（二）主要成效

1. 助力重大发展战略，为陕西高质量发展奠定坚实基础

一是以"党建+网格"新模式奠定乡村振兴坚实基础。网格化服务管理是推动乡村振兴的有力抓手。陕西省坚持党建引领的独特优势，在建强基层党组织上持续发力，不断提升乡村治理效能。部分村镇探索建立基层党建引领下的网格化管理新模式，精心打造"村党支部+网格党小组+党员"的乡村治理体系，进一步提升村级服务质量和管理效果。

二是生态保护网格化管理推动美丽陕西建设迈上新台阶。陕西大力推行秦岭保护网格化管理，夯实秦岭北麓生态环境保护，全面提升监管水平。目前，秦岭沿线的西安、宝鸡、渭南、汉中、安康、商洛各市均实现了四级网格化管理全覆盖，不断规范网格化管理工作。

2. 提升全省城乡公共服务水平，人民群众获得感不断增强

"以人民为中心"的服务理念不断深入。在治理理念上，以人民为中心的理念得到贯彻，在治理实践中坚持以提升人民的获得感为基本价值取向，

公共服务水平不断提高。在治理体制机制方面，充分发挥人民群众的力量，强化党建引领下的多元主体协同参与制度，突出居民参与治理的主动性。在治理能力建设方面，以提升社会治理的社会化、法治化、智能化、专业化水平为途径，服务群众的能力不断增强。在治理内容方面，注重社会矛盾纠纷多元化解，不断提升平安陕西建设水平，满足人民群众的多样需求。

陕西城乡社区便民服务网络更加完善。网格化服务管理延伸了城乡公共服务触角，为社会治理创新实践提供了开展平台。陕西省多地进一步下沉公共服务，将与居民生活密切相关的公共服务如养老、卫计等项目下沉至基层网格，大力推进社区便民服务站建设，让居民不出家门即可办理各类事项，享受便捷的公共服务。

3. 统筹全省发展和安全，建设更高水平平安陕西

首先，全省综治水平全面提升。网格化服务管理推进信息融合、促进职能整合，联动工作机制，通过整合公安、人社、民政、卫生等多个部门信息，为平安陕西建设提供了坚实的大数据支撑，创新"多员合一"工作机制，构建"一网格多中心"的社会管理格局，治理能力全面提升，工作合力不断增强。

其次，群防群治的平安建设队伍力量更加充实。陕西省各地发挥网格化服务管理优势，大力整合社会资源，广泛动员社会力量，凝聚起群防群治的庞大队伍。"十四运"期间，西安市利用网格化管理模式，最大限度地凝聚起全社会群防群治力量，建立四级志愿者队伍组织体系，把群众从被动接受者转变为维护平安的主动参与者。

最后，全省应急管理指挥体系更加健全。陕西省各地利用网格化服务管理优势，构建基层应急管理网格，推动全省应急管理工作的重心下移，提高了应急管理工作的科学化和高效化水平。

4. 拓宽信息技术手段的运用领域，陕西省智慧城市建设不断深化

陕西加快市政基础公共设施智慧化改造升级，充分运用信息化技术探索执法新模式，探索快速处置、非现场执法等新执法方式，执法效能进一步提高。通过城市管理综合性平台建设，整合各类管理功能，推动城市管理向智慧城区升级，实现感知、分析、服务、指挥、监督全流程管理。创新城市监管平台，建设和完善区、街两级数字化城市监管平台，实现对网格内静态部件和动态事件的立体反馈、快速处置。构建发现受理、指挥派遣、任务处理、反馈核实"四位一体"的运行机制，缩短问题发现和处置时间。

三 陕西城乡网格化服务管理存在的短板

随着社会治理体系和能力不断提升，陕西网格化服务管理组织不断健全，功能不断完善，尤其在疫情防控中发挥了巨大作用，但由于诸多因素的限制，陕西网格化服务管理还存在一些短板，网格职责任务、协调机制、信息化平台建设都有待加强。

（一）网格行政化色彩偏重，服务能力较弱

社区网格主要依托于政府领导、行政组织及其资源，不论是网格的划分、工作经费、日常工作还是人员配备等，都高度依赖基层政府给予支持，导致网格成为基层政府权力延伸的最末端。对于政府派出的任务，社区往往是无条件接受，然后再将任务分派至网格，网格员的主要职责变成完成上级任务，相应的服务基层群众职能被削弱。此外，基层政府或部门在向社区下派任务时，没有准入机制，各部门都在社区挂牌，但没有向社区外派实际工作人员和提供相应的财、物保障，导致网格、网格员任务过于繁重，网格服务群众的能力受到严重影响。

（二）网格承担事务过多，治理资源偏少

在网格化服务管理实践中，网格及网格员的工作范围、职责以及权限虽有政策规定，但实际工作未能按照规定执行，导致网格服务管理内容不断扩大，同时由于网格缺少相应治理资源、能力和手段，"权随责走""费随事转"等原则并未很好地落实，导致社区治理资源受到严重挤占，出现了"小马拉大车"的问题。

首先，在法律法规层面，包括街道、社区在内的基层组织的职责边界不明，导致社区职能内容不断膨胀，使得网格的自治、服务功能发挥受到阻碍。其次，在社区网格化服务管理中，网格未能按照规定明确自身有哪些具体管理权限，在政府不断的下达和分派任务中，网格成为一个"无所不能的'筐'，啥都往里装"，服务内容不断扩大，网格及网格员不堪重负。最后，网格化管理中心面临权威不足困境。目前网格化管理中心仅属于普通事业单位，但在实际中既要承担对巡查发现的城市管理、市场监管、街面治安等领域的问题进行处置、管理的责任，又要牵头协调处置需要多部门协同解决的顽固问题，因此面临权威性不足的问题和困境。

（三）社会对网格服务需求强，网格员队伍建设较弱

人才是网格化服务管理的重要基础。近年来，陕西招录了大批大学生或社会组织从业人员等年轻人才，在一定程度上充实了基层一线人员配备，但专职网格员人手紧缺，人手不足与任务繁重的矛盾依然突出。一是部分区域网格员队伍力量总体不足，平均每个网格分配不足一名网格员。二是网格员专业素质有待提升。早期招聘的网格员年龄偏大，知识信息逐步老化，习惯于过去的粗放管理模式，对网络信息等数字化治理手段运用能力弱。近年来，一些地方招收了不少年轻网格员以弥补这些缺陷，但年轻网格员普遍缺乏实践，业务不熟练，还难以独当一面。三是战时动员能力强，平时工作动员能力弱。遇到疫情等公共突发事件时，行政力量、社区、社会组织、下沉干部、志愿者等社会力量对网格工作较为配合，网格员在资源调度和统筹协调方面作用突出，但平时工作时上述力量参与少，协调存在困难。四是基层网格员任务偏重、待遇偏低，人才流失严重。

（四）网格中派驻部门多，协调机制较弱

一是网格与各职能部门关系不明确。网格化管理中心与综治中心、城管、应急办等分属于不同的职能管理部门，但工作中又存在大量交叉与重叠的管理内容，造成职能边界不明晰。此外，网格化管理中心与其他职能部门之间

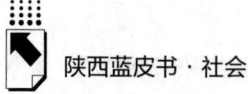

存在不平等的权力关系，也缺乏可行的协调沟通机制，网格化管理中心难以直接调动职能部门，协同工作的效果取决于个人权威和关系，随机性较大。

二是线性管理较明显，横向互动不强。职能部门在开展党建、综治等专项工作时将相关任务委派给社区网格员，但各部门之间没有统一标准，每个部门划分的网格、职责均不相同，导致网格化服务管理工作随意性较大，缺乏统一标准。个别地区仍然以传统层级管理的思维推进网格化治理，管制意识强而服务意识不足，条块分割的工作方式仍占主流，横向互动还未真正形成。

三是社区网格化各治理主体之间协同参与机制不健全。不同治理主体的利益追求、行动目的、组织目标各有不同，利益表达渠道、利益分配机制尚有待完善，各治理主体间尚未真正形成"横到边、纵到底、无缝隙、全覆盖"的条块联合、共驻共建状态，资源共享、优势互补的合作治理框架有待进一步完善。

（五）信息化平台硬件建设较强，数据整合运用较弱

随着科技水平的不断提高，陕西社区网格化服务管理对于现代信息技术有了更大的需求，但数据整合是一项系统工程，还面临着很多不足。总的来看，陕西省网格化治理中信息化水平稍显滞后，体现为基础信息收集不全、质量不高，信息数据应用不够，信息共享能力有待加强。一是对信息平台认识存在误区，尤其是重硬件、轻数据，重数据收集、轻数据挖掘，重静态数据、轻数据运用，导致科技手段还没有完全发挥对基层社会治理的支撑作用。二是信息化平台本身的建设尚未完善。许多社区信息管理功能非常单一，只是对信息的收集、整合、存储，没有一个高效、可靠的社区网格化管理系统。在网格化服务管理中，高效数据集成、数据分析、数据挖掘以及在此基础上为决策提供数据支撑的能力还比较弱。

（六）网格化服务管理城市相对较强，农村总体偏弱

陕西地处我国西部，且省内多山区，全省农村和城市相比经济发展差异较大，农村的基础设施、公共服务、生态环境和城市相比也存在非常大的差

距,这直接影响到城乡网格化服务管理的均衡度。在网格化服务管理中,农村与城市的差距主要体现在网格员来源、工作机制和运行机制等方面。

一是网格员队伍不稳定。在城市,大部分地区已经建立起了较为规范的网格员招录流程和管理制度,网格员队伍素质逐步提升,人员数量也趋于稳定。但农村地区网格员队伍还存在诸多困境,如当前农村社区空心化现象日渐严重,越来越多的年轻人通过打工、求学等向城市流动,逐渐削弱了农村地区乃至部分城镇地区网格化服务管理的人力资源基础。

二是难以形成常态化工作机制。部分乡村社区对网格员的概念及主要职责认识仍模糊不清。实际工作中,大部分居民或村民遇到问题时还是习惯去找物业、村委,而不是联系网格员,网格员的职责并没有得到充分发挥,时间久了,网格员自己也认为其工作仅仅是填写几张表格收集信息,大大影响了网格化治理的功能和效果。

三是事件处理效率不高。当前,陕西绝大多数农村地区为熟人社会,遇到问题习惯用"关系"来解决,一些职能部门碍于人情关系而睁一只眼闭一只眼,甚至互相推诿,使问题迟迟得不到解决,这极大影响了网格化治理体系的公信力。

四 加强陕西城乡网格化服务管理,提升基层社会治理效能的建议

(一)以党建引领多元共治为支撑,打造"一网多元、联动共治"网格治理新模式

一是成立党建联盟,整合区域资源。以社区党组织为中心,联结辖区内的机关事业单位、企业、"两新"组织等各领域优势资源,组建基层党建服务联盟,为形成党建引领下的多元共治创造条件。首先,充分发挥基层党组织的领导核心作用,扎实推进基层党组织建设,以党建促融合,使党组织成为各基层治理主体的"黏合剂"。其次,以党建工作为引领,将基层党组织建在网格上,把各村(社区)管理、服务与基层组织建设相结合,打造集

党建宣传、信息采集、矛盾化解、公共服务等功能为一体的"一张网"。

二是强化党建与基层治理的深度融合。建立健全党的组织体系和工作机制，不断扩大党的组织覆盖面和工作覆盖面，形成以基层党组织为中心，社区为主要工作力量，居民、物业企业、社会组织等多元主体协同参与的基层社会治理格局。以党建引领打破条块分割的限制，形成纵向对接顺畅、横向联动协调的工作机制，不断提升基层社会治理能力。

（二）以标准化建设为基础，推进城乡基层社会治理的一体化、协同化，促进城乡居民享受更加公平的社会服务

一是要推动形成社区及网格基本公共服务标准，探索涉及社区功能配置、服务供给、居民生活的"统一标准"，使陕西社区建设进入"标准化时代"。不仅要明确社区外观与设施的统一配置，重点应明确社区基本公共服务功能的配置标准。

二是要完善组织架构，进一步明确城市社区建设标准，要全面构建"一心两体多元"社区治理体系，"一心"即社区党组织为基层治理领导核心，"两体"指社区居民委员会和社区服务站，"多元"指业主委员会、物业服务企业、辖区内企事业单位、社会组织、居民等多元力量协同参与。

三是要健全服务功能，明确服务项目及标准。通过标准化建设明确在社区办理的政务服务事项，将民政、残联、人社、房管、卫健委等多个职能部门业务延伸至网格。推行服务事项"一窗办理"，将社区原来分为多个政务办理窗口的业务进行合并，提高社区事项办理效率。

（三）以法治化建设为保障，明确网格化治理的边界和相关主体的权责义务

一要明确网格化服务管理中行政权力的边界。应当制定并落实社区及网格事项准入制度，通过立法将参与网格化服务管理的各方主体权限进行清晰的界定，规范各职能部门向社区及网格下派任务的范围。梳理明确社区居委会及网格依法应履行职责事项清单、依法协助政府工作事项清单、区县镇街

下沉社区的服务事项清单，让社区及网格从行政事务性工作中解脱出来。

二要规范网格化服务管理的工作程序。在汇集信息、分流交办、反馈结果、立案建档、通报考核等基本工作流程的基础上，进一步细化行政权力的运行流程。向社会公开业务办理的流程图，规范工作人员业务办理程序，将工作规范落实到权力运行过程中的各个步骤，切实防止权力滥用。

三要完善基层网格组织体制。首先，加快推进全省网格中心的实体化运行，切实把基层各类大小事整合成治理"一张网"。其次，发挥"综合管网"效能，组织社区干部、下沉干部、居民骨干、物业职工、社区志愿者等力量参与基层治理，推动网格化在社区管理、维护稳定、服务群众方面发挥更大作用。

（四）以数字赋能为突破，强化数据智能分析，提升服务群众的精准性、技术性，凸显基层社会治理的效率

一是推进基层社会治理智能化基础建设和深度应用。加快推进"雪亮工程"城乡全覆盖，消除城市人口密集场所、农村危险路段监控盲点，提升城乡安全指数；开展社会安全监测预警与控制、城镇公共安全风险防控与治理等方面关键技术攻关和应用示范，打造数据驱动、人机协同、跨界融合的智能化治理新模式。

二是以"大数据治理"理念为引导，加强数据采集、融合、共享、运用的效能，为深化基层社会治理提供全链条数据支撑。首先，建立全省基础信息的统一采集标准和报送模板，提高信息采集工作的效率。其次，加强重点领域数据信息的采集工作，为基层社会治理提供可靠的信息支撑。最后，推动各部门之间的信息共享和数据融合，以各级综合治理中心为载体汇集各部门信息，为数据的充分挖掘运用创造前提。

三是依托信息技术，打造智慧化的基层治理工作平台。一方面统筹整合各部门数据信息，突破信息壁垒和数据孤岛的瓶颈，在政府部门间建立统一入口、统一管理的协同工作平台，优化政务信息资源配置，实现数据共享，提高部门沟通合作效率。

（五）以培育骨干为抓手，配齐配好网格化服务管理工作队伍，为基层治理提供有力的人才支撑

一是鼓励各地将人员编制和资源下沉基层社区，使其人、财、物与事权相匹配。大力推动民生领域资源下沉，如城市综合治理、市场监管、社会保障等领域，切实落实"人随事走、费随事转"，从制度上解决社区任务重、人员少的矛盾。整合城市管理力量，规范城市管理辅助队伍，将辅助力量充实进网格。着力培育社区服务志愿者队伍，增加社区应对工作任务弹性。

二是优化社区人才队伍结构，提升队伍素质。灵活运用公益性岗位、政府购买服务、对口帮扶派驻等多种方式，吸纳优秀人才充实基层人才队伍。鼓励高校毕业生到社区工作，并做好各项配套服务工作，实现社区人才队伍的可持续发展。建立常态化学习培训机制，安排社区工作人员定期接受政策和业务知识培训。合理设置社区各类工作岗位，明确社区各工作岗位的责任范围，落实各岗位工作责任制，结合责任范围制定岗位考核评估标准，将考核结果作为职级晋升的主要依据之一。

三是健全社区工作队伍激励机制，强化人才保障。重视社区工作专业人才队伍培养与建设，建立社区工作人才储备。完善社区工作人员上升渠道，进一步增加公务员和事业编制面向社区工作者的招考名额。研究制定合理的薪酬政策，充分考虑学历、资历、业绩、岗位等指标因素，探索构建岗位职级与薪酬相匹配、根据考核结果能动调整的绩效管理体制。要落实待遇保障机制，建立社区工作人员薪级自然晋升机制，只要考核结果符合要求，收入和福利待遇可按年限晋升，使社区岗位留得住人。

参考文献

陈亚萍：《新型智慧社区：基层社会治理模式创新》，人民日报出版社，2020。

陈荣卓：《城市社区网格化管理区域实践研究》，中国社会科学出版社，2015。

菅从进、王琦：《共同体视域下社区网格化治理法治化的主体之维》，《广西社会科学》2021年第2期。

田毅鹏：《网格化管理的形态转换与基层治理升级》，《学术月刊》2021年第3期。

吴青熹：《基层社会治理中的政社关系构建与演化逻辑——从网格化管理到网络化服务》，《南京大学学报》（哲学·人文科学·社会科学）2018年第6期。

B.12
西安市市域社会治理现代化模式创新研究*

张燕玲　赵娟　任柯**

摘　要： 作为我国市域社会治理现代化首批试点城市，西安市以打造市域社会治理现代化"西安样板"为目标，集中力量做强市域治理、做实基层治理、做精网格治理，具有"贯通融合、统筹衔接、六化并举、人人享有"市域特点的社会治理模式基本形成，市域社会治理系统化、社会化、精细化、精准化、智能化、法治化水平全面提升。当前，市域社会治理领域面临诸多矛盾和问题。要在树立"全周期管理"理念、优化整体性与多中心性有机结合的治理结构、强化数字赋能助推市域社会智慧治理、探索市域社会治理现代化的本土模式等方面持续发力，加快推进西安市市域社会治理现代化建设。

关键词： 市域社会治理现代化　治理模式　西安市

党的二十大报告对推进"国家治理体系和治理能力现代化"做出重要部署："完善社会治理体系，健全共建共治共享的社会治理制度，提升社会治理效能，畅通和规范群众诉求表达、利益协调、权益保障通道，建设人人

---

* 本文为陕西省软科学研究计划一般项目"创新驱动视角下陕西基层治理人才队伍建设路径研究"（2022KRM074）、西安市社科规划基金项目"新时代'枫桥经验'下西安打造共建共治共享基层社会治理新格局的路径研究"（FS63）研究成果。
** 张燕玲，陕西省社会科学院政治与法律研究所助理研究员，研究方向：政府治理；赵娟，西北政法大学博士研究生，研究方向：刑事法学；任柯，西安市烟草专卖局中级政工师，研究方向：基层治理。

有责、人人尽责、人人享有的社会治理共同体"。① 作为社会治理的"前线指挥部",把党的二十大报告提出的社会治理目标全面落实,市域社会发挥着承上启下、起承转合、系统集成的重要作用。只有市域才能将国家层面上的政策红利及时转化为区域社会发展动力,同时也将区域社会治理成效及时转化为国家发展所需的动力。加快推进市域社会治理现代化,是破解市域社会治理难题的必然选择,是构建现代市域社会治理体系的必然要求,是探索新时代城乡一体化治理路径的逻辑延伸。作为我国市域社会治理现代化首批试点城市,西安市从2017年成立市委平安建设领导小组,统筹推进"五位一体"的大平安建设开始,到2020年2月正式启动全国市域社会治理现代化试点工作至今,历经多年的探索与实践,以打造市域社会治理现代化的"西安样板"为目标,西安市社会治理领域发生一系列深刻变化,初步探索形成了符合自身特点的平安建设和市域社会治理现代化模式。

一 国内几种市域社会治理模式及对西安的启示

综观当前全国市域社会治理现代化试点城市的成果创建现状,各地治理模式多样,形成了大量真实、丰富、生动的创新性实践成果,打造了许多可学习、可借鉴、可复制的市域社会治理经典案例,从点到面,实现了市域社会治理领域从"盆景"到"风景"再到"全景"的多元呈现。本报告选取相关典型经验,借他山之石,琢西安市市域社会治理现代化的自身之玉。

(一)国内几种市域社会治理现代化创新模式

上海浦东新区:居村"家门口"服务体系——特大城市规范化精细化社区治理模式。上海市浦东新区在全国率先启动居村"家门口"服务体系

---

① 习近平:《高举中国特色社会主义伟大旗帜为全面建设社会主义现代化国家而团结奋斗——在中国共产党第二十次全国代表大会上的报告》,中国共产党新闻网网站,http://cpc.people.com.cn/n1/2022/1026/c64094-32551700.html,最后检索时间:2022年10月16日。

建设,在"三个不增加"(不增加机构、不增加编制、不增加人员)基础上,通过"三个优化"(优化资源整合、优化机制保障、优化服务模式),为居民提供不出社区就可以在家门口办理所有街镇服务事项和享受基本公共服务,有效整合社区服务事项、推动社区流程再造、优化社区服务水平,极大提升了社区居民的幸福感[①]。该模式的启示意义在于,以政府主导的公共服务,其服务人群主要在社区。这就要求将社会治理资源和服务进一步下沉到社区,通过机制创新使之更便捷和利民,实现公共服务效能的提高,进而推动公共服务均等化。市域社会治理现代化统筹下的社区治理更容易通过市域的顶层设计和统筹,实现城乡社区公共服务的互适和均等。

江苏省南通市:"大数据+网格化+铁脚板"治理机制——打造"警网融合"新模式。南通市建成了全国首个市域治理现代化指挥中心,打破数据孤岛,汇聚市县区各部门数十亿量级数据,实现信息实时呈现、问题快速处理;促进"网格+警格"联动,网格员与社区民警实现资源共享、联勤互动;融合四级"警网",搭建"平安前哨",实现指令互通、指挥联动。[②]该模式的启示意义在于,通过技术与社会治理的互构,将信息技术的整体性、动态性、多样化和网络化等属性特征有效嵌入社会治理模式中,与其融为一体,并成就社会治理。积极拓展信息技术在解决市域社会治理中应用的广度和深度,可使社会治理过程更加优化、更加高效、更加科学。

广东省珠海市:社会治理"四力"体系——创新市域社会治理共建共治共享新模式。珠海市在探索市域社会治理创新过程中,形成了具有珠海特色的社会治理"四力"体系,以体制创新凝聚社会治理牵引力,以法治建设增强社会治理驱动力,以基层治理激发社会治理内生力,以社会动员彰显社会治理聚合力。社会治理"四力"体系"以'平安共创、依法共治、基层共建、民意共商、幸福共享'五大工程为牵引,着力保障民安、维护民

---

① (记者)闵琦:《上海浦东:农民为"家门口"服务衷心点赞》,《中国经济导报》2019年4月2日,第7版。
② 相黄萱:《"网格化+大数据+铁脚板"赋能"智慧"治理!》,《江南时报》网站,http://www.jntime.cn/jsdt/sz/202203/t20220325_7478855.shtml,最后检索时间:2022年3月25日。

权、善用民力、顺应民意和服务民生。全面推动实现人人参与、人人尽力、人人共享，体现了社会治理的民本导向和价值追求"。① 该模式的启示意义在于市域社会治理及其现代化，既要全面构筑国家安全、社会稳定的基石，又要不断满足人民群众对美好生活的向往。这一双重任务，决定了一方面以安全和稳定为主的社会共同体构建，需要在行政权力社会化的牵引下，实现矛盾纠纷排解的主体多元化；另一方面以促进社会发展和增强社会活力为主的社会共同体构建，需要在赋权于民的积极探索中，努力实现为人民群众美好生活服务的奋斗目标。

浙江省宁波市："365全域社区治理"模式——探索新时代"全周期管理"新路径。宁波市"围绕'大治理、共治理、善治理'三大主题，打造'环境、生活、服务、文化、治理、保障'六大提升工程，彻底打通了基于'全主体动员、全机制整合、全要素投入、全员式参与、全程化问效'五大维度的社区治理路径，通过一系列制度化安排，构建起组织共管、民情共建、资源共享、网格共治的社区治理共同体"。② 该模式的启示意义在于，"365全域社区治理"模式是市域社会治理在社区层面的集成创新，是"全周期管理"理念在基层落细落小落实的重要实践。市域社会治理现代化，不仅体现在敢突破善创新上，更要体现在可复制、可推广上，通过提升基层治理模式的标准性、实践性和实效性，使基层治理体系更加完善、基层治理能力显著提高，从而引领基层社会治理成果花开满园，进一步推进市域社会治理现代化的实现。

（二）国内市域社会治理现代化实践对西安市的启示

启示一：市域社会治理现代化需要以顶层设计推动资源下沉，实现社会治理共同体之间的互促互进。当前市域社会治理的若干案例显示，社会治理

---

① 中共珠海市委政法委员会编《市域社会治理现代化的珠海实践》，中国长安出版传媒有限公司，2021。
② 《全域统筹：基层治理的"鄞州解法"》，中华人民共和国民政部网站，https：//www.mca.gov.cn/article/xw/mtbd/202107/20210700035596.shtml，最后检索时间：2021年7月26日。

共同体固然需要切实巩固"集中力量办大事"的制度优势，但同时也需积极探索"分散力量办实事、引导力量办小事"的实践模式。这就需要在顶层设计的统筹下，积极推动人、财、物等资源下沉，为构建市域社会治理共同体之间共建共治共享的治理体系累积要素。党和政府主导的资源下沉，能最大限度地缓解城市社区应对人民群众急难愁盼问题，提高居民满意度、提升治理效能。但社会效能的可持续提升，根本动力在于城市居民真正养成"人人有责、人人尽责、人人享有"的主人翁行为习惯，真正意识到社会治理工作人员和人民群众并非服务者和服务对象的关系，而是共同的治理行动者。

启示二：市域社会治理现代化要以党组织为枢纽，引领多元社会力量多点多集多向发展，实现基层社会治理的网络化布局。市域社会治理既要强调党建引领下共同体和作为共同体成员的所有主体的政治品格和组织动员能力，也要注重多元主体在相关领域的专业化能力及相应的优化配置。因此，只有鼓励市域积极探索基层党组织权力运行的社会化创新，尽快实现党组织在基层社会治理共同体构建中的"枢纽化"转型，赋权赋能于各类社会组织和人民群众，才能实现社会力量多元有序发展。

启示三：以信息化和智能化为统领，打通市域范畴内"千条线"和"一根针"之间在协同上的体制性梗阻，是深化行政体制改革、实现治理体系和治理能力现代化的重要路径。市域社会治理的既有经验表明，以数字化和网络化为核心的新技术是打通"千条线"和"一根针"协同梗阻的有效路径。"梗阻打通，根本靠体制性改革；但技术引领下的信息化和智能化，既是催化剂，也是缓冲器。"[①] 在数字化技术日新月异的背景下，市域治理结构的"扁平化"根植于技术治理逻辑的必然趋势之中，"千条线"落到"一根针"，如果仍然是"线"，那就谈不上治理现代化。所以，只有在市域社会治理中积极探索"千条线"协同对应到"一根针"的创新模式，才能在市域层面构筑起更具统筹力和协同力的社会治理体系。

---

① 郁建兴、任杰：《市域社会治理现代化的科学内涵和前进方向》，《政策瞭望》2021年第1期，第51页。

二 西安市市域社会治理现代化模式的探索与成效

西安市承担全国第一批市域社会治理现代化试点任务以来，以打造市域社会治理现代化"西安样板"为目标，强化党委领导，注重改革创新，大胆实践探索，集中力量做强市域治理、做实基层治理、做精网格治理，具有"贯通融合、统筹衔接、六化并举、人人享有"市域特点的社会治理模式基本形成，市域社会治理系统化、社会化、精细化、精准化、智能化、法治化水平全面提升。截至2022年6月30日，西安市市域社会治理现代化试点工作72项指标（63项共性指标和9项区域个性指标）已完成70项[①]。

（一）加强组织领导，加快试点创建，切实提高市域社会治理的系统化水平

西安市委、市政府高度重视市域社会治理现代化试点工作，持续强化党政合力、落实部门责任、健全工作机制、提高保障水平，着力破解市域社会治理服务难题，确保试点工作全面完成任务。一是高度重视，领导到位。将市委平安建设领导小组更名为市委社会治理和平安建设领导小组，由市委书记任组长。在市委全面深化改革委员会下增设市域社会治理改革专项小组，统筹谋划、高位推进试点工作。[②] 为更好地承接中央关于市域社会治理现代化的部署决策，将中共西安市委平安建设办公室更名为中共西安市委社会治理和平安建设工作办公室，同时在区县、街镇设立党委社会治理和平安建设工作办公室，整合各类资源力量完善市域社会治理领导体系。以"全面建+重点创"为抓手，在市委社会治理和平安建设领导小组下成立试点工作专班，组建"一办十组"，全面推动试点任务落地落实。由市委组织部牵头成

---

① 田丰、褚明：《以试点为契机打造社会治理"西安样板"》，《各界导报》2022年6月23日，第4版。
② 《跳出"小治安"迈向"大平安"陕西扎实推进市域社会治理现代化》，陕西党建网网站，http://www.sx-dj.gov.cn/a/fzzx/20210119/40753.shtml，最后检索时间：2021年1月19日。

立城市党建引领基层治理工作专班，完善基层社会治理组织领导体系。二是完善机制，责任到位。立足试点细化分解任务，制定"任务分工表"，明确各成员单位的责任，形成了部门共同推动的良好机制。全面完成165个乡镇（街道）体制机制改革任务，创新"街道吹哨、部门报到、条块融合、协同高效"的治理模式，在镇街一级构建起统揽基层工作的领导体系、权责一致的职责体系、简约精干高效的组织体系、"一扇窗口优服务、一张网格抓治理、一支队伍管执法"的治理体系，初步形成了权责统一、运转高效、执行有力的治理体制。三是加大投入，保障到位。2020年起，分三年累计安排不少于3.6亿元经费对所有社区进行提升，目前市、区县两级已投入资金1.43亿元，全市社区办公用房新增面积达到9.5万平方米。强化基层一线干部正向激励，建立"三岗十八级"等级薪酬绩效制度，全市9072名社区工作者完成备案，人均每月涨薪1200元左右。制定社会治理《督导检查实施细则》、《考核办法》及《考核细则》，强化对试点工作的督导考核。每月围绕社会治理和平安建设重点指标，实时"红黄绿"三色动态预警，发布平安指数，每半年开展一次督导考核，年终进行全面考核。

（二）聚焦党建引领共建共治共享的治理模式，全面提高市域社会治理的社会化水平

社会治理的重点在基层，难点也在基层。而这其中，党的正确引领和党员的先锋带头作用尤为重要，红色基因在新时代市域社会治理中发挥着关键作用。2019年以来，西安市主动探索以党建引领方式推动基层共建共治共享新模式，通过推行"民有所呼、我有所行"四个体系、社区党建网格、"社工+志愿者"服务模式等，显著提升了党建引领下的基层治理体系和治理能力现代化，党的执政基础进一步夯实，基层政权进一步巩固，红色基因让社会治理共建共治共享在基层焕发出更强的活力。

第一，建立健全"民有所呼、我有所行"四个体系，构建党建引领共治格局。西安市把创新党建引领社会治理作为市委书记主抓项目，贯穿于基层社会治理的全过程和各方面。出台了《关于全面加强城市基层党建引领

基层治理工作的实施意见》等系列文件,深入推进"民有所呼、我有所行",初步构建了党组织领导下的基层共建共治共享新格局。① 一是健全"四级联动"组织体系,党在基层治理中总揽全局、协调各方的功能进一步发挥。构建市委—区县(开发区)党(工)委—街道党工委—社区党组织四级组织体系,市域社会治理纵向一体化和横向整合化的组织体系较好形成。市委成立了"民有所呼、我有所行"工作领导机构,协调解决体制机制重大问题;区县(开发区)党(工)委负责指导推动,建立系统完备、支撑有力的工作机制推进落实;街道党工委直接履行责任,发挥辖区各类资源优势开展共建共驻;社区党组织履行具体责任,团结带领群众积极参与社区治理和服务。二是完善"线上线下"呼叫体系,创新党建引领与社区治理有效衔接的新模式。依托社区全科网格听呼声、"12345"一号受理听呼声、整合网络信息资源听呼声的"线上线下"呼叫体系广泛收集民意。持续推进"我为群众办实事"活动,建立在职党员到社区"双报到双评议"模式。全市共组织16.7万党政机关干部、非公企业和社会组织党员职工、退休党员到社区报到开展为民服务工作,平时植根群众发挥作用,战时配合社区开展工作。三是构建"立应立行"工作体系,架起各级党组织服务群众的桥梁和纽带。建立资源、需求和服务清单认领机制,使群众诉求更快捷地得到回应;完善网格事项流转处置机制,推行为民服务代办、一次性告知、首问负责、跟踪问效等制度;拓展"15分钟政务服务圈"功能,"建立分层分级响应处置机制,形成信息上下贯通、应用无缝互动、问题精准分派、各方协同处置的运行模式"②。四是强化"民呼我行"保障体系,确保基层有职有权有物,为广大群众提供精准高效的公共服务。完善镇街职能设置,优化调整职能配置,构建了人、权、事配套衔接的制度体系。持续为街

---

① 中共西安市委组织部:《西安市:深入实施"民有所呼、我有所行"推动党建引领基层治理创新发展》,中国城市报官方账号,https://baijiahao.baidu.com/s?id=1704631810036148194&wfr=spider&for=pc,最后检索时间:2021年7月7日。
② 《西安市委办公厅印发实施方案 聚焦城市治理问题》,西部网网站,http://news.cnwest.com/xian/a/2020/08/20/19012259.html,最后检索时间:2020年8月20日。

道、社区（村）赋能增效减负，并赋予街道人事管理、考核奖惩、指挥调度等职责职权。优化社区服务供给，设立社区公共服务基金并建立相应的管理制度，通过促进社区自我发展为居民提供更加市场化、多样化、多层次的服务。

第二，重视群团助推，探索"社工+志愿者"服务模式。随着社会需求日趋多样化，传统简单的志愿服务模式已经不能满足市民日益增长的公共服务需求。志愿者的专业性要求越来越高，志愿服务组织的匮乏、人力不足等问题日益凸显。在长期的志愿服务和管理过程中，西安市充分发挥工会、共青团、妇联、红十字会等群团组织覆盖面广、专业化程度高的优势，探索形成了"社工+志愿者"服务模式。依托"12355"青少年综合服务平台、妇女儿童维权服务站点等志愿服务阵地，打造西安志愿服务的一线"门店"，以党员志愿者为骨干，以群众需求为导向，常态化提供法治宣传、心理关爱、紧急救助、信访代理、法律援助、热线咨询等"六位一体"专业维权服务。积极开展"结对子"活动，通过"志愿者+困难户""志愿者+孤寡老人""志愿者+留守儿童"等"1对1"或"1对多"的结对方式，为结对对象提供各类公益服务。出台《西安市关于通过政府购买服务支持社会组织健康有序发展的实施方案》及《西安市社会组织孵化基地建设管理办法》，通过购买服务，引入专业机构，配置专职社工，开发"社工+志愿者"服务项目，培育具有专业性、稳定性、创新性等优势的社会组织。全市登记备案社区社会组织2713个，注册志愿者143万人，建立社区志愿服务队4070人。培育孵化助老扶幼、纠纷调解、心理服务等公益创投项目73个，超过2500家社会组织提供了社会治理领域的相关服务。持续引进企业参与社会治理，修订完善《西安市国资委监管企业负责人经营业绩考核办法》，加强对企业完成社会责任的评估和考核，形成了协同共治的整体合力。

第三，深化民主协商，激发多元主体参与自治。健全社区协商制度，搭建社区协商自治平台。印发《城乡社区民主协商办法》《关于做好村（居）民自治章程和村规民约、居民公约修订的通知》等，在全市3250个社区（村）建立了自治章程、村规民约和居民公约，强化制度支撑和保障。在各区县、街镇建立"两代表一委员"工作室，村（居）民议事会、理事会等议事协商平台，聚焦民生改善实事、社会治理难事、群众烦心琐事，开展面对面协商、化解矛盾。引导和支持居民自治，调动居民能动性参与社区治理。指导389个老旧"三无"小区成立业主自治或院落自治组织，积极推行"先自治后治理"模式，治理前"问需于民"，广泛开展群众说事、民情恳谈、百姓议事等协商活动；治理中"问计于民"，拓宽群众"发声"渠道，推动群众反映强烈、涉及切身利益的公共事务和矛盾纠纷得到有效解决；治理后"问效于民"，让群众评判治理效果。

第四，凝聚社会力量，创新不同类型、各具特色的社区共治新模式。完善以基层党组织为核心，全社会共同参与的社区治理体系，引导基层党组织、群团组织和各类社会组织聚焦社区治理、聚力社区治理，带动居民广泛参与基层治理。在全市创新开展"红色物业"活动，建立党组织领导下的"社区居委会+业委会（物管会）+物业服务企业"的红色物业治理模式，全市共建成51个"红色物业"样板小区，建立"红色物业会客厅"，设立"红石榴"驿站，通过党建引领、物业联管、社企联动、问题联治的方式，破解物业服务管理难题。倡导基层首创精神，大力开展社区治理和服务创新，引导和推动社区从实际出发，探索形成各具特色的新型社区治理模式。探索形成了碑林区党员干部"社区工作日"、莲湖区学习巷社区"360服务工作法"和"萤火虫"志愿服务、新城区"尚德街坊"、未央区"社会治理323"模式、长安区"末梢治理、为民服务"，新城区咸东社区"铜头、铁嘴、飞毛腿"的"咸东小哥"治理品牌，华清学府城社区的社区、园区、校区"三区互动"区域化党建模式等一批生动鲜活的基层社会治理典型经验，有效推动了基层党建引领基层治理点上开花、面上结果。

（三）加强网格化治理模式，全面提高市域社会治理的精细化水平

2004年，北京市首创网格化管理模式，经过十多年的探索完善，网格化在全国推广并成为市域社会治理的重要手段。经过疫情防控对网格化社会治理模式的进一步探索和实践，网格化的重要性更加凸显。网格化社会治

理，既是基层治理模式，更应该成为一种治理理念。一是西安市以完善疫情防控终端网格为契机，深入开展网格化服务管理标准化建设。出台《关于推行基层社会治理网格化建设的意见》《关于进一步完善网格化机制筑牢基层社会治理根基的指导意见》以及相关配套文件，积极整合民政、城管、住建、人社、卫健、资源规划、市场监管、应急管理、秦保等部门设置的行业网格资源，全市分类细化全科网格6996个，其中社区基础网格3352个，村基础网格2106个，专属网格1538个，全力推动"多网合一"，着力打造"全科网络"，逐步形成基层社会治理"一张网"。二是优化基层网格化党建机制，以高质量党建引领基层网格化服务。将党建服务点、综合服务岗直接设在网格，采取科学划分社区、规范网格设置、配强网格力量、优化运行机制、开展常态服务等措施，构筑起实体运行的网格系统，实现党建网格、管理网格和服务网格的有机融合，真正做到了党的组织和工作在基层全覆盖、无遗漏。高新区探索创新"一核四化"基层治理模式，设立区、镇（街道）网格化监督指挥中心，整合建立社会治理网格综合指挥信息平台，构建了以镇街为主体、网格为基本单元、网格员为基础的微网格治理模式。三是全面加强城市基层网格工作队伍建设。建立专兼职结合的网格长、网格指导员、专职网格员、兼职网格员"一长三员"工作队伍，健全落实管理、培训、考核、激励机制，全市1.9万名专兼职网格员日均上报处置网格事件1.6万条，在城市管理、隐患排查、矛盾化解及常态化疫情防控等工作中发挥了积极作用。莲湖区积极探索"商居联盟"，将企业商户纳入治理体系，鼓励商户为"邻里格"网格员队伍兑换积分、提供奖励，为网格化治理增添和谐的力量。

（四）打造平安建设特色治理模式，全面提高市域社会治理的精准化水平

第一，创新"一张图"安全管理模式。针对西安市城市安全风险特征，以预防燃气爆炸、桥梁垮塌、路面坍塌，大面积停水、停电、停热、停气等重大公共安全事故为目标，打造基于地理信息技术的西安市城市生命线

"安全运行监测一张图、风险评估一张图、辅助决策一张图",以全景展现、分行业领域展现的方式,绘制出不同类型的城市安全风险分布"四色图",实现对全市安全运行风险态势的全面感知,构建立体化的城市公共安全网。

第二,强化社会治安防控立体化模式。构建"点、线、面、图"立体化社会治安防控体系,深入开展"云剑""雷霆"等专项行动,2022年6月刑事案件破案率同比上升7个百分点。常态化开展社会治安突出问题和重点地区治安综合整治,常态化开展街面等级巡逻,严格落实重点人群管控制度和关怀措施,严防发生恶性事件。探索形成了蓝田县"枫桥+乡约"基层社会治理警务模式、新城区"院落警长制"市域社会微治理模式、雁塔区创新反诈警务机制、未央区"3+3+App"涉外警务管理模式等好做法。

第三,践行新时代"枫桥经验",构建"基层协商民主+矛盾纠纷调解"新模式。坚持和发展新时代"枫桥经验"的深层次逻辑,就是践行群众路线,就地化解矛盾,实现矛盾不上交。面对新时期复杂多样的矛盾纠纷和日益多元的群众诉求,西安市把基层作为市域社会治理化解矛盾风险的主阵地,探索运用协商民主的途径和办法解决基层矛盾纠纷,提升社会治理工作效能。建设贯通市、区县、街镇三级集综合指挥、矛盾化解、信访接待、诉讼服务、系统平台、综合网格等于一体的社会矛盾纠纷多元化解调处中心,构建矛盾纠纷化解调处的闭环运行机制,推行"一站式受理、一揽子调处、全链条解决"模式,把矛盾纠纷化解调处工作真正做到群众身边,实现"群众最多访一地"的目标。制定《防范化解和妥善处置群体性事件实施细则》,建立了"833"(八大责任、三项措施、三项机制)维稳工作体系,建成人民调解委员会3526个,实现人民调解组织"三级"全覆盖,配备专兼职人民调解员12811人,调解各类矛盾纠纷2.1万余件,充分发挥维护社会和谐稳定"第一道防线"作用,全市社会矛盾纠纷调处率连续三年达到96%以上,形成了碑林区人民调解"365"模式、鄠邑区"清、明、联、德、了"五字调解法、临潼区"所所联动"矛盾调处机制等亮点经验。

第四,开展社会心理服务体系建设,健全社会心理危机干预机制。建成全市各级343个心理服务机构,建立市、区两级"心理人才库",在社区卫生服务中心（乡镇卫生院）设立心理专干，设立24小时心理援助热线，累计开展心理健康测评31293人次，开展心理健康教育19330场次，针对"三失"人员开展心理危机干预3466人次，全市居民心理健康素养水平持续上升。

（五）打造科技赋能基层治理模式，全面提高市域社会治理的智能化水平

科技赋能的市域社会治理，是在技术浪潮思辨中衍生出来的新型治理模式。一方面，通过信息技术直接作用于治理结构和治理体系，使社会治理的成本转化为技术投入，实现规模可控。比如，大力推进的一体化综治平台就是社会治理现代化的重要载体，不仅实现平台内参与社会治理的各个部门分散职能的整合，而且日益塑造了新型的智慧治理文化。另一方面，信息系统使社会治理的层级得到压缩，扁平化的组织结构促使政府治理行为更加规范化、高效化，大大增加了社会治理的协作性和整体性。

为顺应这一趋势，西安市把信息化作为提升社会治理能力的动力引擎，构建了"综网中心+网格化+信息化+统一地址库+N（多种机制）"的治理模式[①]，初步形成"政府—技术"双向构建的规制策略，为塑造智能化的新型社会治理秩序提供有力支撑。一是着眼城市治理的基本单元，指导开发了全市社会治理综合指挥信息平台。实时收集反映城市治理运行过程中特点、规律和变化的数据信息，对其进行数据分析、对接和共享，全方位掌握城市治理综合态势。逐步打通部门信息壁垒，通过指挥平台实现发现问题—派单—处置—监督—评价一体化，大大缩短了上下沟通链条，使绝大多数的城市治理问题都能快速得到解决。在抗击新冠疫情战斗中，依托指挥平台信息共享、高效决策、部门联动的指挥调度系统，大大增强了处置突发事件的能力，为各项应急行动的精准施策提供了依据。截至2022年6月30日，该平

---

① 《深入推进高效能治理打造市域社会治理"西安样板"》，西安市人民政府网站，http：//www.xa.gov.cn/ztzl/ztzl/xxgczggcdxasdsscdbdhjs/dtyw/62b255e5f8fd1c4c2103ad65.html，最后检索时间：2022年6月22日。

台融合"雪亮工程""视联网"视频6万余路，归集公安、市场监管、城管、民政、资源规划、12345平台等23个市级部门数据信息近万条，实现了互联互通、信息共享、实时监控、综合监管等功能。研发上线移动端"长安e格"，截至2022年4月30日，网格员通过"长安e格"App累计流转涉及疫情防控、矛盾化解、隐患排查、社会治安等事件670多万条，办结率达98%以上。二是进一步推进"智慧社区"公共服务平台建设，解决基本公共服务特别是政务服务"最后一米"的问题。深化"互联网+"建设辐射"末端"，打造"宽进、快办、严管、便民、公开"的政务服务模式，600多个高频事项实现"一网通办"，政务服务事项网上可办率超过90%。在社区积极推进智慧化管理服务信息系统建设，为居民打通"一站式"办事窗口，为各类主体参与搭建线上平台，帮助基层快速响应公共诉求。高新区试点上线社区治理"微平台"，为社区特殊人群配备智能手环，直接联通社区指挥中心，可一键反馈社区上门办理，实现了指挥调度信息化。三是深入推进政法公共服务建设。"12348"西安公共法律服务网累计提供法律服务超过19万件次；探索优化"信访超市"，依托各级综网中心建设了涵盖服务事项总集成、业务数据深融合、事项办理大联动、工作流程全监督的"智慧政法"云平台，有效解决了政策信息不对称、法治宣传不深入、群众办事不方便等问题；"掌上户籍室"微信小程序推出10项在线服务，人口落户、户籍信息变更等服务实现"零跑腿"；"智能审判"电子诉讼平台，通过网上立案、在线调解、电子送达、网上执行等创新办案模式，实现审判执行工作与现代科技的深度融合。

（六）发挥法治保障作用，全面提高市域社会治理的法治化水平

第一，创新特色立法模式，打造法治特色品牌。一是通过行使立法权，构建市域社会治理的制度体系。深入开展法治政府示范创建工作，制定《西安市政府法律顾问和公职律师管理办法》，修订完善《西安市重大行政决策程序规定》，建立重大行政决策法律顾问审查机制、政府常务会议法律顾问列席会议机制，推动全市各级行政机关聘用法律顾问658名，发展公职

律师428名,在全省率先实现法律顾问党政机关和国有企事业单位全覆盖。二是重视法治实践,打造法治特色品牌。西安市以"一带一路"国际商事法律服务示范区为平台支撑,最高人民法院第六巡回法庭、第二国际商事法庭全面投入使用,西安"一带一路"国际商事争端解决中心以及多个法律服务机构等先后入驻。三是健全社会公平正义法治保障,有效维护社会公共利益。紧盯社会治理现代化需求,先后制定《文明行为促进条例》《公共安全视频图像信息系统管理办法》《社区教育促进条例》《生活垃圾分类管理条例》,以法治思维破解社会治理的难点和堵点。紧贴人民群众美好生活需要,不断加强公共卫生、物业管理、交通出行等民生领域立法,先后出台《机动车停车条例》《养老服务促进条例》《物业管理条例》《控制吸烟管理办法》等地方性法规,全力解决人民群众急难愁盼问题。

第二,创新"网格+法律业务"融合发展模式,以司法办案引领社会治理法治化。立足市域社会治理"一网联动"工作机制,探索"网格+法律业务"融合发展模式。将司法办案融入社会治理工作范畴,通过线上法律业务嵌入社会治理综合指挥平台和网格化服务管理中心、线下司法人员派驻社会综治中心的模式,以司法机关能动履职参与并促进社会治理法治化。以诉源治理为结合点,设立"网格+检察业务"融合治理办公室;建立"网格+公益诉讼"工作机制,实现公益诉讼率先入驻网格;建立"网格+行政检察"工作机制,依托网格到户优势,常态化开展司法大走访;建立"网格+警格"工作机制,形成优势互补的"警网融合"模式,切实提升了基层群众的安全感。

第三,以"枫桥式"速裁审判为支点,创新市域金融治理新模式。在金融类纠纷收案高位增长的态势下,西安市将新时代"枫桥经验"和速裁审判工作有机结合,探索出集约高效、多元解纷、便民利民、智慧精准、开放互动、交融共享的现代化金融纠纷多元化解综合治理机制。引入第三方专业性调解组织,大力推进"分调裁审"速裁机制改革,聚焦科技与人力相融合,积极推行诉讼和非诉相衔接,实现了诉讼治理资源的"共建共治共享",形成了最大限度满足群众多元化司法需求、最大力量化解社会矛盾纠纷、最优方案营造法治化营商环境的金融纠纷诉源治理新模式。

第四，打造"三平台三制度三保障"模式，实现基层法律服务"零距离"。加快推进全市公共法律服务实体平台、热线平台、网络平台普及化、一体化法律服务，建设公共法律服务中心13个，乡镇公共法律服务站152个，为2574个村（居）配备法律顾问。建立和完善"西安市12348微信公众号"，积极拓展应用"互联网+公共法律服务"，使网上获得公共法律服务成为新常态。统一建立工作台账制度、"局长驻窗口"制度、"最多跑一次"制度、首问负责制度、预约服务登记制度等，保障了人民群众共享法律服务成果。

三 西安市市域社会治理现代化模式创新的路径选择

当前，推进市域社会治理现代化面临诸多矛盾和问题，集中表现在：传统治理模式与经济社会现代化转型不相适应的矛盾；某些陈旧过时的法律法规同实现国家治理体系和治理能力现代化冲突的矛盾；人民群众权利意识觉醒与维权理性不足的矛盾；基层自治任务繁重与自治主体专业化、规范化程度不高的矛盾等。这些矛盾和问题，反映了市域社会治理所处的阶段性特征，是不断推进市域社会治理现代化、创造更多新鲜经验、取得群众满意的工作成效的风向标和校准器。

（一）树立理念：探索以"全周期管理"理念动态推进城市治理，是市域社会治理现代化模式创新的价值体现

习近平总书记指出："要着力完善城市治理体系和城乡基层治理体系，树立'全周期管理'意识，努力探索超大城市现代化治理新路子。"[1]"全周期管理"理念强调尊重城市发展逻辑和规律，全面把握城市社会治理的

---

[1] 蓝煜昕、张雪：《社区韧性及其实现路径：基于治理体系现代化的视角》，《行政管理改革》2020年第7期，第73~82页。

周期性,并采取与之相适的措施。"全周期管理"理念是城市社会治理的重大理论创新,是指导市域社会治理现代化模式创新的根本遵循。实施"全周期管理"精髓在于系统治理。细分来看,落实在市域治理机制运行上,要有决策、管理、执行的闭环周期;落实在工作推进上,要有部署、落实、监督的闭环周期;落实在项目运作上,要有风险识别、服务支撑、考核评价的闭环周期。目前,西安市在市域社会治理资源配置、整体联动、效能转化等方面还存在一定的短板弱项。未来,以"全周期管理"理念推进市域社会治理现代化,要坚持把党的领导贯穿于市域社会治理现代化实践的各方面和全过程,构建起环环相扣、系统有序、运转高效的有机治理闭环;要坚持全要素优化资源配置、全链条推动系统整治、全场景开展专项治理、全社会动员治理力量、全方位夯实治理基础,全面推进西安市市域社会治理现代化水平和层次;要加大共建共治共享推进力度,在党的领导下把社会各方主体的优势转化为治理效能。

(二)优化结构:把治理的整体性与多中心性有机结合,是市域社会治理现代化模式创新的目标所在

疫情发生以来,社会治理在全球化与流动性叠加、信息化与风险性强化、网络化与不确定性共振的背景下,变得更加复杂和难控。任何传统治理模式、任何单一治理力量、任何独立职能部门都不可能解决这一复杂背景下的治理难题。正是在此意义上,市域社会治理现代化无论以何种模式推进,必然是纵横各主体系统参与的过程,必然是整体性治理与多中心治理辩证统一的进程。从市域社会及其治理现代化的目的取向上看,整体性治理与多中心治理其实是一体两面的关系。一方面,整体性是尊重多元、直面多元的整体性。只有具备整合多元差异的整体性,才能真正满足现代社会复杂多样的治理需求。另一方面,多中心是治理取向上聚焦整体的多中心。多中心治理不是各自为政、各唱各调,而是在规则和规范共识的基础上以共同治理目标为中心。只有把整体性和多中心性有机结合起来,市域社会治理现代化才是真正意义上的共建共治共享的社会共同体。从实践

层面看，一是要在顶层设计上，进一步发挥政府主导作用，同时强化市场主体作用和社会协同作用，增强市域统筹力、政策供给力和资源保障力，促进市域社会在多元协同基础上走向"共同体化"。二是要在中层运行机制上，进一步凸显多元性、共同性和公共性，在治理境界上强调各类社会主体和社会成员围绕共同的价值和规范，共享利益、共担责任、共同发展。三是要在基层治理实践上，进一步大胆探索基层社会治理共建共治共享新路径。强化整体治理中的协调联动、系统治理中的责任共担、分类治理中的利益共享和基层治理中的民主协商，让社区真正成为基层治理中最活跃的主体。

（三）强化支撑：以数字赋能助推市域社会智慧治理，是市域社会治理现代化模式创新的发展方向

数字要素正在成为创新推动市域社会治理的决定力量。在市域社会智慧治理的新发展趋势下，要关注并突破以下瓶颈：一是运用城市数据资源，将治理触角有效延伸至基层最末端，这是突破智慧治理瓶颈的第一要素。市域社会治理在信息化规划设计、智慧基础设施、智能治理标准体系、数据资源标准规范等方面，要建设自上而下、纵横联动、共建共享、安全可控的治理模式，为此要持续推进城市治理与服务能力的基层下沉。二是打通条线壁垒、实现数据协同，这是创新市域社会智慧治理必须破解的现实难题。无论是"指尖上的形式主义"，还是基层人员不厌其烦的"重复填报"，核心都是无法实现基层治理中数据的标准化采集、规范化汇聚与价值化应用。① 因此，整合基层治理中的数据信息，打造数据标准录入模式，使基层部门和社区能够自动生成信息表，减轻基层日常数据采集填报负担，并以此为突破解决长期困扰基层治理的数据共享难等问题。三是打造便捷高效的数据应用工具，这是提升市域社会智慧治理能力的重要一环。社会治理需求多元，但治

---

① 孙少龙、王琦、高蕾：《除"指尖"之苦　减基层之负——各地区各部门扎实开展整治"指尖上的形式主义"工作综述》，《人民日报》2021年6月21日，第1版。

理参与主体的数字素养良莠不齐。特别是对于基层政府而言，可能存在工作任务繁多，但可用人员及工作经费有限的情况。① 因此，为基层社会治理打造高效便捷应用工具，解决基层单位需求响应慢、缺乏技术经验、应用集约化不足等问题，不仅可以帮助基层解决现实困难，也可以激发其创新能动性和工作热情。

（四）突出特色：积极探索市域社会治理的本土模式，是市域社会治理现代化模式创新的内生动力

市域社会治理现代化的目的之一，是让市域在整体意义上成为一个城市共同体。市域社会治理现代化背景下城市共同体的构建必须扎根于市域社会，其实践展开才是可能的和可行的。市域社会在区域意义上的独特性，决定了其实践模式相应的本土性，即市域社会治理现代化是针对市域行政所辖之整体上的现代化。西安市域所辖的主城区、城郊和农村在人口结构、资源禀赋、自然地理、人文积淀等方面的差异，决定了西安市域社会治理的独特性，所以西安市域社会治理现代化必然是立足于西安独特性的现代化，是坚持人民立场、兼顾本土特色、彰显城市文化、体现人文关怀的现代化。市域社会治理包含着责权利义法等多重因素，需要更加理性的治理主体、更加精细的治理技术、更加精确的治理议题以及更加柔性的治理情怀，只有深耕本土特色，才能充分利用市域特有的优势针对性地解决市域社会问题。市域社会治理，是全面推进和促进市域社会不断发展的治理；市域社会的发展，是不断追求高质量治理效能的发展。因此，能否做好发展和治理的辩证关系，是西安市域社会治理现代化助力城市经济社会高质量发展成败之关键。

---

① 冯奎：《以数字赋能提升基层智慧治理水平》，《中国党政干部论坛》2021年第8期，第38~39页。

参考文献

习近平：《坚持和完善中国特色社会主义制度推进国家治理体系和治理能力现代化》，《求是》2020年1月。

丁惠平：《限制、准入与共治：中国社会组织治理的演变历程与未来走向》，《学习与探索》2022年第10期。

龚廷泰：《新时代中国社会治理法治化发展进程的逻辑展开》，《法学》2022年第6期。

王玉：《我国社区应急管理体系优化问题研究——以A市B区为例》，《中共福建省委党校（福建行政学院）学报》2021年第3期。

徐汉明：《推进市域社会治理现代化的目标与行动选择》，《国家治理》2021年第21期。

B.13
陕西紧密型县域医共体建设运行现状、问题与对策研究

张芙蓉 李巾 高萍*

摘　要： 2019年以来，陕西省紧密型县域医共体建设在试点地区全面启动，相关建设有序推进，运行成效初步显现。省级层面紧密型县域医共体建设指导制度基本建立，各级各类推进紧密型医共体建设、运行的组织体系基本形成，推动陕西省探索形成了一批受到国家嘉奖、推介的典型模式，提高了试点地区县域整体医疗卫生服务水平，提升了群众医疗服务满意度。紧密型县域医共体建设存在重规模、轻质量、一体化程度不高、牵头医院与成员单位联系松散、牵头医院带动作用不强、信息化建设不足、基层首诊效应不显著等问题。因此，倡议"一把手"挂帅推动医共体建设，加强牵头医院能力建设，创新医共体管理体系形成责任共同体，优先推进医共体核心要素互联互通等，以有效推进陕西省紧密型县域医共体试点。

关键词： 县域医共体　医疗卫生　陕西省

紧密型县域医共体建设是医疗卫生改革的重要探索与实践。2017年，

---

* 张芙蓉，陕西省社会科学院社会学研究所助理研究员，研究方向：民生舆情；李巾，陕西省社会科学院社会学研究所副研究员，研究方向：人口健康；高萍，陕西省社会科学院社会学研究所助理研究员，研究方向：农村社会发展。

《国务院办公厅关于推进医疗联合体建设和发展的指导意见》印发，提出在全国建设四种类型的医疗联合体，即在城市组建医疗集团、在县域组建医疗共同体，专科联盟与远程诊疗。紧密型县域医共体是以县域医疗资源禀赋较好的医疗机构为首，联合乡镇、村基层医疗卫生机构组建的人、财、物管理统一，服务同质、责任共担、利益共享的一体化医疗集团。紧密型县域医共体三级医疗机构人、财、物的贯通管理，将有力推进医疗资源的上下贯通、服务能力的层级带动，以强带弱，优化整合县域医疗卫生服务资源，提升县域整体医疗卫生服务能力，构建有序的分级诊疗秩序，保障群众"大病不出县，小病不出村"，在家门口享受便捷优质的医疗卫生服务，破解群众"看病难，看病贵"问题。

一 陕西省紧密型县域医共体建设运行现状

试点三年来，在省委省政府的重视与有力推动下，紧密型县域医共体（以下简称"医共体"）建设与运行取得了一些成效。试点地区医共体建设全面启动，省级层面医共体建设指导文件基本形成，部分地区制定了细化配套政策。医共体优秀典型模式不断涌现，石泉县医院获得全国医共体建设示范奖励，多地先进经验受到国家卫健委肯定与赞扬，在全国交流推广。运行成效初步显现，优秀试点地区乡镇卫生院门诊量显著提升，县域外就诊率有所下降，医疗技术人员与群众满意度双双提升。

（一）医共体试点次第推开，当前处于启动探索阶段

2019年，国家卫健委、中医药管理局确定陕西省高陵区、凤翔县、眉县、岐山县等24个县区为全国紧密型县域医共体试点县，随后各地次第展开试点工作。当前试点工作处于启动探索阶段。大部分地区已步入医共体建设阶段，聚焦于医共体组织、管理方式摸索，形成了医共体建设思路与配套政策，展开实践。如大多数地区已于2017年、2018年开启试点工作，但也

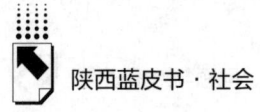

有个别地区尚处于启动阶段。省级层面和市级层面大量工作围绕试点地区医共体进程督导、问题研判与对策研讨展开。

（二）省级层面指导文件不断健全，医共体制度体系基本形成

在国家相关政策的指导下，自2017年开始，陕西省在省级层面、厅级层面出台了多项推进医共体建设的政策文件，为全省医共体建设提供了指导遵循。2017年10月，《关于进一步推进医疗联合体建设和发展的实施意见》印发，提出了紧密型医联体三年建设目标、不同地区医疗联合体的建设类型（医联体、医共体、专科联盟、远程医疗协作网）和县域医共体组织形式，明晰了医共体建设的基本方向。2018年12月，为进一步推动医共体建设，省卫生健康委员会等印发《陕西省卫生健康委 陕西省中医药管理局关于加快推进县域医疗共同体建设的通知》，围绕医共体的建设目标、管理体制、资源配置、功能定位、利益分配、考核监督等一系列重要问题做出了基本原则、框架说明，明确了医共体设计的基本思路与遵循。2020年10月，省卫生健康委员会联合省财政厅等多个部门联合印发《陕西省紧密型县域医疗共同体建设操作指南（试行）》，指南从目标原则、建设流程、保障机制、运行管理、外部监管五大领域对医共体建设涉及的问题做了全面说明，并形成了具体化、操作化规范，为全省医共体建设提供了重要抓手。2022年4月，《陕西省人民政府办公厅关于印发推动公立医院高质量发展实施方案的通知》印发，将筑牢县域医疗服务基础作为推进公立医院高质量发展的重要任务，提出2025年医共体全面覆盖所有县的（市、区）目标，为未来几年医共体建设做出了部署与安排。省级层面指导政策、文件的健全完善为医共体建设提供了"施工图"与"说明书"，使医共体建设有章可循，是推进医共体建设的重要支撑。

（三）组织推动坚强有力，医共体建设有序展开

大部分试点地区成立了由县委、县政府主要领导亲自挂帅的领导小组，高端发力，有力保障了医改过程中资源的统筹与调配，为医共体的有效推进奠定了基础。各地召开医共体建设启动会，解读医共体建设意义，部署安排重点工作，动员各方力量，凝聚思想共识。举行医共体建设推进会、现场观摩会、经验交流会，推广先进典型经验。实施督导制度，对已开展地区定期进行督导，了解各试点地区医共体建设进展状况、运行情况、存在问题与困难，对相关内容进行反馈与指导。开展调研活动，省委领导、相关部门领导赴各地调研医共体建设情况，了解医共体推进中的问题与困难、短板与难点、研判办法与对策。宣传医共体建设成绩，省内主流媒体宣传报道医共体建设现状、建设目标、运行成效、先进经验，使群众逐步了解医共体并树立信心。坚强有力的组织工作保障了陕西省医共体的建设，推动了优质医疗资源的有效下沉，打通了群众就医的"最后一公里"。

（四）试点探索取得成效，医共体典型模式不断涌现

在省委、省政府的坚强领导下，在各区县委、县政府的努力下，陕西省医共体试点取得了一些成效，探索形成了一些典型模式，为陕西省和全国医共体建设提供了经验借鉴与启发。2020年，石泉县医院荣获全国医共体建设示范奖，在陕西形成了独树一帜的"石泉医改模式"。2020年，国家卫健委发展研究中心调研眉县紧密型医共体建设工作，从七个方面总结了眉县医共体建设成就并给予高度称赞，评价眉县医共体信息化建设位列全国第一方阵，引领全国医共体信息化建设，眉县创新提出的医防融合"七步工作法"对全国具有可复制、可推广价值。2021年，宁强县的先进经验受邀在全国紧密型医共体建设推进会上交流切磋。2020年，汉阴探索构建了医共体"5+1"新模式，多点发力，健全完善医共体帮扶五项机制，全力实施医保总额预付改革等，稳步推进了当地医共体建设。略阳县着力解决健康扶贫签约服务中签而难履工作难题，探索推行有偿签约模式，在提升医疗服务质量的同时，投入大量资金开发贫困人口签约服务及健康在线移动办公系统，创新打造形成了"互联网+健康扶贫"新模式，极大地调动了医务工作者的积极性，提升了当地医疗服务能力与水平。2022年，汉滨区以信息化建设为支撑，构建"互联网+医疗健康"项目平台，形成了全民信息平台三级联

动,三级医共体资源共享、业务联动发展的模式。这一模式被《人民日报》、新华内参、中国扶贫网等主流媒体报道推介,被国家卫健委确定为"互联网+"试点项目。试点地区探索形成的典型模式是陕西省医共体建设成绩的生动写照,不仅为省外医共体建设提供了经验借鉴与启发,树立了榜样与信心,更将对省内医共体建设发挥引领作用,推进全省医共体建设。

(五)典型地区医共体运行成效初显,基层就诊率与医患双方满意度提升

经过几年的探索实践,医共体运行取得一定成效。一是优秀试点地区区域内医疗服务能力得到全面提升。医共体通过人、财、物等各类资源的统一管理、统一调配,推动了优质医疗资源下沉、优质医疗资源共享。通过市内外三级医疗资源的技术帮扶和远程诊疗系统支撑,县级医院抢救危急病人成功率大大提高,乡镇治疗病种扩大,农村(社区)卫生服务中心门诊量显著提升。例如,2018年石泉县县域就诊率达到90%,镇卫生院年门诊量达到12万人次。宁强县医共体组织实施以来,县域外同比住院人次下降了6%,药占比下降4.3个百分点。汉滨区通过平台开展家庭医生签约服务37.9万人,疫情防控期间,通过"互联网+医疗健康"平台对抗疫人员进行远程培训。二是群众就医体验与医疗人员收入满意度提高。部分试点地区在医共体统一管理下,乡镇卫生院硬件设施得到加强,医务人员诊疗水平得到提升,同时推行县域内医保报销"一站式"结算,改革绩效分配方式,医务人员收入显著提高,群众就医满意度和医务人员满意度双双提高。三是县域内不合理医疗费用增长得到有效控制。通过支付方式改革、绩效改革,引导医疗机构加强自我管理,主动规范医疗行为,做好医疗预防控制,有效遏制了医疗费用的不合理增长。

二 紧密型县域医共体建设运营存在的问题

当前陕西省医共体建设虽然在探索典型模式、促进医疗资源下沉、推进

分级诊疗、为群众提供高质量便捷医疗服务中取得了一些成效，但还存在很多问题。整体来看，在国家深化医疗卫生体制改革的宏观战略部署下，当前阶段陕西省医共体建设重规模扩张，轻质量提升；大部分试点地区统一管理的核心要素如人、财管理未能贯通；信息化建设力度不足，关键性信息化平台，如远程诊疗、居民健康档案、电子病历等缺乏实效建设；保障医共体可持续发展的配套细化措施不健全；运营过程中，牵头医院对基层医院帮扶力度不足；基层医院医疗水平不高的呆板印象影响医共体效应发挥；医共体共同利益机制尚未形成，业务协同缺乏内生动力。

（一）紧密型县域医共体建设重规模扩张，轻质量提升

紧密型县域医共体建设是国家深化医疗卫生体制改革的重要部署。2019年国家出台了紧密型县域医共体建设通知和试点指导方案，对各省区市紧密型医共体建设作出安排，陕西省24个县被确定为试点县。省委、省政府积极贯彻落实中央部署，推进试点县探索紧密型医共体建设运行方式。但基于陕西省县域医疗资源薄弱、政府财政困难及国家试点任务重等原因，紧密型县域医共体建设重规模扩张，轻质量提升，存在不少务虚现象。如对照政策纸上谈兵，部分地区为应付考核"资料建设""形式建设"医共体，做表面文章而无真正的实践探索；"象征性建设"，在紧密型医共体一体化建设上贯通力不足，对关键因素、重要因素、核心要素的一体化建设缺乏探索动力，执行走形式，走过场。"形在而神不在"，换汤不换药，以紧密型医共体之名，行松散联系之实，牵头医院与乡镇、村卫生室之间竞争如故，甚至有些地方只是多挂了一块牌子。

（二）实现一体化管理运行的核心要素尚未贯通，医共体连接不够紧密

实现医共体的一体化管理，是促进要素顺畅流动、提升基层管理效率、提高医疗服务水平、节约医疗成本、提升县域整体医疗水平与服务能力的重要方式。医共体一体化需要人、财、物共管，权、责、利统一，唯有如此，

医共体成员单位才能形成紧密的利益共同体，生发相互协作的内生动力。当前，受限于多重因素影响，牵头医院统筹管理权力有限、成员单位利益协调难、政府财政支持不足等，大部分试点地区医共体未能实现人、财、物的实质性统一，多停留于牵头医院对乡镇医院的技术、管理帮扶，缺乏实质性的权责利界定，约束性不强。医共体财务统一多集中在统一报账上，真正的核心要素成本管理、预算管理、会计核算、价格管理并未触及。人事管理中，牵头医院的统一招聘是代为招聘，编制管理仍分别在基层与当地上级管理部门，牵头医院没有管理权限。物的统一多表现为医疗器械的统一采购，缺乏资源调配权力。统一的综合管理体制不健全不完善，大部分试点地区缺乏医共体内系统服务质量、服务流程规范制度及服务结果评价制度，即使有也对成员单位约束力不强。

（三）信息化建设薄弱，与医共体建设需求差距大

信息化建设是医共体建设的重要内容。信息化建设包括诊疗服务信息化和管理信息化。诊疗服务信息化包括远程诊疗、预约诊疗、双向转诊、健康管理、家庭签约医生和健康档案、电子病历的信息记录和连续共享，是贯通上下医疗资源，解决医疗资源分布不均衡，提升区域和基层医疗服务水平，让群众享受便捷、优质医疗资源的重要基础。管理信息化包括县、乡、村医疗机构的数字化建设，医共体内人、财、物的互联互通，医共体与医保经办部门、政府部门信息的互联互通等，是医共体互联互通、信息共享、资源链接与反馈的重要方式。当前，医共体信息化建设较为薄弱，诊疗服务信息化建设表现为低水平的远程诊疗和双向转诊，如借助社交软件（微信、QQ）上传病历等，效率低、实用性不强。因硬件设施建设滞后，预约诊疗、健康管理以及健康档案、电子病历等信息化服务大部分地区尚未开通。管理信息化因牵头医院与各成员单位信息化建设基础不同、建设标准不一、统一规范的信息化系统建设难度大等，整体建设略为滞后，停留于缓慢摸索阶段。

（四）牵头医院带动能力不强，龙头作用发挥不显著

牵头医院在医共体中发挥着龙头作用。只有牵头医院医疗水平与管理水

平高、强,才能带得动、管得好医共体。当前,存在牵头医院医疗资源紧张、牵头能力不足问题。一方面,就陕西省县级医院发展水平而言,普遍存在医院学科建设不全,诊疗水平不高,医疗设施落后、高端医疗设备短缺,医疗人才层次不高且人员紧张等问题,造成牵头医院优质医疗资源不足,下沉难、对基层医疗机构指导能力有限,帮扶无法持续等问题,限制了牵头医院龙头作用的发挥。另一方面,牵头医院要实现医共体一体化管理运营,提升医疗集团整体服务能力,需要投入财力和物力进行资源融通、能力提升建设。当前陕西省财政对医共体建设投入不足,如2022年陕西省对10个试点县各补助30万元,2021年对考核前10名的试点县奖励10万元,用于试点地区医共体信息化建设、人才培养等,这与医共体的建设需求存在较大差距。牵头医院自身投入动力、投入能力也有限,造成牵头医院综合能力与带动医共体发展所需实力存在差距,龙头作用发挥不明显。

(五)大部分地区基层医疗服务能力提升不显著,基层就诊率变化不明显

医共体的建设目标是通过提升县域整体医疗服务水平,增强基层服务能力,构建首诊在基层,康复在社区的分级诊疗、双向转诊、急慢分开就医秩序,让广大人民群众享受便捷、优质的医疗服务。就调研结果来看,除部分优秀典型地区基层就诊量明显提升以外,大部分地区效果不显著。一是基层诊疗能力没有获得实质性提升,依然无法满足群众医疗需求。当前陕西省医共体建设处于起步阶段,大量工作集中于人、财、物的融通建设,对基层医疗服务水平提升着墨不足,人才培训、人才下沉、专家基层坐诊等处于应付考核状态,相关群体缺乏做实事的认识与态度。二是宣传不到位。当前医共体功能、作用定位宣传多面向医疗卫生机构、相关管理部门展开,目的是统一思想、凝聚共识、汇聚合力,面向服务对象的宣传较少,影响了医共体效果的发挥。调研显示,部分试点地区,群众对医共体作用、意义不了解,对纳入医共体内的基层医疗机构诊疗能力的提升不了解,观念仍停留于以往医疗服务水平较低的呆板印象,在基层就诊积极性不高,影响了医共体分级诊

疗目标的实现。如部分试点地区存在专家基层坐诊却门可罗雀现象，这与医共体面向公众宣传不足密切相关。

三 对策建议

紧密型县域医共体建设是一项艰巨、复杂的工程，需要多要素的整合协同。在当前试点阶段，依据调研中暴露出来的问题和试点单位的需求，本报告认为，应从以下六个方面完善医共体建设，推动医共体先行运转起来，在群众中建立基础、形成认同，再逐步精细完善相关政策。

（一）倡导试点地区党政主要领导牵头挂帅推进医共体建设，保障医共体建设取得实效

当前，取得较好运行成效的医共体建设单位的共同经验是当地领导的高度重视，即党政主要领导亲自挂帅部署医共体建设。如医共体建设经验受到国务院宣传推广的福建三明市尤溪县，医共体建设的首要经验即是让党政"一把手"成为推动医改的第一责任人，涉及医改主要职能的政府部门由一位党政领导专门分管，充分信任、充分赋权。其他医共体建设运行较好的地区，如深圳罗湖区、安徽天长市、西藏比如县等均具有同样特征，形成了县委书记、县长任改革领导小组组长的推进机制。医共体建设是一项复杂工程，涉及财政投入、成员单位人财物一体化衔接、医保改革衔接、卫健委管理权限下放等诸多事项，牵扯到相关群体的切身利益，硬骨头多，协调难度大，只有党政主要领导亲自挂帅、参与，才能调动、协调各方力量服从医改安排，推进医共体建设。试点地区应倡导党政主要领导亲自挂帅、亲自参与医共体建设，以保障医共体建设顺利推进，取得实效。

（二）优先推进关键因素互联互通，提升基层医疗服务能力

医共体建设是一个复杂、长期、艰巨的过程，需要大量制度的调整、新

建，需要多个部门的融合、磨合，还需要大量的财政投入，不可一蹴而就。因此，医共体建设要有重点、分缓急，分阶段逐步推进，避免胡子眉毛一把抓造成人、财、物跟不上的表面工程、半拉子工程。当务之急应通过人才下沉、基层专业技术人员培训、远程诊疗、智慧医疗等提升基层医疗卫生机构服务能力。医疗卫生服务水平是影响患者就医选择，实现基层首诊、双向转诊、急慢分开目标的最关键因素。只有基层医疗卫生机构的服务能力获得群众认可，首诊在基层才能具备基础，其他推进首诊在基层的辅助制度才具备发挥作用的条件。优先推进牵头医院信息中心建设，为电子病例、健康档案管理信息化、远程诊疗奠定基础。

（三）提升牵头医院综合能力，发挥医共体龙头带动作用

提升牵头医院综合能力，可从以下几个方面着手：与市级高水平医院建立帮扶共建关系。探索三级甲等医院托管县级医共体牵头医院模式。通过三级甲等医院医疗资源下沉、管理经验下沉、远程诊疗资源共享对牵头医院进行重点科室帮扶，传帮带，提升县域牵头医院诊疗水平。积极争取国家扶持项目、资金，依托知名医疗机构建立面向县域医疗机构服务能力提升的省级区域医疗中心，对全省医共体单位提供远程会诊、医疗指导、人才培训等服务，提升县级医院服务能力。共建科室，牵头医院与高水平医院、已建立帮扶关系医院共建区域常见病、多发病特色科室，打造优势医疗品牌。巩固已有帮扶关系，将已有帮扶项目做实做深，使技术指导、学科建设等核心工作落在实处。加强财政投入，提升牵头医院硬件设施配备。按照三级医院标准建设县域牵头医院，配置医疗设备，充实技术人员、健全常见病科室，增强牵头医院实力与带动能力。在基层医院的帮扶中，建立"以科包院""联合病房""联合门诊"等帮扶制度。探索牵头医院每个科室帮扶一个乡镇分院制度，保证牵头医院科室领导每周在包干分院工作时间。包干科室选派医生、护士在分院执行轮岗排班制度，对分院进行精准帮扶，形成全日制坐诊、巡回指导、就地培训模式等。

（四）创新管理机制，建设责任共同体

在医共体框架下建立考核机制，形成责任共同体。以紧密型县域医共体"基层首诊、双向转诊、急慢分治、上下联动"为目标，研究设计推进一体化发展的考核指标。把牵头医院作为考核主体，重点考核牵头医院对基层医院的帮扶情况，基层医疗机构首诊率提升情况、双向转诊情况（尤其是向下转诊）、慢性病患者签约情况等，同时考察县内住院率、医疗费用控制等医共体运行成效，以结果为导向，倒逼一体化建设。建立牵头医院科室包干帮扶乡镇医院制度，将牵头医院包院科室与所包干分院捆绑考核，推动县级医院与乡镇医院形成医疗合力。将考核结果作为人事任免、奖优罚劣的依据。将考核结果与财政补助、医保支付、绩效工资总量挂钩，与医务人员绩效工资、职称晋升、培训等相挂钩。建立统一的人事制度。实施"县招乡用、乡管村招、县乡畅流"的人事制度，实现医共体内人员的统一流动。建立柔性引导制度，如将牵头医院医生职称评定与基层服务挂钩，将服务基层列为医生职称晋级的必要条件，推动优质医疗资源和患者向基层双下沉。

（五）加强医共体宣传，提升社会知晓率，培育基层首诊就医习惯

当前对医共体政策、定位、功能的宣传主要侧重于医疗服务机构与相关职能部门，针对被服务对象的宣传缺位。访谈显示，部分试点地区群众对医共体了解程度较低，只闻其名不知其意，试点前后的就医习惯、对基层医疗机构诊疗水平的呆板印象没有明显变化。这与群众对基层医疗机构成为医共体成员单位、医疗卫生综合服务能力提升不了解有关。因此建议加大面向群众的宣传力度，提升群众对医共体的了解与认知，进而改善和刷新群众对乡镇医院的认识，引导群众基层就医和首诊习惯。如以医院，尤其是牵头医院为重点，由医务人员对就诊病人进行医共体知识宣传，将就诊患者作为宣传桥梁，把医共体政策宣传到各个角落。就诊患者在乡邻之间的宣传更易被接受，宣传效力较政府部门灌输式的宣传更有效力。

（六）试点薪酬制度改革，回归医疗公益初心

薪酬制度在维护公立医院公益性中发挥着关键作用。薪酬模式具有鲜明的导向性。以绩效为主的薪酬模式将引发医务工作者为增加收入"开发患者""制造患者""过度医疗"等问题，浪费医保资源，增加群众就医负担。以年薪制度为主、绩效为辅的薪酬模式因将医疗服务与个体利益脱钩，将极大减少医务工作者看病的功利性，使医疗服务回归公益本性。福建三明市医共体建设六大工程中的"牛鼻子"工程即薪酬制度改革。薪酬改革在三明市的医改中取得了显著成效，形成了成功经验，正在向三明市县、乡、村公立医院和专业公共卫生服务机构覆盖。建议陕西省借鉴三明市先进经验，选择陕西试点成效较好地区开展薪酬改革试点，为医共体建设先行探路。把握公平与效率兼顾原则，取消医共体内部医院等级差别，按照医务人员职称核定基本年薪，同时根据考核情况围绕基本年薪上下浮动确定最终年薪，形成以人民健康为中心的分配制度。

参考文献

中国医院协会医共体分会编著《紧密型县域医疗卫生共同体实践案例（2021）》，人民卫生出版社，2021。

国家卫生健康委员会基层卫生健康司、国家卫生健康委卫生发展研究中心编《紧密型县域医疗卫生共同体建设典型案例2022》，人民卫生出版社，2022。

孙志成、申斗、刘昭等：《中国533家县域医共体建设运营现状调查与优化建议》，《卫生软科学》2022年第7期。

B.14
陕西省中医药传承发展报告[*]

王旭瑞[**]

摘　要： 中医是祖国传统文化的瑰宝。中医药对于保障全民健康、增强中华文化自信、建设健康中国等方面的重要意义已受到国家的高度重视。陕西是中医药文化的重要发祥地之一，中医药文化源远流长，中药材资源也极为丰富，但目前陕西中医药的传承发展在全国并不突出。经过广泛深入的实地调研，获得大量第一手资料，在此基础上形成本报告，分析陕西中医药发展的现状，归纳总结中医药事业、产业存在的主要问题，并有针对性地提出对策建议。希望为陕西中医药传承创新与高质量发展提供政策建议和决策参考。

关键词： 中医药事业　中医药文化　中药产业　陕西省

中医是祖国传统文化的瑰宝。中医药对于保障全民健康、增强中华文化自信、建设健康中国等方面的重要意义已受到国家的高度重视。中医在新冠肺炎疫情防治中发挥的巨大作用也受到社会的广泛认可。近年来，国家出台多项促进中医药事业发展的法律法规及政策意见。早在2016年，国务院已出台《中医药发展战略规划纲要（2016-2030年）》；

---

[*] 本报告是笔者参与陕西省决咨委社会组"陕西省中医药传承创新与高质量发展研究"课题的阶段性成果，感谢省决咨委社会组委员、陕西省中医药管理局、陕西省中医药研究院、陕西中医药大学、汉中市委市政府、汉中市卫生健康委、汉中市中医医院、河北省卫生健康委、安国市委，以及陕西省多个中药企业等部门和单位的领导、专家对本研究的指导和大力支持。

[**] 王旭瑞，陕西省社会科学院社会学研究所副研究员，研究方向：传统文化、乡村社会等。

2017年7月，《中华人民共和国中医药法》实施；2019年，国务院印发《关于促进中医药传承创新发展的意见》，提出要大力推动中药质量提升和产业高质量发展。2021年，国务院办公厅印发《关于加快中医药特色发展若干政策措施的通知》。2022年3月，国务院办公厅印发《"十四五"中医药发展规划》。由此可见，中央对中医药发展的重视程度是前所未有的。在此背景下，近年来全国各省区市都大力发展中医药，许多省区市在中医药传承发展方面你追我赶，竞争激烈。

陕西是中医药文化的重要发祥地之一，中医药文化源远流长，中药材资源极为丰富，素有"秦地无闲草"之美誉，为发展中医药奠定了良好的基础。但目前陕西中医药的传承发展在全国并不突出。为了了解陕西中医药领域的现状，摸清制约陕西中医药传承发展最突出的问题，笔者跟随陕西省决策咨询委员会课题组进行了深入的实地调研。首先在西安、咸阳两地，专程走访陕西省中医药管理局、省中医药研究院（省中医医院）、陕西中医药大学，以及代表性中药企业，召开座谈会，进行考察交流，初步掌握陕西中医药的整体状况。为了进一步了解陕西基层中医药发展的现状和问题，课题组又专程赴汉中市及下辖县区进行考察调研，先后走访当地中药企业数家，市级和不同县区的中医医院、中医馆多家，以及一些中药材种植加工公司、中药食品加工公司、生物科技公司等。调研期间和各被访单位及当地市、县级中医药管理部门进行了深入的座谈交流，广泛听取了基层相关各方的意见和建议，基本掌握了基层中医药面临的问题和需要得到的支持。为了借鉴外省经验，更好地提出对策建议，课题组还专程赴河北省调研代表性中药企业和安国数字中药都等，并同当地中医药管理部门进行了深入交流。

经过广泛深入的实地调查，基本掌握了陕西中医药传承发展的现状，了解了中医药相关各领域、环节存在的主要问题，也收集到各方的意见和建议，获得大量第一手资料。在此基础上形成本报告，分析陕西中医药传承发展的现状，归纳总结中医药事业、产业存在的主要问题，并针对性地提出对策建议。希望为陕西中医药传承创新与高质量发展提供政策建议和决策参考。

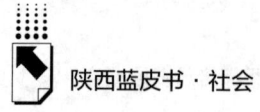

一 陕西中医药整体发展现状

（一）陕西拥有深厚的中医药历史文化和丰富的中药材资源

陕西是中华民族和华夏文化的重要发祥地之一，也是中医药文化的发祥地之一，中医药文化源远流长。传说中国上古时期著名的医学家岐伯是陕西岐山人，他精于医术脉理，名震一时，后世尊称为"华夏中医始祖""医圣"。黄帝与岐伯等人关于生命科学的探讨形成中国最早的医学典籍——《黄帝内经》。有"药王"之称的唐代名医孙思邈，在这里著成中国历史上第一部临床医学百科全书——《千金方》，被国外学者尊为"人类之至宝"。唐高宗敕命在长安修编的《新修本草》是人类历史上最早的药典。王焘是唐代的又一位著名医家，其著作《外台秘要》被《新唐书》赞为"世宝"。陕西还有春秋时期医圣扁鹊的墓址，建有扁鹊纪念馆，弘扬中医药文化。

陕西素有"秦地无闲草"之美誉，中药材资源极为丰富，居中药资源大省之列。全省现有药用植物3291种，重点品种283种，天麻、绞股蓝、黄精等7个品种通过国家GAP认证，黄芪、山茱萸、太白贝母等18个品种获得国家农产品地理标志保护产品认证。根据第四次中草药资源普查，陕西秦巴山区中草药的产量占到全国的60%，中药资源储存量，包括资源种类和数量在全国排名第五。目前遴选确定丹参、山茱萸、猪苓、杜仲、柴胡、元胡、麝香、酸枣仁、天麻、黄芪、大黄、秦皮、秦艽、远志、华山参等15个大宗道地药材、10种区域特色中草药、20种优势中成药入选首批"秦药"品种。天麻、丹参等中草药在全国市场占有率达到50%~80%。目前全省中药材种植面积近500万亩，养殖林麝等药用动物2.3万余头，麝香产量占到全国市场份额的70%。①

---

① 资料来源：陕西省中医药管理局汇报材料。

（二）陕西加快中医药强省建设步伐

陕西省委、省政府积极贯彻中央决策部署，相继出台多个相关文件。比如2017年发布的《陕西省中医药发展战略规划（2017—2030年）》提出，到2030年全面建成中医药强省。《陕西省中药材保护和发展实施方案（2016—2020年）》提出，加强中药材种植保护体系建设。2020年4月发布的《陕西省中医药条例》提出挖掘陕西中医药特色与优势，在中药产业发展上凸显"秦药"品牌。2020年7月出台《关于促进中医药传承创新发展的若干措施》，提出建设高水平中医药传承保护与科技创新体系，推动中药产业高质量发展的九大发展任务。

深化中医药综合改革，完善中医药政策体系、服务体系、管理体系和保障机制。省中医药管理局增设科技与产业发展处，西安、宝鸡、铜川市设立中医药管理局或发展中心，汉中、安康、商洛市设立中医药产业办，50个县（区）在卫健局设置中医管理内设机构。全省共有中医医院184所（公立112所、社会办72所），建成1786个社区卫生服务中心、乡镇卫生院中医馆，其中示范中医馆208个。省市三甲中医医院牵头组建12个中医医联体、专科联盟，涵盖80余家中医医院和230余家基层医疗机构。县级中医医院与300余个乡镇卫生院、社区卫生服务中心结对帮扶、共同发展。[①]

近几年，国家举行了四届国医大师评选，陕西共有4名国医大师，2名全国名中医，在西部地区排名第一，在全国位居前列。

（三）陕西具有较强的中医药科研优势

陕西省中医药研究院获批国家中医药传承创新中心和国家重点中医药科研机构；陕西中医药大学附属医院获批国家中医临床研究基地；西安、宝鸡、安康市三个市级中医医院获国家传承创新项目支持。全省现有3个国家

---

① 资料来源：陕西省中医药管理局汇报材料。

级重点研究室、23个重点学科，36个省级重点研究室、72个重点学科。新冠疫情期间制定了两版省级中医药防治方案，研制了"益肺解毒颗粒""清瘟护肺颗粒"等5个中药抗疫产品，中医药参与救治本地确诊病例247例，参与救治率达到93.5%。

（四）陕西加强对中医药文化的弘扬和对外合作交流

陕西成功举办第四届、第五届中国孙思邈中医药文化节，建成铜川孙思邈博物馆。新增国家、省级中医药文化宣传教育基地6个，拥有国家级中医药非物质文化遗产2项、省级非物质文化遗产28项。开展"中医服务百姓健康行动"系列活动，直接受益群众50余万人次。成功举办了世界中医药大会第五届夏季峰会、欧亚经济论坛——首届中医药"一带一路"分论坛、第二届国际中医药交流合作论坛等国际性会议。陕西中医药大学、陕西省中医医院、西安中医脑病医院分别在日内瓦、俄罗斯、波兰等国设立7个中医药海外中心和基地。积极推进海外中医药诊疗中心建设，先后在孟加拉国、印度尼西亚、俄罗斯、哈萨克斯坦等"一带一路"沿线国家共建6家国际中医药诊疗中心。

（五）陕西加强中药材管理，促进中药产业发展

陕西在加强中药材管理方面做了一些基础性工作。一是强化保护意识，健全中药资源监测体系。在摸清陕西中药资源底数的基础上，建立了陕西省中药原料质量监测技术服务中心和三个现代中药资源动态监测站，形成联动监测体系，下设30个监测点，覆盖陕南、关中中药材主要产区。二是强化质量意识，做强"秦药"品牌，扩大"秦药"市场影响力。把提升中药材质量作为一项重要任务，科学规范中药材种植养殖，实现规模化发展。目前，宝鸡柴胡、铜川和渭南黄芩、汉中天麻、商洛丹参等规范化种植面积均已达到10万亩以上，形成陕西道地药材的特色品牌。三是推进中药材管理标准体系化。完善陕西中药材野生抚育、种苗繁育、鲜药炮制、生态种植等

质量标准；推进陕西中药材标准、饮片标准、炮制规范、中药配方颗粒标准的起草和修订工作，支持研究制定陕西道地药材的团体标准和地方标准等。推进"秦药"质量指标体系建设，搭建全省中药材质量追溯体系平台，完善"秦药"饮片加工指标和种植指南。倡导"一县一品"，以形成示范性产业链，打造十亿和百亿大品种，增强"秦药"在国内和国际药材市场的竞争力。

中药工业生产已成规模。目前陕西有中药产业园区137个，规模较大的饮片生产企业年产值约6亿元，年产值超过20亿元的中成药企业4家。[①]

二 陕西中医药发展存在的主要问题

（一）中医药事业、产业管理方面的问题

一是中医药管理体制机制不够健全。省中医药局是主管本省中医药事业及产业的主管部门，职能是负责全省中医药的协调工作。但在市一级，只有西安、宝鸡、铜川3个市有中医药管理局，尚有7个市未设置中医药管理局。到县一级，大多没有相应的中医药管理机构，有的县仅设一人管理中医药事业和产业工作；有的县甚至未设置管理中医药的人员，造成中医事业无人管。二是基层中医药管理力量薄弱，管理机构编制紧缺，严重限制基层中医药事业发展。三是中药产业管理存在"九龙治水"问题。中药产业包括中药材种植和中药工业，其管理分属农业、水利、林业、工信、药监、市场等管理部门，与上级主管部门不对应，政府号令难以直达基层。省中医药局作为省上副厅级局，要协调与中药产业有关的诸多部门，难度很大。陕南中药产业的种植力很发达，但是由于这一管理机制，中药材产业的发展受到制约。因此要协调中药材的种植、推动中药产业的发展，需要中药产业发展政策层面上的方案。四是省财政对中医药事业、

---

① 资料来源：陕西省中医药管理局汇报材料。

产业的投入远远不足。首先，相比给整个卫生事业的投入，对于中医药的投入占比过低。其次，国家支持的中央经费，省上还存在配套资金落实不到位的情况。再次，政府对基层中医药事业投入不足，目前全省的县级层面尚未做到中医院全覆盖，全省共107个县区，现有县级中医院99家。最后，由于社保系统没有中药产业发展方面的经费，中医药管理部门难以对中药产业的发展给予资金和政策支持。因此，目前陕西中医药的管理机制处于尴尬局面，亟须改革完善。

（二）医保政策制约中医药发展，各级中医医院的中医特色优势明显不足

陕西是经济欠发达省份，医保资金有限，近两年由于疫情、减免税收，加上大量资金投入疫苗，医保资金严重不足。医保政策受到医保资金的限制，对中医药的宏观政策支持远远不够。由于缺少符合中医规律的特殊政策，中医医疗机构发展中医特色诊疗受限。现在社会呼吁突出中药特色，国家强调鼓励开发经验方、经典名方、院内制剂等，但由于缺少政策支持，各级中医院中医优势特色明显不足。比如省中医院中药特色诊疗技术有上百项，但医保支付的只有8项。除了个别三甲中医医院中医优势特色保持较好外，多数市级中医院中医药特色不突出，不占"大头"，如陕西中医药大学附属医院、安康市中医院、宝鸡市中医院等。县区级中医院的中医特色更不突出，一些中医院西医、西药的使用远远超过中医、中药。这些问题的根本原因在于，各级中医院都需要解决"吃饭养人"问题。各级中医院的中医特色优势明显不足，是中医医疗方面一个重要问题。

受医保政策限制，陕西中医医疗机构中药颗粒制剂、中药饮片均不能报销。原有76个药物品种可以纳入医保报销的目录里，2021年新标准实施后只有29个品种可以纳入，有47个品种不能纳入医保报销目录，这对患者的用药造成很大的影响，也给患者造成负担。另外，中医医疗机构门诊医保报销项目有限，到目前为止只有3种病在门诊可以报销，其他病都不能报销。

在这种情况下患者被迫小病住院,这不仅浪费了医疗资源,也使医保基金大量浪费。

(三)中医药领域人才缺乏及人员编制机制过死是制约中医药事业发展的重要因素

目前陕西中医药领域缺少高层次管理人才、专业技术人才,尤其是缺乏在全国层面有影响的顶天立地型的领军人才。陕西虽然有几名国医大师、全国名中医、青年岐黄学者,但在全国没有话语权。据统计,在涉及中医药的国家级学会里,担任专业委员会领导,或国家级学会的主委、副主委的,陕西省内大约有10人,这和陕西中医药大省的地位不相匹配,和其他省份相比也有差距。

基层中医药人才也严重匮乏。目前区县、乡镇,尤其是乡、村两级,中医人才严重缺乏。村级中医后继乏人,青黄不接,村医队伍很不稳定,呈现老龄化趋势。大城市医学专业毕业生很少愿意去县城或乡镇基层工作,区县的中医人才大多学历较低。国家要求中医医院中医类别的执业医生占比达到60%,但是基层中医院根本达不到这一标准。从2018年开始,陕西省已经实现了所有的乡镇卫生院以及社区卫生服务中心的中医馆全覆盖,但是到目前为止有些中医馆没有中医师。人才不足,包括管理人才、专业技术人才,都是制约基层中医药事业发展的重要因素。

另外,省级层面对各级中医医疗机构的人员编制机制过死,甚至数十年编制数量没有变化,严重制约各级中医院的发展。一些中医院,包括三甲综合性中医院和基层中医院,都存在长期沿用数十年前人员编制的现象,在岗人员严重超编,比如省中医院仍沿用1983年的编制。据了解,基层中医医院缺少编制,待遇太低,人才发展空间有限,缺少学习交流机会,人才流失严重。

(四)中医西医化问题突出,传统中医药的传承面临严峻挑战

中医的教育、医疗等领域普遍存在西医化问题。受现代思想的冲击及体

制机制的限制，真正经典的祖国医学在教育、科研和医疗机构并未发挥应有的作用，《黄帝内经》等祖国经典医学的思想精髓并未得到很好的传承和发扬。比如中医药院校的学科设置是按照西医的理论体系进行，未能遵循传统中医独特的思想体系，不重视传统文化的传承，违背了中医药教育的自身规律。据了解，中医院校的许多青年教师不会号脉。中医院的治疗也是以西医为主，不能用中医的思维治疗疾病，望闻问切的中医临床真功夫更是严重欠缺，导致优秀的中华传统中医药文化的继承和发扬面临危机。

高校和中医医疗机构、科研机构对中医人才的评价机制存在按照西医标准评价的问题，比如要求中医科研人员发表SCI论文等。西医标准完全不符合中医的特点，因此不适合用来作为对中医的评定标准。

（五）陕西中药产业方面存在的问题

陕西是中药资源大省，但是产值小省。目前中药产业的整体发展相比全国其他省份还显薄弱，没有发挥应有的效益。

第一，中药材的种植规模较小，未能带动乡村振兴。中药材种植分属农业厅管理，在农业发展里面常被忽略，并未作为一个重要或主导产业来发展，和陕西的中药材资源大省地位不匹配，需要引起政府的关注。

第二，陕西的中药粗加工产业薄弱，中药产地的药材大部分以原料的形式被江西樟树、安国、亳州等地买走，产品经过加工又卖回陕西。中药材产生的价值不高，年销售收入仅为150亿元，和种植面积不匹配。

第三，大型中药材交易物流市场的缺乏是制约陕西中药材产业的一个关键问题。据调查了解，原来西安市万寿路的中药材集散基地是国家批准建设的17个中药材集散基地之一，但该市场已于2015年被拆迁，分散至不同地点，且规模大为缩小。目前西安缺少一个系统性提供产、供、销信息和服务的大规模集中市场平台，陕西药材商户只好不远千里从亳州、安国等地中药材市场将"秦药"回购销售。大型中药材交易市场的缺乏使得陕西的中药材原料直接从产地外销，造成税收外流。陕西中药材的种植、加工、集散地交易及物流都是短板，缺少政府的政策和资金支持。

第四，受多种因素影响，中药产业的工业部分总体下滑。陕西的营商环境整体上越来越好，各级政府都支持中药企业，但是近几年原材料价格和包装材料价格翻倍增长，而成品药不能涨价，造成企业压力增大，且企业越大，压力越大。目前企业产值虽然增大，但利润减少。2000年之前中药工业产值499亿元，至2021年已下降至360亿元。[①]

陕西中药产业的薄弱成为制约陕西中医药发展的瓶颈。

（六）陕西中医药科技创新能力不足

陕西具有一定的中医药科技优势，但科技未能真正发挥支撑产业发展的作用。一是陕西省的中医药整体研发能力不强。陕西虽然拥有很多高校、中医医疗机构和科研机构，但是未能把这些平台整合在一起，发挥其共同作用。尤其是高校、医院研究所平台尚未紧密地联合在一起，导致整体的创新能力不足。二是陕西缺少国家级和省部级的中医药科研创新平台，协同创新机制不完善，联合攻关意识不强，科研成果有效转化率低。陕西的国家级中药研发平台、实验室相对较少。

总之，陕西省中医药发展确实有进步，但是与中央大力扶持的力度和人民群众的期盼还有较大差距。

三 对策建议

（一）构建坚强有力的管理格局

强化省级中医药管理部门统筹中医药事业、产业、文化发展的职能，建立健全市、县（区）中医药管理机构和工作机制。在省级增加中医药行政管理部门职能和编制，在市县级明确承担中医药管理职能的机构。目前基层

---

① 资料来源：陕西省中医药管理局汇报材料。

中医药管理是薄弱环节，要增加力量，加强基层中医药事业和产业管理，提升基层的服务能力。明确各级各类中医药人员在卫生人员中的占比，确保其不低于20%。明确在资源配置、项目资金等方面中医药的占比。充分发挥联席会议制度作用。由省中医药局组织每个涉及中医药产业发展的厅局，每年定期召开会议，省中医药局通过联席会议形式，抓紧推动工作，督察任务完成情况。

河北调研启示我们，一是省级领导对中医药发展的重视对于促进中药产业的发展极其重要。河北省从资金投入、政策支持方面大力支持中医药产业的发展，先后安排3.2亿元省级资金，大力发展中药材规范化、规模化种植。另外，在省领导的重视和亲自督办下，河北解决了安国中药都建设等几件大事。近年来，河北出台政策，支持中药特色产业园区建设，重点是支持保定安国道地药材专业市场和文化资源优势，计划打造一个国内重要的中医药研发创新中心、制造中心和贸易中心。二是与中药产业相关的各管理厅局齐心协力，团结合作，能够高效促进中药产业的发展。比如农业厅专门为中药材争取到国家的优势特色产业集群建设资金，将其投入太行山、燕山道地中药材产业集群建设。以上都说明领导和管理部门的能动性对于促进中药产业发展非常重要。

（二）健全符合中医特色的保障机制

改革完善医保政策，支持中医医疗机构大力发挥中医特色优势，用中医传统方法解决疑难疾病。落实医疗服务价格形成和动态调整机制，充分考虑中医医疗服务特点，将功能疗效明显、特色优势突出的中医医疗服务项目纳入调价范围。推进中医医保支付方式改革，遴选和发布中医优势病种，增加门诊报销病种，鼓励中医医疗机构实施"大门诊，小病房"。在新增的卫生健康事业经费中，中医药占比应不低于20%。

（三）探索多种制度，解决高端人才和基层中医药人才困境

陕西目前缺少高端领军人才和基层中医药人才。要下大力气，创造高端

平台，建立奖励机制，吸引高端人才进入陕西中医药领域。

对于基层人才困境，可以探索多种制度解决。一是需要政府加大对中医药事业投入力度，增加基层医疗机构人员编制。二是探索多种培养和评价机制，鼓励优秀民间中医多带徒弟、带好徒弟，培养村医人才，将传统中医传承下去。三是给基层中医提供培训进修机会，支持基层中医在高校、大医院参加培训、进修，或拜名师学习。建立省级中医院帮扶市县基层中医院、市县级中医院帮扶乡镇及村级中医院（馆）机制，进行培训、指导，帮扶基层中医人员提高业务及服务水平。四是大力推进"县聘乡用"或"乡管村用"机制，即由县上招聘人才进来，然后分配到乡镇卫生院，或者把人才招聘到县城中心医院，然后再派到村上去。五是建立奖励机制，鼓励大学毕业生去基层卫生机构服务3~5年，以后考研及城市卫生系统招聘时优先录用。

（四）改变中医西医化局面，大力支持传统中医药文化的保护传承

目前中医的教育、科研及医疗机制都是按西医的思维，要改变机制，按照中医自身独特的思想体系进行中医院校学科设置和建设。在高校、中医药医疗机构和科研机构评价人才方面，根据中医的规律和特点制定新标准，建立符合中医规律的特殊评价体系，让传统的中医药文化思想真正得到传承。这些都需要政府给予更多支持性政策。

建设省级管理的中医药专业博物馆。建议将在建中的陕西中医药大学中医药博物馆升级为省级中医药博物馆。

利用"药王"孙思邈故里深厚的中医药历史文化资源，在铜川（耀县孙塬乡）建设传统特色绿色生态中医药小镇，突出陕西中医药特色，保护传承中医药文化。在小镇建设传统中医药文化展示馆、中医馆，让公众认识、体验中医药传统炮制方法，了解中医思想，感受中医各种诊疗方法和技术。搭建平台，吸引民间名中医、药师进驻中医药小镇，传授经验、技术。支持传统中医药业的发展，将中药材粗加工、古法炮制中医药饮片和传统中成药的生产引入小镇，使其形成较大规模。依托小镇发展中医文化旅游、中

医健康服务等特色产业。努力将铜川中医药小镇打造成集中医药文化传承、中药材加工、销售、中医药健康产业、中医药文化旅游于一体的全国知名中医药文化中心。小镇的建成将对扩大陕西中医药文化的影响、推动陕西的中医药文化产业发展、提升陕西中医药大省的地位等方面起到不可估量的作用。

加强传统中医药文化建设，支持在全省开展中医药文化进校园活动，对小学生传播祖国中医药文化。鼓励在综合医院制定西医学习中医培训大纲，大力开展"西学中"培训工作，支持西医学习中医基本理论知识，传播弘扬中医优秀文化。

（五）高度重视并大力发展中药产业

第一，设立农村中药材发展基金，大力发展中药材种植业。可由政府财政来引导，吸收社会资金投入，设立农村中药材发展基金，结合乡村振兴重要部署，促进中药材的种植、加工，发挥中药材产业优势在推动乡村振兴中的作用。在条件适宜的区县鼓励农户种植中药材，开展种子、种苗基地的建设。建议省上将中药材种植纳入农业保险范畴，给予农民补贴，激发农民种植中药材的积极性。另外，投入资金建立中药材种植园区，进一步扩大中药材种植规模。

第二，打造西安中药材交易物流市场。中药材交易物流市场对于中医药产业极为重要，外省安国、亳州，以及甘肃等地都在大力发展中药材交易，应重新打造西安中医药材交易市场。建议将现有分散的小规模市场统一迁至目前商户最多、环境设施较完备、有一定中药材交易基础的长乐路中药材市场，统一管理，提高标准，完善销售服务、仓储服务、物流服务和信息服务，与产地深度合作，做大做强以"秦药"为主的陕西中药材交易和物流，使其成为辐射周边省份，面向全国的"秦药"集散地。依托市场资源优势，配合建设中医药主题沉浸式体验区，引入中医馆、针灸、艾灸、推拿按摩、中老年服务等中医药健康服务，发展中医特色养生产业。

（六）创造科技成果转化的平台

科技创新不足是陕西中药产业发展的一个短板，需要政府搭建平台，把相关药企、科研机构、民营资本等几方面的力量整合在一起。一是依托国家中医药传承创新中心，建设一批重点实验室、重点学科等科创载体，培育一批高素质科创团队，支持"医、研、校、企"共建多学科融合的中医药创新平台。

二是围绕做强做优"秦药"品牌，积极融入秦创原创新驱动平台，加快推进秦创原中医药科技成果转化基地建设，着力打造中医药科研创新立体联动的"孵化器"、中医药科技成果转化的"加速器"、中医药创新链与产业链融合的"促进器"。鼓励支持中医药类科研机构、高校、中药制造企业研发部门入驻，发展协同创新模式，加快关键核心技术突破和科研成果转化。争取在中医药产业里面，通过科技创新实现新的发展、新的突破。

B.15 陕西"五社联动"推动社区共治的现状、问题与对策研究

吴菲霞*

摘　要： "五社联动"是推进国家治理体系和治理能力现代化背景下提出的基层社会治理机制，"五社联动"是由"三社联动"发展而来的。从"三社联动"到"四社联动""五社联动"，反映出随着基层社会治理实践的深入，各级政府对社区层面政社互动关系认识的深化。近年来，陕西省"五社联动"参与抗疫作用突出，社工站建设初见成效，社会组织培育稳步推进，社会工作人才及志愿者队伍逐渐壮大，一些社区和社会工作站在探索中形成了"五社联动"的初步经验。可以说，陕西省"五社联动"参与社区治理初见成效。但同时也要看到，陕西省"五社联动"存在"五社"内涵界定不够清晰、主体基础薄弱、联动机制尚未确立等问题。建议明确"五社"内涵，强化"五社联动"的基础、研究确立"五社联动"的机制，做好顶层设计，最大限度发挥"五社联动"推进社区治理的作用。

关键词： "五社联动"　基层治理　社区治理　陕西省

"五社联动"是指社区、社会组织、社会工作者、社区志愿者、社会慈善资源联动参与社区治理的一种基层社会治理创新模式。2020年以来，"五

---

* 吴菲霞，陕西省社会科学院社会学研究所助理研究员，研究方向：社会保障、公益慈善。

社联动"越来越成为各地的共识和社区治理的实践模式。2022年，陕西省在总结"四社联动"经验的基础上，以文件的形式正式提出以"五社联动"助力基层治理和乡村振兴，并在全省设立试点，"五社联动"工作取得初步成效。

一 从"三社联动"到"五社联动"
——多元主体治理框架的演进脉络

"三社联动"是在"社区建设"、政府管理体制改革的背景下，面对政府要求社区承担更多社会管理服务职能和基层工作人员负担过重、能力不足的矛盾，我国社区工作者在实践中总结出的社区治理创新模式。早在2004年，上海已经开始了社区、社工、社团协同共治的"三社互动"模式，北京、江苏、浙江等经济发达地区和省份也在全国率先开展了"三社联动"的实践。2013年党的十八届三中全会提出创新社会治理体制的重大战略部署，不久民政部、财政部出台了《关于加快推进社区社会工作服务的意见》，提出要"建立健全社区、社会组织和社会工作专业人才联动服务机制"，"探索建立以社区为平台、社会组织为载体、社会工作专业人才为支撑的新型社会服务管理机制"。自此，"三社联动"作为社区治理的新理念在全国推广开来，并在实践过程中创新出了"四社联动""五社联动"的新模式。

2016年，陕西省委办公厅、省政府办公厅出台了《关于加快推进"四社联动"提升社区治理水平的意见》，要求加快推进"四社联动"工作，全面提升社区社会工作水平，推动社会治理体系和治理能力现代化，是全国较早提出开展"四社联动"的省份。开展"四社联动"工作以来，陕西省建立了16个"四社联动"示范区，由省级福利彩票公益金给予补助，用于示范县（区）社区公共服务综合信息平台建设。各示范区结合各自情况，进行了"四社联动"探索。

"五社联动"是由湖北省率先启动的社会工作服务项目。2020年，湖北省武汉市针对疫情的需要提出了采取社区、社会工作者、社区志愿者、社区社会组织、社区公益慈善资源及心理服务专业力量共同参与的"五社一心"联动服务方式为新冠病亡者家属等重点人群提供心理疏导与社会工作服务。可见,"五社联动"最初是在疫情期间,地方政府提出的为目标人群提供心理疏导和社会工作服务产生的多主体联动模式。

2021年,《中共中央 国务院关于加强基层治理体系和治理能力现代化建设的意见》发布,在"四社联动"的基础上提出了包括"社会慈善资源"在内的"五社联动"机制,明确了"五社联动"促进基层治理体系和治理能力现代化的重要作用。2022年,为了落实《省委常委会2022年工作要点》提出的"探索推进'五社联动',加强基层社会治理试点"的要求,进一步推进基层治理体系与治理能力现代化建设,陕西省民政厅印发了《关于实施"五社联动"助力基层治理和乡村振兴的试点工作方案》,标志着陕西省从"四社联动"升级到了"五社联动"。

二 陕西省"五社联动"的现状

(一)"五社联动"参与抗疫作用突出

2020年1月至今,陕西省发生了多轮疫情,疫情极大地考验着社区的治理能力。在党和政府的领导下,社区和省内外的社会组织、社会工作者、志愿者,汇聚成了一股强大的抗疫力量,发挥各自的优势活跃在抗疫第一线。"五社联动"抗疫集中表现为枢纽型社会组织发起联合抗疫行动,这些抗疫行动发起者虽不同,但都采取了线上抗疫的模式,通过建立线上抗疫平台,实现社区、社会组织、专业社会工作者、志愿者、社会公益慈善资源的联动,满足了社区群众的需求,充分显示了"五社联动"的强大力量。

2021年12月,陕西新一轮疫情暴发,形势极为严峻,陕西省志愿服务联合会启动"同心抗疫·陕西志愿者联合行动"项目,通过组建"五师"志愿者(社工师、心理咨询师、医护师、律师、培训师),进入线上社区群，开展需求调研，为社区群众开展医疗服务、社工服务、心理支持、法律服务、培训等服务。陕西省志愿者服务联合会还开通了"七彩阳光—心理服务热线"，向全国招募心理咨询师志愿者，为广大群众提供心理咨询服务。陕西省社会组织服务中心、社会组织孵化基地等多家社会组织联合发起"合力抗疫陕西社会组织联合行动"，分设八个小组开展工作，通过搭建供需对接平台、链接公益慈善资源、组织社会组织和志愿者参与救援工作，精准对接社区。西安市社会工作协会迅速搭建西安社工"云平台"，发挥枢纽作用，实现社区、志愿者、公益慈善捐赠的精准匹配，并通过线上、线下相结合的方式开展工作，充分发挥专业社工、志愿者、慈善力量的作用，为困难群众提供帮助。

（二）社工站建设初见成效

近两年，陕西省把乡镇（街道）社会工作服务站建设作为提升基层民政服务能力、打通为民服务"最后一米"的抓手。2021年，陕西省出台《陕西省乡镇（街道）社会工作服务站建设实施方案（试行）》，要求截至2022年底，力争全省乡镇（街道）社工站实现全覆盖，建设一支专业的基层社会工作人才队伍，建成一批示范性社工站，并提出"一年推开、两年覆盖、三年提升、五年全面发挥专业作用"的社工站项目建设规划。2022年出台的《关于实施"五社联动"助力基层治理和乡村振兴的试点工作方案》提出陕西省要建立省、市、县、乡四级社工工作体系，并建立市、县、乡镇（街道）、社区（村）四级社会工作服务体系，全面推动乡镇（街道）社会工作服务站建设。截至2022年7月底，全省已建成社工站690个，覆盖率达到52%。[①] 吸纳了一批高校毕业生在社工站（室）就业，并在全省招录的社区专职工作者中择优保障社工站驻站人员。

[①] 陕西省民政厅：《我省在民政部召开的社工站建设年中交流会上作交流发言》，http://mzt.shaanxi.gov.cn/html/zx/gzdt/202208/32975.html，最后检索时间：2022年10月6日。

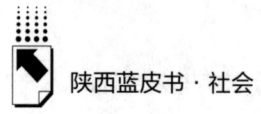

（三）社区社会组织培育工作稳步推进

近年来，陕西省高度重视社区社会组织的培育发展。省民政厅于2019年、2021年分别出台了《关于进一步加强社区社会组织培育发展与规范管理工作的实施意见》《陕西省培育发展社区社会组织专项行动实施方案（2021—2023年）》。2022年，省民政厅又出台了《陕西省社区社会组织工作指南》，全面梳理了从2016年开始国家和省级层面出台的推动社区社会组织培育发展的政策文件，这一系列文件的出台，为陕西省社区社会组织的培育提供了政策依据、指明了方向。

陕西省社会组织孵化基地依托省级社会组织的优势，积极培育社区社会组织、指导社区开展社会组织孵化工作。2021年，陕西省社会组织孵化基地和西安市大雁塔街道社区社会组织孵化基地建立了结对共建关系，由陕西省社会组织孵化基地和第三方机构陕西众益社会组织服务中心共同指导大雁塔社区社会组织孵化基地。目前该基地已经孵化培育了10个社区组织，并撰写了《大雁塔街道社区社会组织培育在助推社区基层治理中的实践与探索（2021—2022年）》实务手册，为陕西省社区社会组织孵化工作提供了样本。陕西省还降低了社区社会组织准入门槛，大力培育生活服务类、公益慈善类、居民互助类社区社会组织。截至2021年底，全省登记备案的社区社会组织达到14868个。[1]

（四）社会工作人才队伍和志愿者队伍逐步壮大

社会工作人才在多主体联动参与的社区治理中起着重要的支撑作用。党的十八大以来，陕西省出台了一系列社会工作相关政策，从政策层面为陕西省社会工作发展、社会工作人才队伍建设提供保障。经过十多年发展，陕西省社会工作取得长足进步，社会工作人才不断发展壮大。近年来，陕西省以

---

[1] （记者）毛蜜娜：《陕西省出台〈社区社会组织工作指南〉》，http://news.cnwest.com/sxxw/a/2022/06/21/20695820.html，最后检索时间：2022年10月6日。

"四社联动""五社联动"为契机，大力发展社区社会工作、培养社区社会工作专业人才。截至2022年7月，陕西省持证社工突破2万人，社会工作机构超过200个。[①] 而2016年陕西省持证社工才10014人，社会工作机构50余家。[②]

近年来，陕西省志愿服务事业不断发展，志愿者队伍逐步壮大，形成了一支由党政机关志愿服务队、企事业单位志愿服务队、高等院校志愿服务队、医疗卫生系统志愿服务队、社会组织志愿服务队、社区志愿服务队等组成的志愿服务队伍。2019年12月，陕西省志愿服务联合会成立。疫情期间，陕西省志愿服务队伍在抗疫中发挥了重要作用。2020年春季疫情，全省共有志愿服务组织2.2万个、注册志愿者276万人，74.2万人、4934支志愿服务队伍投入疫情防控。[③] 截至2021年9月，全省有330多万注册志愿者、2.7万个志愿服务团队。[④]

疫情期间，社会工作者发挥专业优势，整合链接公益慈善资源，联合志愿者，为特殊群体提供心理支持、协助社区管理、协调医患关系、宣传解读疫情防控政策，直接推动了"三社联动"向包含主体更多、动员能力更强的"五社联动"转变。

（五）"五社联动"实践经验初步形成

陕西省于2022年开展"五社联动"试点工作，省级首批支持25个试点县实施"五社联动"。经过一年多的试点工作，陕西省"五社联动"形成了初步经验。

---

① 赵怀宇：《三秦大地上慈善社会工作事业实现跨越式发展》，http://trade.swchina.org/trends/2022/0818/41761.shtmll，最后检索时间：2022年10月6日。
② 陕西省民政厅：《陕西省社会工作十年发展报告》，https://mzzt.mca.gov.cn/article/sggzzsn/jlcl/201611/20161100887300.shtml，最后检索日期：2022年10月6日。
③ （记者）王帅：《疫情期间陕西省实名注册志愿者人数逾6万》，https://esb.sxdaily.com.cn/pc/content/202003/09/content_716691.html，最后检索日期：2022年10月6日。
④ （记者）李卓然：《截至2021年9月底 陕西省累计下拨中央和省级民政事业经费652.91亿元，惠及970多万群众》，http://news.cnwest.com/bwyc/a/2021/10/21/20038904.html，最后检索日期：2022年10月6日。

西咸新区高桥街道社会工作服务站立足于位于城乡接合处、社区居民以回迁村民为主、参与社区事务的积极性不足、社会资本逐渐流失的现状，探索"五社联动"机制。社工站委托专业社工机构陕西筑梦公益发展中心运营，采取"党建引领+五社联动"的工作机制，探索性地搭建"区域党建组织共建平台""公益慈善项目实施平台""志愿服务双向促进平台""社区社会组织孵化平台""社工人才队伍支持平台"五个平台；突出党建引领，以满足居民需求为出发点，通过引进公益慈善项目解决社区问题、促进社工专业技能提升；着重激活内生动力，通过发展社区志愿者、链接公益慈善资源、鼓励居民参与志愿服务、发掘社区能人、支持内生型社区社会组织的建立和成长等方式，引导居民参与社区治理；支持社工提升业务水平，促进本土社工提质增量。

西安市辛家庙街道以社工站建设为中心，探索"五社联动"机制取得显著成效。在街道社工站建设方面，采取"政府引导、机构承接、项目运作、督导培训、专业评估"的建站模式，探索搭建"个案工作、小组工作、社区工作+督导+研究"五维立体服务方法体系；实施人才提升、自组织孵化、志愿者培育三大工程，以提升社会工作者专业素养、培育社区社会组织、发展本地特色社区志愿服务队；实施社区造血工程，建立西安市首个社区基金，汇集社区公益慈善资源，为"五社联动"的可持续发展提供资金支持。

碑林区在总结"四社联动"经验的基础上，制定了《碑林区实施"五社联动"助力基层治理和服务创新试点工作方案》用于指导"五社联动"实践。根据工作方案，碑林区从机制创新、基层治理水平和能力、基层服务水平几方面明确了"五社联动"试点的目标任务，围绕目标任务，聚焦社会救助、养老服务、儿童福利等七大领域，通过搭建三级社会工作服务体系、将专业社工服务延伸到社区、发展壮大社区社会组织和志愿服务队伍、撬动社会慈善资源等措施实现"五社联动"。碑林区还深入推进"我为群众办实事"实践活动，启动"社会组织进社区　党建引领微治理"活动，以党建引领为核心，围绕社区的需求、存在的问题，引导社会组织积极参与社区治理。

三 陕西省"五社联动"存在的主要问题

结合陕西省"四社联动"的情况及"五社联动"初步开展情况，陕西省多元主体参与社区共治虽然取得了显著成效，但也存在多方面的问题，现就几个重要问题展开论述。

（一）"五社"界定不清

根据国家及陕西省出台的相关文件，"五社"是指"社区""社会工作者""社会组织""社区志愿者""社会慈善资源"。"五社"分别发挥着"平台、支撑、载体、补充、辅助"的作用，但从"三社联动"到"五社联动"，无论是政府文件还是学术界、实践工作者，对"社区""社会组织""社会工作者"的确切所指尚未达成一致。至于"社区志愿者"和"社会慈善资源"，目前没有太大分歧，这里不做讨论。"五社"概念的模糊，不利于构建职责分明、分工明确的联动机制。

"三社"的内涵中，最具有争议性的是"社区"。在理论界，有"场域说"、"主体说"、"平台说"和"多重含义说"。"场域说"认为"社区"指的是场域，即联动发生的地理空间。"主体说"则认为，如果把社区理解为"场域"，就不能与作为主体的社会组织、社会工作机构进行联动，从这层意义上说，需要赋予"社区"主体的内涵。"主体说"又存在几种观点：一种认为作为主体的社区，应理解为居民委员会；一种认为社区应该指社区党组织和社区居民委员会；一种认为社区"至少包括社区居委会、社区党组织、在地相关企事业单位、社区志愿者及社区大众等力量"[1]；还有一种认为"社区可以由居委会、业委会、物业公司、康乐群团、志愿团队等传统机构为代表"[2]。"平台说"把"社区"看成活动的平台或服务的平台。

---

[1] 徐国选、徐永祥：《基层社会治理中的"三社联动"：内涵、机制及其实践逻辑——基于深圳市 H 社区的探索》，《社会科学》2016 年第 7 期，第 89 页。

[2] 顾东辉：《"三社联动"的内涵解构与逻辑演绎》，《学海》2016 年第 3 期，第 106 页。

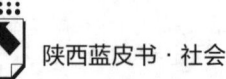

"多重含义说"认为"社区"的含义具有多重性,如"具有主体性、平台性和目标性等多重特征"。①

"社会组织"是党的十六届六中全会提出的用于代替"民间组织"的概念,含义很宽泛。从是否具有法定身份来看,包括具备法人资格的社会组织、达不到法定登记条件已经备案的社会组织,以及达不到备案条件的社会组织;从产生的动机来看,有利益代表型、社会服务型和成员互惠型社会组织;从与社区的关系来看,有社区内生型社会组织及外来型社会组织(一般由政府购买引入);从是否以营利为目的分为内驱型社会组织和外驱型社会组织。

关于"社会工作者",王思斌认为社会工作群体可包含两类人:专业社会工作人员和行政性非专业化的工作人员。② 即所谓"新社工"和"老社工"。新、老社工的根本区别在于是否自觉实践社工价值、理念和方法。如果以"硬杠杠"来区分,则看是否接受过社会工作大学教育或是否取得国家或地方社会工作职业资格认可。学者们对于"社会工作者"的理解,主要有两种:一种认为"社会工作者"既包含社会工作机构中的社会工作者,又包含居委会等政府及其他基层组织中的社会工作者;另一种认为社会工作者应指专业社会工作者。

(二)"五社"基础薄弱

发达地区多元主体参与社区治理之所以能够走在全国前列,与其政府职能转变、社会组织发育成熟、公民参与度高有关。与之相比,陕西省"五社"基础薄弱,主要体现在以下方面。

"社区"代表之一的居委会,作为连接政府和群众的桥梁,了解政策,熟悉社区,也是众多主体中唯一有能力统筹调动社区资源的。但是陕西省居委会普遍行政事务繁忙,存在行政化、官僚化倾向,工作具有维稳管控思维

---

① 徐国选、徐永祥:《基层社会治理中的"三社联动":内涵、机制及其实践逻辑——基于深圳市H社区的探索》,《社会科学》2016年第7期,第90页。
② 王思斌:《提高我国社会工作者的专业水平》,载《中国社会工作协会发展蓝皮书(2009~2010)》,中国社会出版社,2011,第186页。

的惯性，缺乏主动了解和满足居民需求、培育社区社会组织、动员志愿者、促进社区自治的动力和自觉性。

具有法人资质的服务型社会组织专业性强，可以承接政府的购买服务，为居民尤其是老人、残障人士、少年儿童等群体提供专业服务。但是目前与潜在的巨大需求相比，陕西省专业性社会组织数量尤其是专业社会工作机构数量不足，结构不合理、综合实力弱，培育社会组织的能力、链接社会资源的能力不足，难以承接政府转移的职能，还没有发挥出在"五社联动"中的载体作用。社区对社区组织的培育不足，公益性、互助性社区社会组织的发展不足。

高等院校社会工作专业毕业或参加社会工作职业资格考试获得社会工作从业资格的专业社会工作者拥有社会工作的价值理念和专业社会工作方法，可以为居民提供专业性、针对性服务。但是陕西省社会工作专业人才队伍建设存在不少问题：专业社会工作人才总量不足，缺口较大，城乡分布失衡，在陕西省全面铺开社工站建设、对专业社工的需求空前增大的形势下，社会工作人才数量不足的短板会极大影响"五社联动"的进展。社区工作人员持证上岗率不高，即使是持证人员，未经过正规教育，缺乏再培训，导致实践能力和专业性不足，难以有效解决复杂的社区问题。社区专职社工功能定位模糊，日常工作行政化倾向严重，专业化程度不高，加上待遇低、职业发展前景不明朗，导致这一群体职业认同感不高，从而影响了社区专职社工队伍的稳定性。

志愿者可以为社会组织开展活动提供人力资源，但陕西省志愿服务发展缓慢，社区居民参与志愿服务的热情不高，志愿者的组织化缺乏，志愿者、志愿服务缺乏引导和支持，随意性较大。从这几年的疫情防控中志愿者参与情况可以观察到，大量志愿者只有在紧急情况才浮现出来，其余时间处于"待激活"或数字状态，没有发挥应有的作用。

（三）联动的机制尚未建立

陕西省在开展"四社联动"和"五社联动"的过程中，取得了一些成效,积累了一些经验,尤其是疫情期间"五社"联合抗疫,显示了多方联动的强大力量。但是由于没有从政策层面上确定多元主体的联动机制,出现有而不联、联而不动的现象,没有形成资源共享、优势互补、相互促进的理想局面。

当前陕西省大力发展社会工作站,通过政府购买服务的方式,聚焦社会救助、养老服务、儿童福利、社区治理、疫情防控等领域,明确各主体的职责,开展专业社会工作服务的"五社联动"行动,这种政府与社会工作者合作提供服务的方式属于外驱式的联动。这种模式的目标主要是延长民政工作的手臂,提供民政兜底性服务,而不是满足社区居民多样化需求,缺乏激发内驱力的设计,一旦没有政府的推动,系统很可能就处于停滞状态。再者,从文件看,这一联动模式主要靠社工站来推动,社会组织、志愿者配合,缺少与社区党组织、社区居委会等代表"社区"的主体的联动,还不能称为真正意义上的"五社联动"。

四 推进陕西省"五社联动"健康发展的若干建议

(一)明确"五社"的边界

从本地五社联动的实际出发,重新界定"五社"的内涵,明确"五社"具体所指,从而明确各联动主体的责权边界。

关于"社区",从联动主体的角度出发,应该赋予其主体意涵。党组织引领社区治理,社区居委会作为基层群众性自治组织,应该是"五社联动"的主体之一。居民既是"五社联动"的服务对象,又是社区治理的重要主体,只有激发居民参与社区事务的主动性,社区治理才能拥有不竭的动力和资源。目前"五社"中似乎缺少了居民的一席之地,但整个内生系统之中,居民是不可或缺的力量。

关于"社会组织",从社会组织满足居民需求、承接政府购买服务、引导公益慈善资源服务社区、调动社区内生动力的功能看,社会组织应该主要包括服务类、公益性、互助性几类社会组织。

关于"社会工作者","新社工"和"老社工"没有绝对的界限,社区党组织、社区居委会中的传统社会工作人员通过培训、考试和"新社工"的带动可以转化为"新社工"。"社会工作者"应该既包括居委会等基层社会自治组织中的社会工作者,又包括社会工作机构中的专业社会工作者。

(二)夯实"五社联动"的基础

1. 加大政社分开力度,深化社区管理体制改革

在省级层面出台社区工作准入制度相关文件,把减轻社区行政事务负担落到实处,保证社区居委会有足够的精力关注、收集、满足居民需求。

2. 支持社区社会组织发展,加大社区社会组织培育力度

根据民政部办公厅《培育发展社区社会组织专项行动方案(2021-2023年)》的要求,应加大对服务性、公益性、互助性社区社会组织的支持力度,完善陕西省社会组织登记注册制度,解决陕西省社会组织登记难的问题。就现有政府购买服务过程中遇到的堵点、难点问题,完善陕西省政府购买制度,使社会组织获得生存、发展所需的资金支持。加强对枢纽型、支持型社会组织和专业社会工作机构的培育,引进省内外有实力的社会组织带动社区社会组织成长发展。可以借鉴深圳等地的"微实事""微创投",通过实施切合居民需要的项目,孵化培育社区社会组织,吸引居民参与,增加居民互动,形成居民互助,促进居民自治。

3. 加强社区社会工作专业人才队伍建设

借助建立街道社会工作站、社区社会工作室的契机,提供大量社会工作岗位,吸纳社会工作专业人才就业,给予社区社会工作者更多的培训和实践机会,加强专业技术水平和实操能力,从薪酬待遇、职业发展等方面给予社区工作者保障和激励,打造一支留得住、素质强、业务好的社会工作专业人才队伍。

4. 引导社区居民参与志愿服务

以兴趣聚人,鼓励发展兴趣爱好类社区社会组织,开展社区活动,聚集社区活跃分子,再将这部分人发展成为志愿者。实行志愿服务积分兑换制,调动志愿者积极性。

5. 挖掘社区文化资源,以文化聚人心

挖掘本土文化资源特别是传统文化资源,增强居民对社区的认同,构建社区精神共同体。建立社区基金,广泛链接公益慈善资源,为"五社联动"提供物质、资金支持。

(三)加强"五社联动"机制研究

1. 深研、紧扣中央相关文件精神,研究"五社联动"机制

根据《中共中央 国务院关于加强和完善城乡社区治理的意见》及民政部《培育发展社区社会组织专项行动方案(2021-2023年)》的要求,重点研究建立党建引领"五社联动"、以居民需求为核心以项目运作促进"五社联动"、社会工作者的培养激励保障、社区社会组织引进和培育、激活社区内生力量等工作机制,明确各参与主体在联动机制中的职能、定位,充分发挥各主体的优势。

2. "五社联动"需要遵循政社分开与政社合作的原则

无论是"三社联动"、"四社联动"还是"五社联动",其背景都是基层社会治理创新,国家与社会在基层的关系重构。"五社联动"是国家与社会在社区层面的互动,"五社联动"机制应遵循政社分开与合作的原则,以居民需求为核心,以项目促联动,把增强"五社联动"的内驱力、实现"五社联动"的可持续发展作为重点。政社分开要求国家把伸向社区的"手"逐渐撤出来,使社区恢复其"社会"的本质。政社合作即基于政府与社会力量在社区治理中有着增进群众福祉、实现基层自治的共同目标,在社区治理中建立平等合作的伙伴关系。

3. "五社联动"机制的建立,应适当运用外驱力,最终激活内驱力,实现"五社联动"可持续发展

根据现有研究,如果把"五社"看成一个系统,这一系统的运转有两个推动力。一个是政府作为外部推动力,通过制定政策、提供资金(政府购买)等手段促成多元主体的联动,可称为外驱式"五社联动"。另一个推动力是社区内部需求，在理想的状态下，成熟的自治主体主动通过组织协商或开展调研了解居民真正的需求，并联合起来为居民提供精准的、专业的服务，满足居民的需求，从而激发居民参与社区治理的积极性，实现多元共治的良性循环，可称为"内驱式"五社联动。政府作为外在的推动力在"五社联动"试点的初期或"五社"主体尚未发育成熟、"五社联动"机制尚未完全建立的时期，通过适当的干预，能够为"五社联动"提供动力，并促进各社区治理主体发育。但由于政府对社区多样复杂的内在需求缺乏了解，有可能会出现供需不匹配的现象。再者，如果政府过度干预，就违背了"政社分开"的原则，对社区治理主体的发展反而会起抑制作用，从而背离"五社联动"的初衷。只有围绕居民的需求，激活调动内生力量，多方联动，才能为"五社联动"提供源源不断的动力。关于"五社联动"机制，还有一个值得探讨的问题，以往理论界和实践领域，关注的重点都在"五社"之间的联动，而没有涉及主体内部的联动。社区内部、社会组织之间的联动也应该属于"五社联动"的范围，如何规范主体内部间的关系，也应该是建立"五社联动"机制需涉及的内容。

参考文献

顾永红、刘宇：《行政吸纳服务：双重委托代理困境下政府购买养老服务策略研究——基于武汉市"五社联动"经验》，《社会保障研究》2022年第2期。

李精华、赵珊珊：《"三社联动"：内涵、机制及其推进策略》，《学术交流》2016年第8期。

任敏、胡鹏辉、郑先令：《"五社联动"的背景、内涵及优势探析》，《中国社会工作》2021年第3期。

王思斌：《如何理解"三社联动"》，《中国社会工作》2015年第13期。

徐永祥、曹国慧：《"三社联动"的历史实践与概念辨析》，《云南师范大学学报》（哲学社会科学版）2016年第2期。

原珂、赵建玲：《"五社"联动助力基层社会治理共同体建设》，《河南社会科学》2022年第4期。

B.16
陕西省地方病防治现状与策略研究

刘远霸　宋运龙　杨　柳　曹　静　杨晓栋*

摘　要： 地方病千百年来一直困扰着许多地方的人们，严重影响家庭生活、经济和社会发展。通过梳理陕西地方病防治的主要政策，并借助卫生健康统计和地方病监测网络对比分析2018~2021年大骨节病、克山病、甲状腺肿等地方病防治数据，总结阶段性防治成效，同时针对地方病病因不清不易根治、防治效果反弹、受关联政策影响大、患者跟踪服务难等现实问题，从综合治理、提高防病意识、队伍建设、信息化支撑等方面给出工作建议，为彻底消除地方病、助力乡村振兴提供可借鉴的经验。

关键词： 公共卫生　地方病防治　陕西省

地方病是指在特殊环境下产生的区域性疾病，亦称环境病。中国地方性疾病比较严重，一直危害人民健康。新中国成立后，中国共产党和人民政府非常关心群众健康，对地方病防治工作十分重视。1956年，毛泽东同志主持制定《全国农业发展纲要》，提出积极防治大骨节病、克山病、地方性甲状腺肿等疾病的任务后，各省区市开始实施地方病防治计划，陕西省政府批准《陕西省1956年地方病防治计划》。陕西是地方病的高发区之一，经过持续努力，地方病防治工作取得积极成效，然而一些地方病患者家庭特别是

---

* 刘远霸，陕西省卫生健康委二级调研员；宋运龙，陕西省地方病防治所副所长；杨柳，陕西省卫生健康信息中心高级统计师；曹静，陕西省人民医院护师；杨晓栋，陕西省地方病防治所科研管理科科长。

大骨节病重症患者家庭因病积贫，在脱贫攻坚战中甚至成了一时难啃的"硬骨头"。2018年8月30~31日，中共中央政治局委员、国务院副总理孙春兰在陕西调研地方病防治工作，并主持召开全国地方病专项防治工作推进会，启动实施地方病专项防治三年攻坚行动①。2020年9月，国家卫生健康委、生态环境部、国务院扶贫办等联合组成的国家评估组，对陕西省地方病防治专项三年攻坚行动进行了终期评估②。尽管陕西所有病区县已达到重点地方病控制或消除标准，但要彻底消除，还需要进一步调整优化防治策略。

一 地方病的危害

人类对地方病发生机理开展了数十年的持续研究，至今未完全研究透彻，基本的共识是由自然原因和社会原因引起的。人的生长、发育、繁衍都受到自然环境条件制约。一方面，长期生活在某一环境中，会发生物质与能量的摄入不足或过量，或环境因素的影响超过人类自身适应和调节能力，久而久之便产生了这一特殊环境中特有的高发性疾病。一方面，自然界中各种因素失调，特别是微生物、元素地球化学③的地理分布，极有可能诱发地方病。据世界卫生组织调查，全世界地方病患者有4亿人，受威胁的人口多达20亿以上。我国地方病患者约6000万人，受威胁的有4亿人。陕西是地方病比较严重的省份之一，3900万人受不同程度的地方病危害。

陕西位于中国西北地区东部，土地面积20.58万平方公里，占全国土地面积的2.1%，从北向南纵跨三大自然区域：北部是陕北高原，其北部为风沙区、南部是丘陵沟壑区；中部是关中平原，南部是秦巴山地④。山川地貌、自然环境、生物资源等构成十分复杂，使其成为全国地方病重病区省份

---

① 新华社：《孙春兰在陕西调研地方病防治工作并主持召开推进会》（2018年西安8月31日电）。
② 李琳：《陕西省通过国家地方病防治专项三年攻坚行动终期评估》，华商网，2020。
③ 《陕西地方病防治60年》编委会编《陕西地方病防治60年（1950-2010）》，陕西科学技术出版社，2011。
④ 陕西省人民政府：《陕西概况》，http://www.shaanxi.gov.cn/sq/。

之一，既有与人们生活有密切联系的生物资源（如旱獭、牛、羊）带来诸多生物源性地方病，如鼠疫、布病，也有因生存环境中某些微量元素（如碘、氟、砷）含量缺乏或过高而引发许多地球化学性疾病，如碘缺乏病、氟（砷）中毒等①，还有原因不明的地方病，如大骨节病、克山病等。总体上，大骨节病、克山病、碘缺乏病、水源性高碘、地方性氟中毒等地方病在陕西均有发生，而且病种多、病人多、分布广、危害大，病区人民生命健康和社会经济发展受到了严重影响。

陕西省卫生健康统计数据显示：2019年，陕西有克山病病区的县（市区）29个，现症病人1007人；大骨节病病区县（市区）62个，现症病人5.92万；碘缺乏病区县（市区）110个，现症病人7211人（Ⅱ度以上甲肿和克汀病）。大骨节病等地方病存量患者多，严重者终身残疾，影响患者及其家人的生活质量，也是社会发展的沉重负担之一。

二 地方病防治历史

1956~1987年，这一时期，党委牵头抓总，从组织机构、科研院所、专业队伍、宣传教育等多个方面共同发力，边建设、边研究、边防治，防治机构经过建立、合并、独立和发展，持续加强。1956年，《陕西省1956年地方病防治计划》经省政府批准后执行，以防治麻风病、黑热病、克山病、甲状腺肿为重点，开展地方病防治工作②。1960年8月，中共陕西省委防治地方病领导小组和办事机构成立，至1987年先后8次调整充实领导小组成员，基本达到层层有机构、有人抓。陕西地方病防治机构和研究机构建设起步早，几经变迁。1953年，西北军政委员会卫生部指派人员到黄龙开展地方病调查，成立黄龙地方病防治所。1956年成立地方病防治总所，榆林、延安等地成立地方病防治所，1962年各地方所与防疫站合并，在防疫站内

---

① 孙德生、胡蓉：《微量元素与人体健康》，《江西化工》2003年第3期。
② 《陕西地方病防治60年》编委会编《陕西地方病防治60年（1950-2010）》，陕西科学技术出版社，2011。

设地方病科组。1975年地方病所恢复，一些重点病区县如永寿、耀县、麟游等设立防治所，形成了地方病防治网，建立起一支专业防治队伍。陕西省地方病防治专业机构宣告成立，也揭开了陕西地方病防研工作的帷幕。1956年，西安医学院启动创建地方性大骨病研究所，并在乾县吴店乡和黄龙崾崄乡开展调查研究。

1988~2017年的三十年地方病防治从集中力量攻坚走向规范化、常态化和项目化、法制化。1988年，中共陕西省委决定地方病防治工作改由省政府领导，2005年10月，建立地方病防治联席制度，代替陕西省政府地方病领导小组，地方病防治办公室仍保留。2009年，地方病防治办公室的主要职责交由省级卫生部门具体负责，实行项目化管理。自1991年陕西省政府地方病防治领导小组印发《陕西省地方病防治"八五"计划及2000年规划设想》（陕地领发〔1991〕2号）起，连续实施了四个"五年计划"。2009年，经省政府批准同意的专家工作组依据《陕西省消除地方病危害评估标准》开展评估，地方性氟中毒、地方性砷中毒、碘缺乏病、大骨节病和克山病主要防治指标，达到评估标准，实现消除危害目标[①]。其间，2003年8月，《陕西省地方病防治示范县建设实施方案》发布，地方病防治示范县建设试点正式启动。2006年，示范县建设经验全面推广，2010年89个县（市区）示范建设任务完成。这一时期最为标志性的工作是《陕西省地方病防治条例》颁布并修订。根据2014年11月27日陕西省第十二届人民代表大会常务委员会第十四次会议《陕西省人民代表大会常务委员会关于修改〈陕西省县乡两级人民代表大会代表选举实施细则〉等十七部地方性法规的决定》，修正了《陕西省地方病防治条例》，共包括总则、防治、管理与监督、保障、法律责任和附则等六章三十六条，地方病防治工作走向依法防治的新阶段。

2018年以来，陕西将地方病防治与贫困患者救治、救助、帮扶工作和健康扶贫、脱贫攻坚有机结合，建立了"政府领导、部门配合、社会参与、

---

① 《陕西省卫生厅　陕西省发改委　陕西省财政厅关于印发〈陕西省消除地方病危害评估标准〉的通知》（陕卫地发〔2009〕44号）。

经费保障"的工作机制。通过采取改善生活环境、建立文明生活方式等综合措施，控制地方病患者增量，减少存量。2018年8月，陕西启动了地方病三年专项行动，开展"六大"行动：重点防控措施强化行动、现症病人救治救助行动、监测评价全覆盖行动、群众防病意识提高行动、防治能力提升行动和科技防病突破行动①。

三 重点地方病

（一）大骨节病

大骨节病是一种原因不明的地方性、畸形性骨关节病。由于最早出现骨关节增粗，又叫大骨节病。中国史志书籍有关大骨节病的记载最早的为明崇祯十七年（1644年）所编的《安泽县志》②。另外《吕氏春秋》亦有"重水所，多尰与人"的记述。国际上称卡辛—贝克氏病，又称乌洛夫病。我国北方群众叫"水土病""算盘指病"，西北地区还叫"柳拐子病"。陕西是大骨节病重病区。1985年，考古工作者在铜川市挖掘一座古墓时发现，墓主人骨骼和现在重症大骨节病患者骨骼相似。病区曾经有民谣："喝了柳根水，粗了脖子拐了腿""南山多瘿，北山多拐"。1975年调查陕西全省大骨节病病人30.72万。

经过数十年的探索实践，科研人员摸索出一套防治办法——"补硒、改水、吃杂、讲卫生"。同时综合采取药物治疗、手术治疗、移民搬迁、退耕还林还草换粮等防治措施，病情和危害程度已经降到历史最低水平。2021年，大骨节病区涉及全省10个设区市62个病区县、308个病区乡镇，威胁人口586.69万，现有患者49855人。2018~2021年的四年间，该病威胁人口、临床病人呈现稳步下降的态势，尤其是16岁以下病人保持四年零发生（见表1）。

---

① 陕西省地方病防治研究所：《陕西省地方病防治专项三年攻坚行动文件汇编》，2020。
② 《陕西地方病防治60年》编委会编《陕西地方病防治60年（1950-2010）》，陕西科学技术出版社，2011。

表1　2018~2021年陕西大骨节病防治情况

年份	病区县		病区乡镇		已控制县数（个）	临床Ⅰ度及以上病人（人）	16岁以下病人数
	个数（个）	人口数（万人）	个数（个）	人口数（万人）			
2018	62	2123.23	311	612.64	62	60157	0
2019	62	2179.43	312	695.88	62	59207	0
2020	62	2197.49	312	703.37	62	58505	0
2021	62	2568.15	308	586.69	62	49855	0

资料来源：陕西省卫生健康信息中心：《陕西卫生健康统计数据》（2022年9月）。

（二）克山病

克山病是一种原因不明的地方性心肌病。之所以称之为克山病，是因为1935年媒体对黑龙江克山县的病患情况进行了公开报道。陕西省是该病的重发病地区之一，而且发现时间可追溯到300多年前。陕西省旧志书、古文献及碑文中就有"吐黄水病"的记载，考证发现"吐黄水病"就是现在的克山病。黄龙地区流传的民谣"进了黄龙山，两腿跑得欢，若是跑得慢，就要连根烂"。可以看出当时克山病的猖獗肆虐和严重威胁，曾使许多家庭消失，不少村死亡过半，或背井离乡，四处逃亡。

与大骨节病表现在关节部位不同的是，克山病表现在心脏心肌方面。经过多年防治研究发现，若以心功能状态和发病经过等临床表现划分，可以分为急型、亚急型、慢型和潜在型四个类型。急型克山病发病急、病情重，伴有严重的心律失常。亚急型克山病发病较急型慢，多见于儿童患者，早期有感冒样症状，一周内常有充血性心力衰竭或心衰急剧加重，重症患儿合并心源性休克，心脏扩大呈中度或重度。慢型克山病起病缓慢，临床以慢性心功能不全为主。潜在型克山病一般无自觉症状，以心电图改变为主，心界正常或轻度增大。

克山病主要采取"补硒、三防四改"（防寒、防湿、防烟，改善营养、改善环境、改良饮水、改善居住条件）等综合性防控措施。克山病区分布在陕西省的6市29个病区县，200个病区乡镇，威胁人口405.81万，现有718例克山病患者，其中慢型克山病273人，潜在型克山病445人，2019年以来连续三年均出现死亡病例，值得警惕（见表2）。

表2 2018~2021年陕西省克山病防治情况

年份	病区县		病区乡镇		已控制县数（个）	现症病人数（人）			年内死亡（人）
	个数	人口数（万人）	个数	人口数（万人）		潜在型	慢型	急型、亚急型	
2018	29	748.14	171	330.81	10	722	236	0	0
2019	29	760.42	174	353.21	29	717	290	0	23
2020	29	754.54	174	358.41	29	560	236	0	23
2021	29	673.54	200	405.81	29	445	273	—	15

资料来源：陕西省卫生健康信息中心，《陕西卫生健康统计数据》（2022年9月）。

（三）碘缺乏病和水源性高碘

碘是人类繁衍生息的重要元素，摄入量过高和不足都会引发疾病。《山海经》在多处提到治疗"瘿"的植物。晋代张华《博物志》："山居多瘿，饮泉水之不流者也。"表明已经对水源性高碘引起的甲状腺肿的病因有了一定认识。人们生活在特定的自然环境中，通过饮水长期摄入过量碘，引起高碘性甲状腺肿等疾病。陕西有西安、咸阳、渭南、榆林4市15个县，44个乡镇203个村为水源性高碘病区。1975年，中共陕西省委提出"用五年左右在全省基本控制和消灭地甲病"的任务。到1980年共查出患者97万，治疗78万，手术治疗3万例，地甲病得到有效控制。1980~1990年的十年累计治疗87万人，有效巩固了地甲病的防治成果。地甲病比较彻底的防治方法主要是改水降碘和移民搬迁。

与地甲病因摄取碘过量相反的是摄入量低，1982年全省性调查显示，陕西各病区碘的摄入量普遍不足。碘缺乏病是指缺碘造成以智力损伤为主的一系列危害，包括流产、早产、死胎、畸形、新生儿和儿童甲状腺功能低下、矮小、甲状腺肿大、智力落后、聋哑、痉挛性瘫痪及轻度身心缺陷等临床表现。

西安、咸阳、渭南、榆林的15个区县、44个乡镇、203个病区（村）属于重度碘缺乏地区。除病区外，107个县（区）的其他地方也不同程度存在碘缺乏。碘缺乏病防治坚持"因地制宜、分类指导、科学补碘（或采取改水降碘和无碘盐供应）"原则，进行综合防控措施。2018~2021年，碘缺乏病基本得到消除，合格碘盐的食用率保持在97%以上，8~10岁儿童尿碘中位数保持在23μg/L以上（见表3）。

表3 2018~2021年陕西省碘缺乏病防治情况

年份	县/区数（个）		人口数（万人）	碘盐销售数量（吨）		8~10岁儿童尿碘中位数（μg/L）	居民户碘盐监测	
	总县数	基本消除县		计划供应	实际销售		合格碘盐食用率（%）	非碘盐率（%）
2018	107	107	4011.41	—	—	218.00	97.46	0.08
2019	110	110	—	—	—	211.68	97.62	0.01
2020	110	110	4011.41	—	—	221.68	97.46	0.08
2021	110	110	4257.16	72062	58624	230.10	97.00	0.00

资料来源：陕西省卫生健康信息中心，《陕西卫生健康统计数据》（2022年）。

（四）地方性氟中毒

地方性氟中毒是处在特定地理环境中的人或动物，因长期摄入含过量氟的饮水、食物和空气等引起的一种以氟斑牙、氟骨症为主要临床表现的全身慢性蓄积性中毒。氟斑牙主要是牙齿损伤，牙釉质矿化不全，表面失去光泽，出现白垩、着色、缺损样改变，轻则影响美观，重则影响咀嚼、消化功能。氟骨症主要是骨骼损伤，以颈、腰和四肢大关节疼痛、运动功能障碍为主要表现，严重者肢体屈曲、弯腰驼背，甚至畸形瘫痪。

陕西省地方性氟中毒不但病区范围大，而且病区类型多，主要分为饮水型和燃煤污染型。饮水型氟中毒是居民长期饮用高氟水引起的中毒，主要分布在陕北、关中地区，陕南有散在病区，病区分布于10市61个县（区）

376个乡镇。燃煤污染型氟中毒是居民长期敞灶燃烧氟含量过高的石煤引起的,主要分布于陕南的2市8个县1385个病区村,受危害人口208.45万。现有氟骨症患者1815例,氟斑牙25242例(见表4、表5)。

表4 2018~2021年陕西省地方性氟中毒(饮水型)防治情况

年份	病区县数(个)	病区县人口数(万人)	病区村(个)	病区村口数(万人)	已改水		现症病人数(人)	
					村数(个)	受益人口(万人)	氟斑牙	氟骨症
2018	61	2622.22	8529	484.70	7474	457.91	70163	54428
2019	61	2508.14	3921	462.90	3785	443.35	72258	43340
2020	61	2567.60	3844	441.01	3762	434.28	70293	38632
2021	61	2659.84	3742	444.76	3636	440.91	72334	38264

资料来源:陕西省卫生健康信息中心,《陕西卫生健康统计数据》(2022年)。

表5 2018~2021年陕西省地方性氟中毒(燃煤污染型)防治情况

年份	病区县数(个)	病区县人口数(万人)	病区村(个)	病区村人口数(万人)	病区户数	已改炉改灶		现症病人数(人)	
						户数	受益人口(万人)	氟斑牙	氟骨症
2018	8	259.25	1091	161.17	490468	490468	161.17	15774	24045
2019	8	233.76	1367	208.29	603579	597953	206.38	29038	1755
2020	8	249.80	1367	208.74	606029	602882	194.87	27930	1844
2021	8	249.80	1385	208.45	630977	628408	208.06	25242	1815

资料来源:陕西省卫生健康信息中心,《陕西卫生健康统计数据》(2022年)。

由表4可知,饮水型氟中毒主要防治措施是查明饮水氟、砷超标地区,进行改水,强化改水工程管理,确保饮用水氟(砷)含量符合国家卫生标准。2018~2021年,饮水型氟中毒病区村数量由8529个减少到3742个,改水村占比保持在97%以上,受益人口占比由94%提高到99%;氟斑牙病例稳定在7.2万人左右,氟骨症病例由5.4万降到3.8万。

由表5可知,治疗燃煤污染型氟中毒的根本方法是彻底切断高氟砷污染,主要是改灶和停止燃烧石煤,改用燃气等清洁能源。2018~2021年,燃煤污染型氟中毒防治范围进一步扩大,从集中治理转向全面治理。燃煤污染型氟中毒病区村由1091个增加到1385个，病区人口数由161万增加到208万，改炉改灶受益人口达到99.8%，氟斑牙病例除2019年扩面后急增外，病例数由2.9万降到2.5万，连续三年减少；氟骨症病例由2.4万降到0.18万左右。

（五）地方性砷中毒

地方性砷中毒是居民在特定地理环境，通过水、空气、食物等长期摄入过量砷引起的一种严重危害人体健康的地方病。主要特征是皮肤色素脱失、沉着、掌跖角化及癌变。病情较重者常伴有神经、消化、心血管系统症状和体征，重病区还呈现恶性肿瘤高发趋势。

1994年9月至1997年4月，陕西省地方病防治领导小组办公室组织开展燃煤型氟中毒现况调查时发现，平利、紫阳、镇坪、岚皋等县的38份石煤样品中的砷含量达到1.97~411.1毫克/千克，45%以上的样品砷含量超国家标准，最高值是国家标准的4倍多。2000年，陕西省地方病防治所开展了"秦巴山区环境砷和地砷病的调查"项目。2004年6月，国家地砷防治专家组考察并确认陕南秦巴山区燃煤型砷中毒病区。同年中央和省级专项防治启动，陕南"砷氟联合中毒"病区被纳入全国首批防氟砷改炉改灶项目。

与地方性氟中毒致病类型相似，地方性砷中毒分饮水型和燃煤污染型。饮水型砷中毒是长期饮用含过高砷量水形成的慢性砷中毒，病区地理分布与高砷水源分布一致。饮水型砷中毒病区分布在山阳、镇安和勉县的13个村，受威胁人口1.02万。现有患者426例，其中山阳、镇安405例，勉县21例。燃煤污染型砷中毒是长期燃用过高含砷量煤炭取暖、炊饭、烘烤粮食等，污染室内空气、食物，人体摄入过量砷引起的慢性砷中毒。燃煤型砷中毒病区分布于安康、汉中市8个县（区），患者3104例，其中岚皋县1114例、汉阴县831例、紫阳县731例，与燃煤型氟中毒病区并存[①]。

[①] 陕西省卫生健康信息中心：《陕西卫生健康统计数据》（2022年）。

四 专项行动

1956~1987年,陕西地方病防治的重点病种包括克山病、大骨节病、地方性甲状腺肿和地方性氟中毒。1988~2017年,重点病种扩大到碘缺乏病、地方性砷中毒、布鲁氏菌病和鼠疫。2018年全国地方病专项防治工作推进会召开后,陕西按照因病施策、防管并重、综合治理的基本要求,组织实施了专项行动,进一步巩固成果,防止地方病出现反弹。统计监测数据显示,大骨节病、碘缺乏病持续达到国家消除标准,克山病、饮水型砷中毒、燃煤型氟砷中毒达到国家消除标准,饮水型氟中毒达到国家控制标准,水源性高碘危害得到有效控制。

(一)重点防控措施强化行动

持续推进联防联控,加强市场管理,保障合格碘盐供应,改水降氟(砷、碘),依法关闭高氟砷煤矿,改炉改灶、推广清洁能源,实施移民搬迁、大骨节病区儿童集中食宿和营养包供应等综合防治措施(见表6)。

表6 重点防控措施及指标

重点措施	指标情况
碘盐食用覆盖强化	覆盖率99.91%,合格率97.47%,合格碘盐食用率97.38%
病区村改水	97.87%的病区村已完成,水氟合格率为99.76%
关闭高氟高砷煤矿	82个
改炉改灶或推广清洁能源	100%
移民搬迁	9.8万户,35.3万人
政府换粮	覆盖儿童1.89万人,累计39.79万人
易地育人	5.05万人
退耕还林还草和改种经济作物	294.43万亩和188.17万亩

(二)现症病人救治救助行动

按照"知情自愿,应治尽治"的原则,对大骨节病患者、克山病患者、氟骨症患者、砷中毒患者及二度甲肿和克汀病病人等现症病人实行慢病管理，开展健康体检、家庭医生签约服务。建立健康档案，每年随访4次。健康管理数据显示，大部分成人大骨节病病人和氟骨症病人服药后，最大步行距离、四肢活动能力明显提高，关节休息痛、关节运动痛、晨僵现象减轻显著，生产生活质量得以改善。

（三）监测评价[①]全覆盖行动

根据地方病监测方案，选择相对稳定的点位对重点人群进行持续跟踪监测，以便及时研判地方病发病变化、防治成效，采取更加针对性的措施。

1. 7~12岁儿童大骨节病监测

一是7~12岁儿童临床患病情况。62个病区县全部病区村常住7~12岁儿童211517人，临床检查210688人，检诊率为99.61%，未检出临床确诊病例。二是17~12岁儿童X线改变情况。62个病区县全部病区村7~12岁儿童检出X线阳性0例，X线阳性率为0。总体上，持续达到国家消除标准。2022年6月底监测进度情况如表7所示。

表7　7~12岁儿童大骨节病监测进度

监测市区	西安　宝鸡　咸阳　铜川　渭南　延安　榆林　汉中　安康　商洛　韩城　杨陵
监测进度	西安、安康正在推进监测覆盖,其他市区已完成现场监测
监测数据	宝鸡、咸阳、铜川、延安4市10个监测点,完成7~12岁儿童监测

2. 克山病监测

29个病区县共确诊克山病29例，均未发现急型、亚急型克山病病例，检出慢型克山病27例，潜在型2例。属于慢型克山病中重病区的淳化县、旬邑县和黄陵县，未检出病程小于1年的新发病例，慢型克山

---

① 陕西省地方病防治所:陕西省地方病防治研究所监测系统。

病发病率均为0，低于5/万。按照克山病控制和消除标准，全省174个病区乡均达到国家消除标准。2022年前6个月监测进度情况如表8所示。

表8 克山病监测进度

监测市区	宝鸡 咸阳 铜川 渭南 延安 商洛
监测进度	宝鸡、铜川、渭南、咸阳、延安全覆盖监测正在开展现场采样
特色做法	宝鸡、商洛签订全国克山病医联体医疗合作协议,进入全国联合开展监测治疗阶段

3.碘缺乏病监测

全省碘缺乏病有效监测率100%，上报率100%。碘盐质量总体维持在较高水平。碘盐覆盖率99.9%、碘盐合格率97.6%，合格碘盐食用率97.6%，盐碘均数每千克24.58±3.71毫克，且三率连续14年保持在95%以上；病情发生进一步回落，8~10岁学生触诊甲状腺肿大率0.74%，B超甲状腺肿大率1.19%；学龄儿童尿碘中位数230.10μg/L、孕妇尿碘中位数184.17μg/L，人群碘营养水平更趋适宜状态。各项指标持续达到国家碘缺乏病消除标准。

4.水源性高碘监测

富平县刘集镇是卫生行政部门于2010年底确认的陕西省唯一水源性高碘甲状腺肿病区。通过改水，水碘含量在每升42.21~80.20微克，处于正常范围；儿童甲状腺肿大率0.95%，连续8年小于5%；人群碘营养水平处于适宜状态；无碘盐食用率连续6年均达到95%以上。水源性高碘危害得到有效控制（见表9）。

5.燃煤型氟砷中毒监测

燃煤型氟中毒和砷中毒病区完全重叠，主要集中在安康和汉中两市。截至2022年6月，已监测汇总7个县74个乡镇872个病区村，病区常住户数35.1万户，常住人口113.3万人。监测26160户，合格改良炉灶率和合

表 9　水源性高碘监测进度

碘缺乏病监测地区	西安、宝鸡、咸阳、铜川、渭南、延安、榆林（含神木市、府谷县）、汉中、安康、商洛、韩城、杨陵
高碘监测地区	西安、渭南、咸阳、榆林，水源性高碘地区为西安、渭南
监测项目	生活饮用水水碘含量检测及人口等基础信息收集，儿童甲状腺容积、尿碘和盐碘检测，孕妇尿碘和盐碘检测

格改良炉灶正确使用率均为100%，玉米和辣椒的正确干燥率、正确储存率、加工前淘洗率均为100%。对病区95841名8~12岁儿童开展氟斑牙检查，检出氟斑牙患者598例，氟斑牙检出率为0.62%。8个燃煤污染型氟中毒病区县全部达到消除标准。检出砷中毒患者3067例，检出率0.15%，未发现地方性砷中毒新发病例和砷相关癌症患者。8个燃煤污染型砷中毒病区县全部达到消除标准。

6. 饮水型氟中毒监测

监测10个市61个区县369个乡（镇），3842个病区村，监测率100%。病区现有常住户数118.22万户，常住人口440.48万人。3760个病区村已完成改水工作，其中3751个村（99.76%）改水工程水氟合格（水氟含量≤1.2mg/L）、9个村（0.24%）改水工程水氟超标（水氟含量>1.2mg/L），82个病区村分散式供水。运转正常3737个，间歇运行21个，报废2个。调查117824名8~12岁儿童氟斑牙患病情况，氟斑牙患者8215例（6.97%）。监测结果显示，病区村改水及工程运转良好，全省97.87%的病区村已完成改水任务，水氟合格率为99.76%；儿童氟斑牙患病率6.97%，61个县区均达到消除或控制标准。

7. 饮水型砷中毒监测

全省13个饮水型砷中毒病区均已完成改水，改水工程全部正常运转且水砷含量在国家标准范围内，监测率100%。现有常住户数4581户，常住人口13189人。监测结果显示，病区村已全部完成改水，改水率100%，正常使用率100%，合格率100%。对全村常住人口进行体检，应检查13189人，实际检查12577人，检查率95.36%。共检出砷中毒患者417例，检出率为3.32%。现有患者均为历史砷中毒患者，未检出新发病例和皮肤癌患者。山阳县、镇安县、勉县3个病区县全部持续达到国家饮水型砷中毒病区消除标准。

（四）群众防病意识提高行动

一是开展多形式、多病种的健康教育宣传活动。将防治地方病宣传与计划免疫、卫生宣传日等相结合。比如，每年"5·15"碘缺乏病防治日活动。

二是动员政府部门和社会力量参与地方病防治科普知识宣传。充分利用电视、广播、墙体标语、专栏、LED屏、微信公众号等普及地方病防治知识。通过自编戏剧、快板书等群众喜闻乐见的形式开展地方病防治知识宣传，覆盖人群涉及各行各业。

三是在中小学开展丰富多样的健康教育活动，向学生宣传地方病防治知识，通过"小手拉大手"活动向家长宣传地方病防治知识，开课率100%。

四是开展地方病健康教育项目。持续开展地方病健康知识普及和健康教育促进活动。通过持续开展地方病健康教育，小学生地方病健康知识知晓率达80%以上，家庭主妇知晓率达60%以上。

（五）防治能力提升行动

一是健全省、市、县、乡、村五级地方病防治机构及网络。目前全省各地地方病防治实现了有专业人员、专业机构，形成了五级防治网络。

二是开办各类业务培训班。举办两届全省地方病检验能力大比武，用培训和比武练兵的方式提高防治队伍专业技术水平。

三是加大检测能力建设力度，累计投入4000余万元用于为省市县配置B超、心电图机、全自动尿碘检测仪等各类仪器设备及地方病信息平台升级改造。全省107个县均完成县级尿碘实验室建设，省、市、县三级实验室全部通过国家碘缺乏病实验室外部质量控制网络运行考核。

（六）科技防病突破行动

2018年以来，对地方病的发病机制、防治策略、防治技术等方面进行了一系列深入的科学研究。陕西省科技厅、陕西省卫健委牵头，西安交大地方病研究所、西安交大第二附属医院及省地方病防治所等单位组建成立陕西省地方病临床医学研究中心。安排600余万元资金开展地方病临床医学、降氟措施试点、大骨节病和克山病病因研究调查等科研项目。目前，在研项目19项，分别如下。

1. 陕西省地方病防治所开展的《停供碘盐7年后刘集镇不同人群碘摄入及碘营养水平调查》《陕西省大骨节病儿童、成人尿液代谢组学分析研究》《地方病三年攻坚行动对大骨节病患者生存质量影响的研究》《不同地区人群碘摄入及碘营养水平调查》《大骨节病与克山病甲基化比较的研究》《全自动盐碘分析仪联合开发项目》《陕西省居民碘营养水平评估及风险预警模型的研究》。

2. 西安交通大学地方病防治所开展的《大骨节病等地方病病因及精准治疗的策略研究》《大骨节病软骨细胞系的构建和表型鉴定》《大骨节病膝关节和踝关节透明质酸等治疗效果评价研究》《陕西省地方病母婴健康队列研究项目》《高危因素-COXII基因突变在潜在型克山病进展为慢型克山病的机制研究》。

3. 陕西省地方病临床研究中心开展的《地方病病区群众健康状况及疾病谱分析研究项目》《陕西省地方病流行状况、影响因素、防治政策评估和经济效益评价研究》《利用互联网+及5G技术构建地方病防治新模式》《地方病生物样本库和组学数据库的完善》，西安交通大学口腔医院开展的《陕西省8~12岁儿童膳食钙水平对氟斑牙、龋病患病影响的流行病学研究》《儿童氟牙症与FOXO1基因多态性的关系研究》。

4. 宝鸡市疾控中心开展的《优化地方病健康促进的方式研究》。

五 困难问题

（一）防治和根治地方病难度大，病情形势可能发生反复

以大骨节病和克山病为例，尽管达到国家相关防治标准，但病因不清、致病因子依然存在，而且大骨节病高发于儿童，关节一旦发生变形，其病变无法治愈。监测中发现的个别 X 线阳性病例，必须引起持续高度关注。个别地区存在改水后水氟含量依然超标情况，全省有 9 个病区村改水后水氟仍然超标（其中 7 个村水氟含量为 1.2~1.5mg/L，2 个村水氟含量＞1.5mg/L）。克山病连续三年出现死亡病例。

（二）健康教育和患者跟踪管理难度大，防治成果存在降低可能

群众的自我保健意识不足，欠缺防治知识。老百姓缺少对高碘防治知识的认识，在高碘地区仍然有 6.87% 的人群在食用有碘盐。群众流动性大，病情检查及患者管理困难。对氟中毒病区村氟中毒患者、砷中毒病区全村或以往暴露过高砷水的常住人口进行体检时，病区多数群众外出或离家务工的情况较为普遍。

（三）碘盐市场不稳定，碘缺乏病防治存在变动性考验

盐业体制改革不断深入和碘盐价格放开，同时市场监管措施不健全，执法主体责任落实不到位，碘盐市场出现明显波动性变化。执法部门调查结果显示，部分厂家、不法商贩为牟取暴利，生产、销售不含碘、含少量碘或不符合标准的盐品，对正品碘盐供应形成强烈对冲；个别经营商户将外省不同地区、不同标准的碘盐引入市场，符合陕西标准的碘盐产品相对减少。

六 防治建议

(一)加强组织领导和综合治理

发挥联席机制和地方病防治专业机构作用,综合应用行政手段、医保政策、监督管理等方式,多方协作,加大联合工作力度,提升地方病治理能力。积极推进改水改灶、移民搬迁、环境治理、碘盐市场监管等多种措施,保障群众健康安全。警惕克山病死亡病例出现的新情况,针对性补齐工作短板,减少死亡病例发生。

(二)提高居民防病意识

建立提高病区人群的防病意识和自我保健常识的长效机制,既要加强全区域地方病防治常识普及,又要重点加大针对病区居民的防治政策宣传,尤其注重与扶助救助相结合,促进在地方病病区生活的人群积极主动开展防治。

(三)加大地方病防治的投入力度

从治疗、救助、药物和健康管理等方面共同发力,提高现有患者的生产生活质量。从治疗技术、科研能力和管理能力方面共同发力,巩固扩大防治效果。

(四)建设高水平的专业防治队伍

加强防治队伍建设,提升待遇水平,减少县级专业人才流动,稳固防治队伍。加强专业技术培训,提高防治队伍的整体水平。建立防治研相结合的机制,加大对大骨节病、克山病等病因不明地方病发病机制研究。

（五）强化智能化监测和信息化服务建设

进一步提升信息化水平，开发相应的软件和 App，解决日常管理和定期检查，解决因人员流动而产生的新问题。病区人群走到哪里，监测管理就跟踪到哪里，采取更加灵活和专业的防治措施，做到早发现、早干预，巩固扩大防治效果。

参考文献

叶冬青主编《公共卫生发展简史》，人民卫生出版社，2016。

孙殿军、高彦辉：《我国地方性氟中毒防治研究进展与展望》，《中华地方病学杂志》2013 年第 2 期。

MA xiaowei：《巩固成绩 与时俱进 推进地方病防治工作在新形势下的可持续发展——卫生部马晓伟副部长在全国地方病防治工作暨持续消除碘缺乏病再动员会上的讲话》，《中国地方病学杂志》2003 年第 6 期。

邓佳云、李津蜀、夏正国、邓菲：《地方病防治和西部大开发是相互促进，共同发展的关系》，《预防医学情报杂志》2002 年第 1 期。

B.17 简约高效型基层综合行政执法改革的汉阴探索[*]

王怡涵 何得桂[**]

摘　要： 推进综合行政执法改革是我国建设法治政府、深化行政体制改革的重要环节。陕西省安康市汉阴县把综合行政执法改革深度融入基层社会治理，探索构建"村社区吹哨、执法队报到，镇呼县应、上下联动"的基层综合行政执法改革新机制；它通过集成执法力量、明确执法范围、提高执法效能、协同联动治理、构建执法闭环等方式推进镇综合行政改革，并取得较好成效。但是处于探索阶段的镇综合行政执法改革还面临机构承接能力有限、执法人员综合素质不高、机制有待健全以及基层社会法治氛围不够浓厚等问题。当前镇综合行政执法改革需要根据改革进展情况及时调整完善，进一步健全综合行政执法体系，规范执法人员行为，完善基层执法协同机制，强化宣传引导激发群众参与，推动镇综合行政执法改革落地见效，切实提升基层行政执法效能和水平，助推县域高效能治理和高质量发展。

关键词： 基层社会　综合行政执法改革　治理创新　法治政府　汉阴县

---

[*] 本文为国家社会科学基金重点项目"乡村振兴背景下农村发展型治理的结构优化与效能提升研究"（编号：22AZZ006）的阶段性成果。

[**] 王怡涵，西北农林科技大学人文社会发展学院博士研究生，研究方向：社会治理；何得桂，西北农林科技大学人文社会发展学院公共管理系主任、教授、博士生导师，研究方向：公共政策。

综合行政执法改革关乎民生福祉和社会治理效能。习近平总书记指出，要从源头上解决多头执法、重复执法、交叉执法的问题。党的十九届四中全会明确提出"进一步整合行政执法队伍，继续探索实行跨领域跨部门综合执法，推动执法重心下移，提高行政执法能力水平"。陕西省安康市汉阴县运用"321"基层治理模式①，把综合行政执法改革深度融入基层社会治理，探索构建"村社区吹哨、执法队报到，镇呼县应、上下联动"的基层综合行政执法改革新机制；积极打造"县镇一体、条抓块统"协同治理格局，以制度创新赋能基层发展与稳定，在解决基层执法有责无权问题的同时，打通了综合行政执法"最后一百米"，助推县域高效能治理和高质量发展。2022年8月，课题组在陕西省安康市汉阴县实地调研基层综合行政执法开展情况，围绕其改革措施、运行机制及具体成效，与汉阴县司法局、涧池镇综合行政执法队、平梁镇涧池镇综合行政执法队的领导班子、执法人员座谈或访谈，掌握大量第一手资料。本文以汉阴县基层综合行政执法改革探索为例，深入探讨高效能治理取向下基层综合行政执法改革存在的主要问题以及进一步深化的路径。

一 注重简约高效：镇综合行政执法改革的汉阴做法

（一）一支队伍管执法，推动执法力量集成化

一是整合执法资源，优化机构设置。推动行政执法力量下沉基层，汉阴打破既定执法组织运行结构，整合镇级执法单位和执法队伍，剥离分散在各站所的行政处罚及其相关的行政检查、行政强制职能，组建统一的综合行政执法机构。2021年3月，汉阴10个镇均设立综合行政执法办公室（队），并配备执法服装、执法装备，推动执法工作专业化；城关、涧池、平梁、蒲

---

① "321"基层治理模式即以密切"党员联系群众、人大代表联系选民、中心户长联系居民"为纽带，以网格化管理、精细化服务为路径，以高效治理平台为支撑的基层治理模式。

溪 4 个镇系安康市试点示范镇,执法队副科级建制。镇综合行政执法队全面承接上级赋权和委托下放的执法事项;相对集中使用行政处罚权,以镇级名义执法,从源头解决执法力量薄弱和资源相对分散问题,克服了镇级无专业执法机构、无稳定执法队伍的短板。"一支队伍管执法"实现行政执法权、责、能相统一,以综合执法破解基层长期存在的"看得见的管不着、管得着的看不见"难题;有效整合碎片化执法资源,充分解决多头执法问题,弥合了执法的真空地带,为镇综合行政执法改革奠定了基础。二是加强队伍建设,提升执法能力。汉阴县核定事业编制 45 名,从站所调配有相关工作经验和执法资格人员充实执法力量,各镇执法队伍配备 3~7 人。突出属地化管理,镇政府成为责任主体,将人员全部纳入镇级统一管理,将执法队伍履职情况纳入全镇年度目标考核。县司法局发挥指导作用,办理 45 本镇综合行政执法资格证,并从执法依据、文书制作、调查笔录等方面全方位、全流程培训镇综合行政执法人员,以正规化队伍提高执法能力。

(二)一批清单明权责,助力执法范围精准化

一是突出组织保障,权责下放到位。成立由县委书记任组长的推进镇综合行政执法工作领导小组,研究部署工作。紧扣镇综合行政执法"执什么"问题,在中央和省级尚未出台市场监管、生态环境保护、文化市场、交通运输、农业农村五个领域综合行政执法清单指导目录前,县委编办会同县司法局出台《关于梳理建立镇综合执法事项清单的通知》,组织相关部门对照法律法规和部门权责清单,梳理各领域行政处罚事项以及与之相关的行政检查、行政强制事项;注重依法下放、宜放则放,将点多、面广、基层迫切需要的执法权限赋予镇级,以组织保障权责顺利下放,释放镇综合行政执法改革的活力。二是属地治理与属性治理相结合,增强执法效能。制定实施镇级综合行政执法事项清单、部门委托镇实施的行政处罚事项清单、"镇呼县应"行政处罚事项清单 3 个权责清单。以制度化精准赋权,依法授权镇政府行使 13 项执法权力,建立镇本级综合执法事项清单;基于乡村社会治理需求且能有效承接的,梳理行政处罚事项 44 项,建立部门委托镇实施的行

政处罚事项清单,实行委托执法。行业主管部门依法与各镇签订行政执法委托书,指导、规范和监督各镇受委托执法行为;落实属地管理主体责任和部门配合责任,建立"镇呼县应"行政处罚事项清单,梳理行政处罚38项。行业主管部门与镇综合行政执法队建立"呼叫响应、协作配合"机制。3个权责清单涉及95项内容,涉及环保、林草、水利、应急管理、安全生产、住建、自然资源、交通、卫生健康、文化教育、宗教等方面。横向上强调执法业务的综合性以及属地管理原则,统筹整合镇级政府所属的执法事项,以清单制赋予镇级综合执法队系统集成的执法权,明确执法权限和范围,厘清镇综合执法队的职责边界;纵向上以属性治理为导向,优化政府职责体系,镇综合执法队协同行业主管部门共同推进执法工作,形成权责明晰的综合行政执法运行机制,构建分工有序、配合有力的镇综合行政执法格局,推动镇综合行政执法队更好地履职尽责。

(三)一张网格连百姓,促进执法工作高效化

一是深化网格化执法,增强基层执法效率。汉阴全面推行网格化治理,每个基础网格20~30户、70~120人,以村(社区)为治理单位,分片区设立一级网格,以村民小组为单位设立二级网格,人口较多的二级网格设立若干三级网格,党员、人大代表、中心户长担任网格员。利用全县5973个综合网格"横向到边、纵向到底和共建共治共享"的闭环式管理服务优势,有机整合综合执法与社会治理。建立健全网格管理和行政执法联动机制,形成关口前移、触角延伸、重心下沉的"网格+执法"联动治理新格局。充分发挥网格员队伍作为基层治理触角的积极作用,建立健全网格化执法管理模式以及线索发现、受理和快速处置机制。网格员第一时间发现、及时收集和上报违法线索,基层执法力量第一时间执法,有效遏制违法行为的发生。

二是突出精细化服务,推动执法关口前移。综合执法人员深入网格常态化执法巡查,主动发现并制止违法行为,从"处置问题"延伸到"发现问题",从"事后执法"转向"前端服务"。平梁镇综合行政执法队注重定期检查与随机抽查相结合,针对生产经营单位践行安全生产网格化管理(安

全监督责任化、监管体系网格化、动态监管精细化、安全监管常态化），摸清底数、精准分类，将生产单位分为高危单位、中危单位和低危单位，安全生产实行"红黄绿"三色管理。汉阴县坚持源头治理，将治理关口进一步前移；更加重视在日常工作中防范化解风险，从而增强综合行政执法的预见性、及时性和针对性。

三是注重柔性执法，提高基层执法温度。与时俱进与因地制宜相结合。各镇注重执法与普法、监管与服务相结合，全面推进"执法、管理、服务"一体化。网格员及时发现问题。在日常巡查中落实精准摸排、发现问题、妥善处置职责，情节较轻、危害程度较低的违法行为，由联村干部、村组干部、"三线"人员上门教育、说服、劝导，使其主动改正。对劝阻无效的私搭乱建、污水乱排等违法行为，由网格员、村社区上报镇综合行政执法队，执法力量第一时间出动，通过现场走访与当事人沟通，分析、研判具体情况，调查取证，精准执法，服务为民。镇综合行政执法队主动发放宣传资料，定期开展消防演练，宣传安全生产，以提高公众法治素养和防范意识。镇综合行政执法队把握执法尺度，强化精准执法，逐步推动执法方式由"管理型"向"服务型"转变，使综合行政执法有"力度"，更有"温度"。

（四）一个平台管指挥，强化执法工作协同化

一是健全执法指挥平台，响应调度有方。汉阴以"互联网+"思路加强基层治理，建设县级"321"大数据中心；全县10个镇、156个村（社区）同步高标准建立综治中心及信息中心，与县"321"大数据信息中心全面对接，构建多主体参与的基层高效治理平台。在此基础上，探索集成开发镇综合执法响应调度指挥模块，切实以信息化、数字化赋能镇综合行政执法改革；除承担"321"民情在线案件的处置转派之外，还承担安康综治App、"12345"热线等平台案件接转处置工作。镇级民情管理员在平台运行中落实事件受理、分流指派、及时办结职责，及时受理网格事件，准确界定事件类型和处置部门，将涉及执法领域问题及时转办镇综合行政

执法队，由镇行政执法力量依据执法程序进行执法处置，并实时上传执法检查结果，规范执法行为，精准管理执法人员，做到所有事项问题逐一清零、案了事结，形成上下贯通有效、调度处置迅速、在线监管有力的执法指挥体系。

二是完善执法协同机制，联执联动有力。市场监管所、司法所、派出所等派出机构在镇党委统一指挥下，积极参与基层综合执法行动，发挥综合行政执法的联动效应，协同推进镇域普法宣传、司法调解、执法行为和便民服务。镇综治中心和便民服务中心窗口融合，构建既有窗口定点服务、受理投诉举报，又有执法队一线执法的工作格局。进一步提高行政执法效能。涧池镇综合行政执法队与国土、农业、环保等单位协同联动，围绕耕地资源和生态环境保护，开展综合执法行动，先后处置国土资源执法案件25起，立案查处15起，纠违制止10起，处罚破坏生态环境案件9起，从而解决了群众反映的堵点、难点问题。

（五）一条链条管到底，构建执法流程闭环化

一是创新工作机制，注重闭环综合执法。网格化治理与执法程序相耦合，"日常巡查—线索上报—受理响应—调度呼叫—快速处置—反馈问效"全周期闭环管理，形成"统一领导、统筹协调、各方参与"的联动执法工作格局，确保执法链条整体性和有效性。建立融合群众电话举报、网格员巡查上报、村社区收集反馈的执法线索发现机制。健全"321"民情在线、安康综治App、镇综治中心线上线下响应调度机制；镇综治中心、综合执法办公室、市场监管所等站所协同配合，"三线"人员[①]参与的快速处置机制；镇综治中心呼叫，县综治中心调度，执法队积极响应的"镇呼县应、上下联动"机制，执法线索被早发现、早报告，违法问题得以早制止、早处置，进而降低违法处置成本，更好地规避违法行为。

二是规范执法程序，突出全过程监督。健全镇综合行政执法队日常检

---

① 三线人员即党员、人大代表、中心户长。

查、立案、调查、审查、决定等执法制度。落实"行政执法公示制度、执法全过程记录制度、重大执法决定法制审核制度",行政执法的启动、调查取证、审核决定、送达执行施行全过程以及可回溯管理,提升镇综合行政执法队统一指挥、协同调度和依法行政能力。基于跟踪问效调查评价、组织疏导回访,执法监督延伸到执法源头,弥合执法与管理的缝隙,从而实现整体性治理与靶向治理相结合。

二 镇综合行政执法改革存在的主要问题

(一)综合行政执法机构承接能力较有限

其一,处于发展阶段的镇综合行政执法改革目前还没有成熟、成功的经验和模式可借鉴。权责下沉情势下的镇综合行政执法队执法工作繁重,且要承担包村联户和镇政府下派的临时性工作,导致镇综合行政执法队难以把全部精力用于执法工作,产生一定程度不利影响。其二,装备及经费保障不足。目前各镇综合行政执法队尚未配备执法车辆;面对点多、线长、面广的乡村社会,执法队伍往往力不从心,日常巡查也较为不便,严重制约了日常行政执法工作的有效开展。其三,与业务站所沟通协调还不够,尚未真正形成合力。虽然开展联合执法,但是难以第一时间共享信息和资源,取证难、查处难问题仍然存在。

(二)综合行政执法人员综合素质需提升

一是综合行政执法人员数量偏少,力量有待加强。要行使农林水利、环境保护、城市管理等领域的行政执法权,导致镇综合行政执法队存在"小马拉大车"现象。部分镇以购买服务方式招聘辅助执法人员,但这些人员缺乏执法资格,执法观念错位,服务意识淡薄,存在执法不规范和人员流动性大的风险。二是执法人员业务能力相对不足。综合行政执法人员主要从镇域职能站所统筹调配,已开展相关培训,但是法律法规知识积累不够,全流程执法工作经历较少；执法工作面临如何实现执法人员由"专"到"全"的转型问题，业务整体能力需加强，很可能达不到预期的执法效果，一定程度上阻碍镇级综合行政执法改革进展。

（三）基层综合行政执法机制有待完善

一是缺乏专业化主管部门。镇综合行政执法改革由汉阴县委编办、司法局积极推动，但它们不是行政执法机构主管部门。县级层面尚未设置综合行政执法局，缺乏针对镇综合行政执法机构专业管理的部门进行全面统筹，各镇综合行政执法改革在没有专业的上级部门统一指导和管理的情况下，开展进度存在差异，部分镇综合行政执法改革尚未步入正轨，运转效果还不够理想。二是监督考核机制不够健全。由于不少工作处于摸索阶段，镇综合行政执法还未形成有效监督机制，工作考核机制也有待健全，特别是一直未出台针对执法行为的具体考核规则和衡量标准，执法工作中随意性问题凸显。同时县级下放执法权职能部门在监管上存在缺位问题，没有针对镇综合行政执法机构制定相应政策指引。

（四）城乡基层社会法治氛围不够浓厚

共建共治共享的基层社会治理制度离不开社会各方力量共同参与。从汉阴县综合行政执法改革进程及其效果看，虽然开展执法人员培训、执法事项宣传，但是由于开展时间较短，群众对法律知识和执法工作的了解还不够，存在"知其然，不知其所以然"现象；对应尽的义务和享有的权利还不够明晰。例如，群众认为综合行政执法队在镇村一级对车辆乱停乱放的惩罚措施较重，忽视了这种行为带来的严重后果。另外，大多数群众自身缺少主动意识和参与意识，对于不涉及自身利益的问题采取"事不关己高高挂起"态度，对镇综合执法改革的认可度和参与度不足，这在一定程度上不利于综合行政执法和社会治理有效运行。

三 高效能治理取向下深化镇综合行政执法改革的路径

(一)健全综合行政执法体系,提升基层承接能力

一是更加注重集中执法与长效治理紧密结合。推动镇综合行政执法队剥离且不再承担非行政执法职能;进一步明晰执法主体的权力与责任,着力增强综合执法的针对性和实效性;以联合执法牵引和促进日常工作,集中整治突出问题,注重抓源头、打基础,健全长效机制。二是完善公共经费保障机制。将综合行政执法经费全面纳入财政预算;设立镇综合行政执法改革专项经费,加强对下放给镇级执法权的人才、技术、资金、网络端口的保障,确保基本履职需要。根据各镇区域面积或人口数量为其综合行政执法队配备执法车辆,有效保障用车需求,推动执法高效化。三是积极探索系统治理实现机制。提升综合行政执法信息化水平;健全综合行政执法指挥调度系统功能,充分利用"大数据+综合行政执法",以数字化执法为基础整合执法信息,健全执法部门之间、执法部门与民众之间的信息共享机制;消除信息沟通壁垒,健全跨部门、跨层级协作机制,推动区域间合作治理,形成执法合力,提高执法效能。

(二)规范基层执法行为,提高行政执法质量

一是强化实践交流,增强执法能力。注重实践练兵,常态化开展各镇之间执法交流;全县范围内开展"异地执法"考核,检验执法能力。落实跟班学习制度,有计划安排各镇执法人员轮流到县级相关部门跟班学习,全面提升业务水平。依托镇综合执法响应调度指挥模块,定期发布法律知识、典型案例、详细解释以及组织执法知识竞赛,进一步增强综合行政执法人员能力。二是加大培训力度,提升执法水平。聘请驻队律师担任法制审核人员,为执法人员把关案件办理、审核,定期培训法律法规。规范办案流程,避免"随意执法"现象发生。开展全封闭、综合性、全科型培训,采取"模拟执

法""实战演练"等培训方式加快队伍融合和业务能力提升。开展执法人员办案培训指导，使用智慧终端实现线上审批、远程办案，缩短办案时间。三是建立健全激励约束机制。制定执法工作量化考核实施细则，对执法人员日常巡查、普法宣传、违法查处等工作进行全面详细记录，将考核结果作为年度评优评先的重要依据，授予优秀执法人员相应的荣誉称号并给予一定的物质奖励，增强执法人员的工作积极性。加快建立县级全覆盖的行政执法协调监督机制，创新监督方式，强化全方位、全流程监督，约束执法人员行为，进一步规范镇综合行政执法人员行为，提升乡镇综合执法人员理论水平和业务能力，打造一支全面过硬的乡镇综合执法队伍，提高行政执法质量，促进基层善治。

（三）完善基层执法协同机制，夯实执法职责

一是建立和运行三项联席会议制度。建立县综合行政执法改革联席会议制度，县政府办公室每季度召开一次各行政执法部门与镇综合行政执法部门负责人参加的联席会议，总结本季度联动执法工作情况，研究解决联动执法中存在的问题。统筹管理和研究解决镇综合行政执法改革的重大事项；建立镇综合行政执法联席会议制度，镇综合行政执法机构与职能站所信息互通、资源共享、协同联动，研究联动执法具体事项，以统筹解决辖区行政执法难点问题；建立综合行政执法运行联席会议制度，协商解决行政执法过程中遇到的普遍性问题和热点、焦点、难点问题，协商解决监管中相关管理和法律适用问题，协调推进重大联动执法工作等，明确联席会议各单位的具体职责，编办负责调整完善权责清单，司法局配合做好执法人员培训，财政局负责经费保障等工作，其他委托部门协同破解改革后监管不到位、证据材料不全不规范问题。二是健全和落实执法考核监督机制。由镇级制定并落实责任追究制度，定期对镇综合行政执法人员的工作开展情况进行评估，依法追究执法人员在委托执法中不履行法定职责或越权、失职、渎职、滥用职权、徇私舞弊等行为，以问责倒逼责任履行；明确责任追究的内容、程序和方式，完善重点、重大行政执法事件督导制，制定行动方案和处理程序，构建执法

部门协同参与的快速反应机制,实现常态化协同。同时,执法和监管部门指定专人负责汇集执法动态流程表和时间节点,定期向对方通报执法事件的处理结果和反馈意见,实现执法与监管双重跟踪的督办。依靠人民群众监督镇综合行政执法各项工作,畅通民众监督渠道,凝聚人民群众支持、参与、监督镇综合行政执法的强大力量。强化跟踪问效,督促依法履职,保障综合行政执法改革落地见效。

(四)强化宣传与引导,营造浓厚法治氛围

一是广泛深入开展宣传,增强全民法治观念。全面落实"谁执法谁普法",加强和创新普法宣传教育。通过新闻媒介、墙报宣传栏、民情座谈会、"送法下乡"等形式积极宣传与"三农"工作相关的法律法规,让群众知法守法,遇事习惯"找"法;基于执法事项清单目录,逐项细化执法事项,用通俗易懂的语言进行讲解,收集公布典型案例,帮助民众更好地了解自身权利和义务,提高群众法治意识。鼓励群众全面参与执法过程,通过电话、微信公众号或者直接到执法队等方式反映问题;发挥党员干部"关键少数"的模范带头作用,将他们学法用法依法行政等情况纳入年度考核,保证他们履行好权力的政治责任与法治责任,使他们成为法治化建设的主要推动者以及群众法治理念的引领者,全面提升全民法治观念。二是积极选树榜样典型,激发执法队伍活力。注重依托镇综合行政执法考评,突出执法绩效和社会影响力,深入挖掘一线执法人员先进事迹,要善于挖掘和培育先进典型,利用大众传媒及时进行宣传推广,提升执法人员荣誉感;注重联合执法和依法执法,落实文明规范执法机制,以人文执法促形象提升,增强队伍执行力和社会认同感。

参考文献

丁煌、李雪松:《基层综合行政执法改革何以发生:一个结构试验情境的分析视

角——以W市改革试点为例》，《河南师范大学学报》（哲学社会科学版）2022年第5期。

代凯：《镇街综合行政执法改革为何难以落地？——基于"政策执行综合模型"的分析》，《天津行政学院学报》2022年第5期。

何磊：《基层综合行政执法体制改革的实践和思考——以江苏省泰州市88个乡镇（街道）为例》，《行政科学论坛》2021年第11期。

何得桂、李泽元：《市场监管改革研究动态及展望》，《中国西部》2022年第5期。

彭江辉、王思庆：《机构改革背景下市场监管综合行政执法改革的困境与对策——以湖南省为例》，《湖南科技大学学报》（社会科学版）2020年第3期。

余池明：《基层综合行政执法改革的问题分析与对策建议》，《上海城市管理》2022年第1期。

杨丹：《综合行政执法改革的理念、法治功能与法律限制》，《四川大学学报》（哲学社会科学版）2020年第4期。

李雪松：《中国基层综合行政执法的改革逻辑：一个"嵌入性"的新议题》，《学习与实践》2020年第10期。

调查评估篇
Investigation & Evaluation

B.18
陕西大学生就业需求与态度调研报告

税亚男　田丽丽*

摘　要： 近年来，大学生"就业难"问题日渐凸显，新冠疫情迁延反复使得大学生就业形势更加严峻，大学生就业问题已成为亟须解决的社会民生问题。考察当前陕西大学生就业需求与态度，对解决大学生就业问题、促进大学生高质量就业具有重要现实意义。从就业去向、就业准备、就业意向、就业观念和就业信心等五维度考察陕西大学生就业需求与态度，可以发现：大学生毕业后直接"就业"仍是主流趋势，"考研热"后"考博热"可能正在兴起；积极关注就业问题，对就业信息渠道和单位招聘条件有清晰认知；就业预期不高，求稳心态明显；就业观念多元化，"慢就业"现象引人关注；就业压力普遍存在，但对成功就业充满信心。分析发现，陕西大学生就业面临着疫情和经济下行综合压力加大、就业供需结构性失衡加剧、就业政策供给有效性不高、就业指导服务

---

* 税亚男，陕西省社会科学院社会学研究所研究实习员，研究方向：社会心态；田丽丽，陕西省社会科学院社会学研究所助理研究员，研究方向：社会舆情。

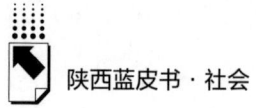

欠缺精准、就业权益保障体系不完善以及大学生自身就业能力不足等问题。报告建议从优化就业环境、加强就业政策支持、做好就业指导服务、提升大学生就业能力素质等方面深化推进陕西大学生就业工作，更好地促进大学生实现高质量充分就业。

关键词： 大学生 就业需求 就业态度 大学生就业政策 陕西省

党的二十大报告对实施就业优先战略作出重大部署，强调强化就业优先政策，健全就业促进机制，促进高质量充分就业，为新征程上进一步做好就业工作指明了方向。大学生是国家的宝贵财富，是推动社会发展的重要力量，其就业问题不仅关系个人及家庭的幸福和希望，关系高等教育的持续、健康、协调发展，还关系经济升级、民生改善和社会稳定。一直以来，陕西把大学生就业摆在就业工作的首位，积极应对疫情多点散发、毕业生规模增加等情况，在就业政策、就业渠道、就业公平、就业帮扶和就业援助等多方面创新工作举措，大学生就业大局基本稳定。为进一步贯彻落实党的二十大有关"实施就业优先战略，强化就业优先政策，健全就业公共服务体系，加强困难群体就业兜底帮扶，消除影响平等就业的不合理限制和就业歧视"的精神指示，促进陕西大学生实现高质量充分就业，陕西省社会科学院课题组对陕西大学生就业需求与态度进行了调研。本次调研以陕西全日制普通高等院校应届毕业生为调查对象，采取问卷调查和焦点小组座谈的调研方法：问卷调查以陕西全日制普通高等学校①应届毕业生数量占全省应届毕业生数量的比重为主要依据，在综合考虑样本代表性和典型性后，确定调查样本总量为1300份，通过线上线下相结合的方式共回收有效问卷1294份，有效回收率为99.5%；焦点小组座谈抽取高校应届毕业生、辅导员、教师等100余人进行资料收集，以进一步了解大学生就业现状和需求等多方面情况。

---

① 《2021年陕西省高校毕业生就业质量报告》，陕西省教育厅2022年3月发布。

本次调查涉及陕西30余所全日制普通高等学校共1294名应届毕业生，男女比例大致相当，分别为49.30%、50.70%；包含汉族（95.52%）、回族（0.70%）、蒙古族（0.46%）等15个民族的应届毕业生；中共党员（含预备党员）与非中共党员应届毕业生占比分别为36.79%、63.21%。从户籍所在地来看，有30.22%、28.28%、14.53%、26.97%的应届毕业生分别来自省会城市、地级市、县城和乡镇/村。从受访学生就读学校类型来看，来自"双一流"建设高校应届毕业生占比43.51%［原"985"院校应届毕业生占比13.06%，"211"院校（"985"院校除外）应届毕业生占比30.45%］，普通本科院校应届毕业生占比49.77%，专科院校应届毕业生占比6.72%。从学历结构来看，博士应届毕业生占比1.16%，硕士应届毕业生占比18.70%，本科应届毕业生占比73.42%，专科应届毕业生占比6.72%；共涉及计算机（5.02%）、艺术设计（2.32%）、金融（1.93%）、会计（1.78%）等100余个专业，其中以非人文社科类专业居多，占比54.25%，人文社科类专业占比45.75%。

一 陕西大学生就业需求与态度

（一）就业去向：直接"就业"是主流趋势，"考研热"后"考博热"可能正在兴起

本次调查将大学生毕业后的选择分为就业、创业、国内继续深造、出国留学、其他等五种情况（见表1、表2）。数据显示，受访学生毕业后首选打算为"就业"，占比62.44%，这一现象在普通本科院校（66.90%）、专科院校毕业生（72.40%）和硕士学历学生（76.00%）、专科生学历学生（72.40%）中最为突出。排在第二位的是"国内继续深造"，占总体的23.03%，"双一流"建设高校（27.71%）受访学生较普通本科院校（20.65%）、专科院校（10.34%）受访学生毕业后更愿意选择继续深造；《2022大学生就业力调研报告》中反映，2022年全国研究生招生考试报名人数较上年增加了80万，较5年前增加了256万，全国硕士研究生选择

"国内继续学习"的占比11%,显著高于2021年的4.3%,而本次调查中,选择继续读研的本科生比重高达26.84%,选择继续读博的硕士生占比12.40%,超全国平均水平,进一步反映了"考研"热度居高不下、"考博热"可能正在兴起的趋势,"考研热"是否会逐渐渗透到"考博热"值得关注。受访学生中"出国留学"(2.63%)的比例整体较低,硕士研究生和博士研究生出国留学的比例相对较高。调查还发现,对于打算"国内继续深造"和"出国留学"的受访学生,68.67%表示做出该选择是希望"提高学历,更好地就业",部分表达了"志愿所在,走学术之路"(18.33%)和"缓冲几年,回避就业压力"(8.67%)的想法,反映了就业是大部分学生选择深造及留学的主要导向因素,大学生就业压力不可忽视。毕业后有"创业"打算(10.43%)的受访学生仅占一成,其中本科生(20.00%)和专科生(16.10%)的创业热情较高。从整个调研群体来看,受访学生创业热情总体较高,但创业发生率和行动力较低,近五成受访学生表示"非常想创业"或"比较想创业",但仅有6.96%的受访学生"已经创业"或"在认真准备创业"。

表1 受访学生毕业后的打算

单位:人次;%

毕业后打算	频次	比重
就业	808	62.44
创业	135	10.43
国内继续深造	298	23.03
出国留学	34	2.63
其他	19	1.47
合计	1294	100

表2 受访学生毕业后选择国内继续深造、出国留学的原因

单位:人次;%

原因	频次	比重
缓冲几年,回避就业压力	26	8.67
提高学历,更好地就	206	68.67

续表

原因	频次	比重
志愿所在,走学术之路	55	18.33
父母或他人建议	9	3.00
随大流选择	2	0.67
其他	2	0.66
合计	1294	100

（二）就业准备：积极关注就业问题，对就业信息渠道和单位招聘条件有清晰认知

大学生积极关注就业情况，对就业信息和单位招聘条件有了解和认知是其做好就业准备的表现，有利于达成顺利就业的目标。八成的受访学生对就业问题持积极关注的态度，38.02%明确表示对就业"非常关注"，42.50%对就业"比较关注"。

在获取就业信息方面，大学生对常规就业信息渠道依赖较高。受访学生通常以学校发布的就业信息（77.43%）、就业招聘网站（70.25%）和双选会、供需见面会等招聘会（55.18%）为主渠道，也有部分学生通过亲戚朋友等社会关系推荐（31.68%）、职业中介机构（12.75%）或直接向用人单位申请（13.06%）等渠道获得招聘岗位信息（见表3）。

表3 受访学生获取就业信息的渠道

单位：人次；%

就业信息渠道	频次	比重
学校发布的就业信息	1002	77.43
就业招聘网站	909	70.25
双选会、供需见面会等招聘会	714	55.18
亲戚朋友等社会关系推荐	410	31.68
直接向用人单位申请	169	13.06

续表

就业信息渠道	频次	比重
职业中介机构	165	12.75
其他	6	0.46
合计	3375	260.81

注：本题为多选项选择设置，故比重之和大于100%。

在对单位招聘条件的认知方面，从受访学生对就业的了解和经验得知，学历层次（53.32%）、所学专业（46.29%）、社会实习经验（37.56%）三方面是用人单位招聘毕业生时最关注的条件，"高学历""专业对口""有社会实习经历"的毕业生就业竞争优势明显，部分受访学生表示具有上述条件的毕业生在简历投递和面试过程中可能直接获得"绿色通道"。部分受访学生认为用人单位对专业成绩（34.54%）、学校名气（30.68%）、组织沟通协调能力（25.50%）和发展潜力（19.94%）等方面较为看重，党员身份（13.60%）和技能证书（8.35%）在就业竞争中也是重要的加分项，部分单位招聘时还关注毕业生的思想品德（6.26%）、学生干部经历（3.94%）、个人形象气质（2.24%）等方面条件（见图1）。

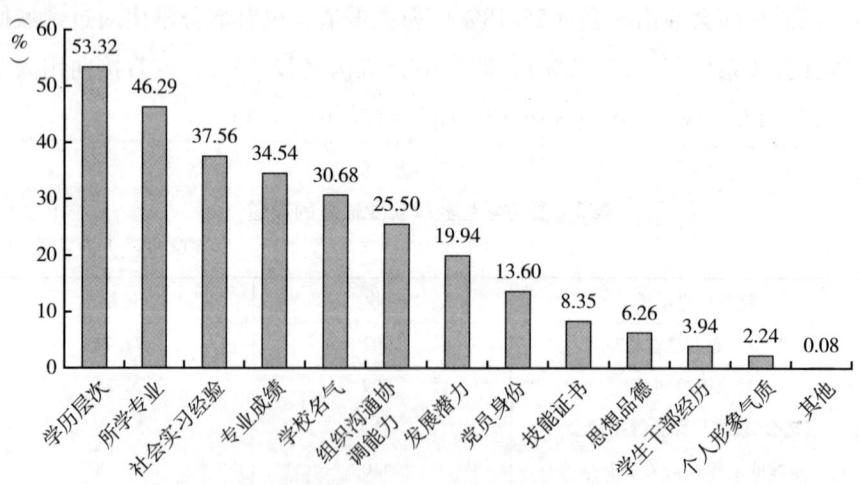

图1 受访学生对用人单位招聘条件的认知

注：本题为多选项选择设置，故比重之和大于100%。

（三）就业意向：就业预期不高，求稳心态明显

就业意向是反映个体在就业过程中，对希望从事职业的薪资待遇、单位性质、工作地点等方面的主观意愿和想法。对于即将进入就业市场的大学生，就业意向一定程度上能够反映就业态度和需求。报告主要从择业标准、期望薪资、意向单位、意向就业地点等方面考察陕西大学生的就业意向，具体表现如下。

从择业标准来看，大学生就业主要看重岗位薪资和工作稳定。择业标准是个体就业价值观的集中体现，不但在一定程度上影响就业的实际行为，同时对于个体工作的稳定性也有着较为明显的影响。调查问卷通过设置"关于就业，您最看重？"这一问题来获取受访学生的择业标准。调查结果显示，受访学生择业标准相对理性务实，最关注薪资待遇与福利，对工作稳定性的追求偏好明显。从数据来看，薪资待遇与福利（69.32%）被多数学生优先考虑，而工作的稳定性（49.85%）和工作单位性质（32.30%）是毕业生就业时着重考虑的因素，专业是否对口（27.90%）、工作强度（25.27%）、工作地点（23.03%）、职业发展空间（20.87%）等也是该群体就业时考虑的重点（见图2）。进一步分析发现，不同就读学校类型、不同学历及不同户籍所在地的学生在择业标准上无显著性差异，但不同学校类型、不同学历、不同户籍所在地的受访学生对该问题选项的贡献率存在差异。

从受访学生就读的学校类型来看，"985"院校受访学生就业时更看重薪资待遇与福利（82.20%）、工作强度（29.60%）和个人兴趣爱好（9.50%），"211"院校受访学生就业时更看重工作单位性质（33.20%）、工作地点（30.50%），普通本科院校受访学生就业时更看重职业发展空间（23.10%），专科院校受访学生就业时更看重专业是否对口（36.80%）、工作的稳定性（54.0%）和工作环境（19.50%）。从受访学生的学历来看，博士研究生就业时更看重职业发展空间（33.30%），硕士研究生就业时更看重工作地点（28.50%），本科生就业时更看重工作单位性质（33.10%）、

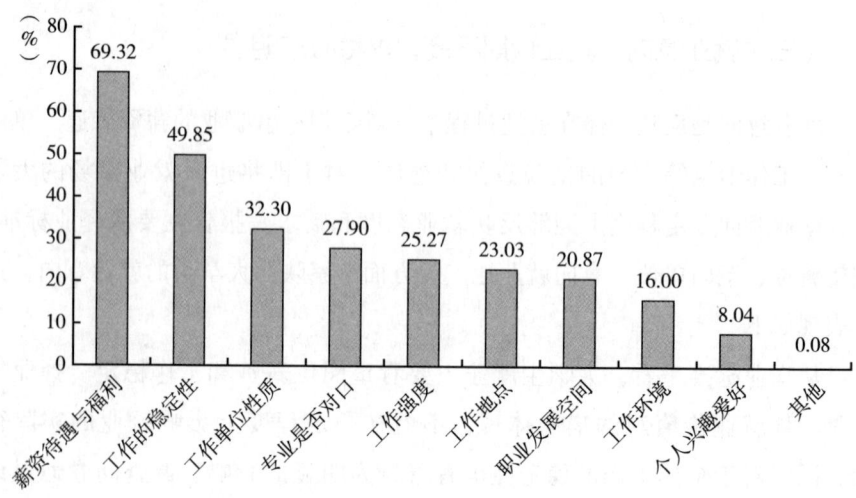

图 2 受访学生的择业标准

注：本题为多选项选择设置，故比重之和大于100%。

工作强度（27.70%）及个人兴趣爱好（8.30%），专科生就业时最看重薪资待遇与福利（79.3%）、专业是否对口（36.80%）和工作的稳定性（54.0%）。从受访学生户籍所在地来看，省会城市学生就业时更看重工作单位性质（39.90%）和专业是否对口（32.50%），地级市的学生就业时更看重工作地点（27.30%）和工作强度（27.60%），县城学生就业时更看重工作的稳定性（56.90%），户籍地在乡镇/村的学生就业时更看重薪资待遇与福利（83.10%）。

从就业薪资预期来看，受访学生对薪资期待较为理性务实。整体来看，受访学生期待的就业起薪与可接受的最低起薪的众数分别为8000元/月、5000元/月，占整体的21.20%、24.10%，期待的就业起薪平均数为7466.50元/月，可接受的最低起薪平均数为5511.70元/月。分析发现，不同学校类型的受访学生对薪资的期待存在差异，学历水平与期待的薪资水平呈正相关关系，不同专业的受访学生对薪资的期待存在差异。双一流院校受访学生（12000元/月、8000元/月）和博士研究生（12000元/月、7000元/月）期待的就业起薪和可接受的最低起薪水平（众数）整体偏高；人文社科类专业受访学生期待的就业起薪和可接受的最低起薪水平（众数）（8000元/月、5000元/月）整体低于非人文社科类专业（12000元/月、8000元/月），其中计算机专业类的受访学生可接受的最低起薪和期待的就业起薪（众数）在9000~15000元/月范围内，期待值高于其他被调专业。

从意向单位类型来看，大学生体制内就业倾向明显，求稳心态有增无减。整体来看，部分受访学生就业观念相对保守，存在求稳怕变的心态，选择灵活就业、自主创业的受访学生比例相对不高。受访学生意向单位选择突出了"稳定性"特征，七成以上的受访学生就业更倾向于去事业单位（如学校/研究机构/医院等）（32.61%），国企央企（24.27%），党政机关（8.04%），人民团体、群众团体、社会组织（如工会/共青团/妇联/科协等）（8.04%）等传统"铁饭碗""有编制"的单位就业。进一步分析发现，不同学校类型、学历、专业的受访学生与意向就业单位类型呈显著性相关。双一流院校、人文社科类专业的受访学生更倾向于选择党政机关、事业单位、国企央企等"体制内"单位，普通本科院校与专科院校、非人文社科类专业受访学生倾向于选择外资企业、民营企业等企业类单位；受访学生随学历水平升高选择党政机关、事业单位、国企央企等"体制内"的倾向更明显，专科学历学生倾向去企业类单位就业的比重较高（见表4）。

表4 受访学生的意向就业单位类型

单位：人次；%

单位类型	频次	比重
事业单位	422	32.61
国企央企	314	24.27
外资企业	113	8.73
党政机关	104	8.04
人民团体、群众团体、社会组织	104	8.04
民营企业	102	7.88

续表

单位类型	频次	比重
灵活就业	95	7.34
自主创业	39	3.01
其他	1	0.08
合计	1294	100.00

从意向工作地点来看，传统一线城市和新一线、省会城市吸引力较强。数据显示，超过五成的受访学生更青睐在新一线城市（27.20%）和省会城市（新一线城市和北上广深一线城市除外）（33.23%）就业，其次是希望去北上广深一线城市工作，占比17.85%，其后是选择其他市（自治州、地区）（8.97%）就业，而选择回到县城及乡镇/村工作的人数占比仅占5.49%。进一步分析发现，不同学校类型、专业的受访学生与意向就业地点无显著性差异，不同学历受访学生与意向就业地点呈显著性相关，学历越高越倾向去往"大城市"就业，本、专科生选择"回家乡"的比例相对更高（见表5）。

表5 受访学生的意向就业地点

单位：人次；%

就业地点	频次	比重
省会城市（新一线城市和北上广深一线城市除外）	430	33.23
新一线城市	352	27.20
北上广深一线城市	231	17.85
其他市（自治州、地区）	116	8.97
没有特别偏好	78	6.03
县城	48	3.71
乡镇/村	23	1.78
其他	7	0.54
港澳台	6	0.46
海外	3	0.23
合计	1294	100

（四）就业观念：就业观念呈现多元化，"慢就业"现象引人关注

当前就业形势和就业压力下，大学生"先就业再择业"的心态占主流，八成以上受访学生赞同"大学生应先就业再择业"（80.14%）的观点；去往基层就业和创新创业的意愿较强，受访学生普遍认同"大学生应积极去往基层（县及以下地区）就业"（76.20%）和"大学生应积极尝试创新创业"（84.47%）的说法；对于社会舆论中"大学生卖菜、当保安、送外卖是浪费人才"的观点，约五成的受访学生表示不赞同；同时，拒绝变相加班、强制加班的呼声较高，受访学生对"大学生就业拒绝'996''007'工作制"这一说法的认同比例达85.40%。另外，"慢就业""缓就业"心态引人关注，七成以上的受访学生认为"大学生'慢就业''缓就业'是为了更高质量的就业"（72.72%）。部分大学生在面临就业困境或就业瓶颈时，就业的积极性和主动性开始减弱，毕业后选择游学、支教、在家陪父母或者创业考察[1]，在这一过程中或理性或被动地成为"慢就业"群体的一员。慢就业是当代大学生一种新的就业理念，逐渐成为高校大学生就业不可忽视的构成，一旦形成长期的、大规模的"慢就业"，势必给社会、家庭及个人的职业发展和价值观念实现带来严重的不良影响（见表6）。

表6 受访学生的就业观念

单位：%

就业观念	非常赞同	比较赞同	基本赞同	不太赞同	非常不赞同
大学生应先就业再择业	31.30	32.69	16.15	16.77	3.09
大学生应积极去往基层（县及以下地区）就业	22.80	27.82	25.58	20.02	3.79
大学生应积极尝试创新创业	28.13	33.77	22.57	12.29	3.25
大学生卖菜、当保安、送外卖是浪费人才	18.47	19.01	14.30	35.39	12.83

---

[1] 刘宇文：《当前高校毕业生"慢就业"现象研究》，《人民论坛·学术前沿》2019年第20期，第69页。

续表

就业观念	非常赞同	比较赞同	基本赞同	不太赞同	非常不赞同
大学生就业拒绝"996""007"工作制	36.94	27.98	20.48	12.44	2.16
大学生"慢就业""缓就业"是为了更高质量的就业	22.33	30.99	19.40	23.11	4.17

(五)就业信心:就业压力普遍存在,但对成功就业充满信心

积极向上的就业心态是大学生能够积极择业、顺利就业、保持稳定就业的重要条件。通过考察分析陕西大学生对就业形势、就业压力的认知与态度,可以发现如下情况。

一方面,大学生对当前就业形势感到担忧,普遍感到就业压力大。调查数据显示,约五成受访学生认为当前就业形势不容乐观,其中,36.09%、7.73%、3.94%的受访学生对就业形势持"不太乐观"、"比较悲观"和"非常悲观"的态度(见图3);69.70%的受访学生感到当前就业压力"比较大"或"非常大",23.65%的受访学生表示就业压力"一般"。进一步分析发现,不同性别、政治面貌、专业类别、户籍所在地、学历、学校类型的受访学生对就业形势、就业压力有显著性差异。非党员学生和女学生较党员学生和男学生面对就业困境的心态更消极悲观,就业压力更大;人文社科类专业学生对所学专业的就业信心相对不足,就业焦虑情绪更严重;农村学生的就业压力相对较大,对未来发展和就业前景较为迷茫;学历层次越低、学校名气越低的受访学生的就业压力越大,对就业越焦虑。反映了大学生对就业形势的判断与预期中,"就业难"已经成为共同困境,就业压力普遍存在。

另一方面,受访学生认为就业前景基本乐观,对毕业后成功就业充满信心。从调查结果来看,多数学生选择专业时以"个人兴趣爱好"(35.01%)和"就业前景好"(24.57%)为出发点,兴趣导向和就业导向一定程度增强了该群体的自我效能感,提升了专业自信和就业预期。在对所读专业就业情况的调查中,32.53%的受访学生认为所学专业"基本能就业",32.69%

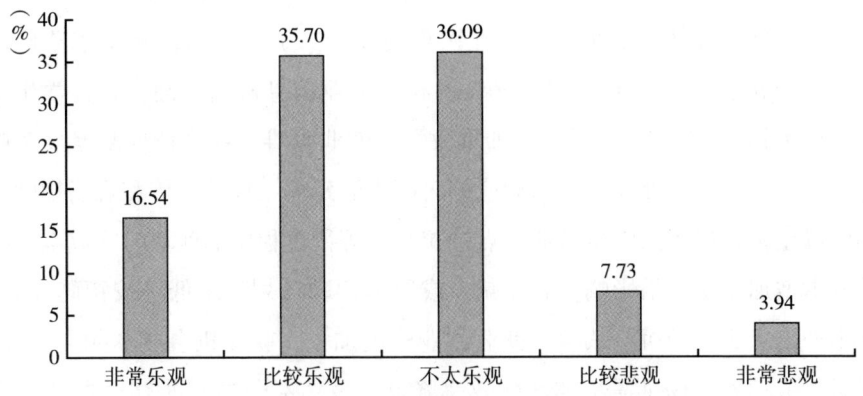

图3 受访学生对就业形势的态度

表示所学专业"比较好就业",约两成受访学生认为所读专业"非常不好就业"或"不太好就业",整体认为就业前景基本乐观。对于毕业后能够成功就业的信心,超过八成的受访学生表示有信心,约两成受访学生感到"信心不足"或"没信心"。表明当前就业形势与困境对陕西大学生的就业信心和择业效能感未产生太大影响,该群体对自我发展和就业择业的信心较足。

二 陕西大学生就业存在的问题分析

(一)疫情和经济下行综合压力加大,就业困难普遍存在

陕西是高等教育大省,高校毕业生人数持续高位运行,在经济增长降速换挡与新冠疫情冲击的双重影响下,陕西宏观就业环境更趋复杂,大学生就业难问题更加突出。一是"经济下行趋势下用工需求缩减,就业岗位和机会减少"(60.90%)加剧了大学生求职竞争。受新冠疫情持续多发和经济发展需求收缩压力影响,部分行业停工停产、线下市场停商停业、居民消费意愿下降,市场主体困难显著加大,用工需求明显萎缩;加之主要行业为应对市场困境、加强行业市场竞争力,不断推进自身优化升级,加大业务方

向、岗位结构等方面的调整力度,对大学生的专业技能水平和能力素质等要求更加严格,致使大学生群体就业困难增加。二是"疫情影响下求职应聘效率低,就业成本增加"(58.96%)和"就业信息机制不健全,大学生就业渠道不畅"(7.03%)进一步加重大学生就业困难。在疫情反复暴发影响下,高校开学、企业复工、求职应聘时间推迟延后,校园宣传和现场招聘活动难以正常开展,大学生就业时点被拉长,等待过程中的就业时间成本、物质成本增加。受疫情影响,企业减少或取消招聘计划、降低进校招聘频率,学生外出求职应聘机会减少,就业创业难度加大,就业机会成本相应增加。同时,劳动力市场供需主体匹配效率降低,虽然部分高校能够通过"云招聘"的形式进行供需对接,但疫情防控使大学生区域流动、实习活动受到影响,造成岗位认知不足、就业匹配度下降;云招聘的面试效率低于现场面试,毕业生更难获得优质岗位。

(二)就业供需结构性失衡加剧,就业压力显著增大

"高校扩招导致毕业生人数激增,劳动力市场供过于求"(43.28%)和"学校教育与市场需求脱节,大学生难以'学以致用'"(21.33%)的问题长期存在,使劳动力市场结构性矛盾加剧的同时,就业市场的"挤压效应"进一步增强。随着高校不断扩招和高等教育的快速发展,越来越多的毕业生涌入就业市场,2022年陕西省高校毕业生数量达41.5万人,同比增加8.2万人,增幅及总量均创历史新高,进一步增加了就业市场的饱和程度,"一岗多求"、"学位竞赛"和"名校挤压"的现象更严重,更多大学生选择考研、考博深造谋求"金饭碗",名校大学生通过"挤压"普通本科、专科学校学生"抢饭碗",不同学校、不同学历水平的大学生就业竞争加剧,"双非"普通高校、专科院校毕业生的就业问题值得进一步关注。另外,部分高校对就业市场和就业形势认知不深,人才培养模式相对滞后、专业设置与课程教学脱离实际,尤其在传统金融、工程建筑等行业人才需求放缓的背景下,部分高校仍扩招、增设过多相关专业,而对近年来人才紧缺的智能制造、大数据、生物医药、新能源等领域的专业设置和人才培养视而不见,使

得劳动力市场供求"冷热不均",毕业生"求职难"与部分行业"招工难"问题并存,大学生的就业问题更加复杂。

(三)就业政策供给有效性不高,政策获得感不高

陕西出台了一系列就业创业政策,千方百计促进大学生就业。从调研结果来看,四成受访学生表示当前的大学生就业政策"成效一般"或"成效不大",同时,也有四成受访学生认为,"就业政策供给有效性不足,与大学生就业需求不契合"(40.80%)是当前大学生就业难的主因。具体来看,陕西大学生就业问题在就业政策方面主要表现为:一是陕西大学生对国家和地方的就业政策知晓度、理解度不高。数据显示,25.11%的受访学生表示对当前就业政策"不太了解"或"非常不了解",23.03%的受访学生表示"基本了解",而毕业后打算就业和创业的受访学生对就业政策"比较了解"和"非常了解"的不足五成。部分受访学生表示,对意向就业地区的就业政策和相关部门为大学生提供的就业创业服务项目不太了解,对"困难家庭毕业生就业援助""返乡创业就业政策""灵活就业补贴政策"等政策几乎不了解;同时,部分学生表示对个别政策内容不太理解,难以确定自己是否属于被帮扶对象。二是当前部分就业项目、服务和措施对大学生就业帮助不大。调查数据显示,近五成受访学生认为"求职创业、就业见习补贴"(48.84%)、"就业技能培训"(48.61%)对就业帮助较大;传统的就业政策措施如"三支一扶计划""灵活就业、自主创业补贴优惠政策""大学生志愿服务西部计划"等对促进大学生就业的作用有限,仅有两至三成受访学生认为对其就业有帮助;对于陕西推出的"秦云就业"线上人社服务,仅有3.48%的受访学生认为对就业有帮助。三是陕西大学生对就业政策的满意度评价不高。受访学生对就业政策的"宣传力度""吸引力""供给的实效性""可操作性""落地性""政策效果跟踪评估"六个方面进行了满意度打分(5分制,1分表示不满意,5分表示满意),除对就业政策的宣传力度评分超过4分外,对政策的其他五方面评价均不到4分,且有四成左右的受访学生

对其评分在3分及以下。部分受访学生还反映，当前大学生就业促进政策数量多、内容条目多，筛选与自身需求相匹配的政策较难，就业政策的针对性不高，无法对应新形势下的就业需求。整体来看，陕西大学生对就业政策了解少、知晓低，对就业项目、服务和措施实施成效和满意度评价不高，政策的获得感不强。反映出就业政策的宣传和解读不到位，政府—学校—企业—学生之间未形成政策联通，部分就业政策的落地性、实效性、针对性存在问题，在后续工作中应着重关注上述方面，进一步提升陕西大学生就业政策的获得感（见表7）。

表7 受访学生对大学生就业项目、服务和措施的认知

单位：人次；%

就业项目、服务和措施	频次	比重
求职创业、就业见习补贴	632	48.84
就业技能培训	629	48.61
三支一扶计划	389	30.06
灵活就业、自主创业补贴优惠政策	370	28.59
大学生志愿服务西部计划	283	21.87
农村教师特岗计划	257	19.86
大学生就业落户	241	18.62
应征入伍服义务兵役	197	15.22
县及县以下医疗卫生机构定向招聘	170	13.14
对就业困难毕业生实施精准帮扶	154	11.90
"秦云就业"线上人社服务	45	3.48
其他	6	0.46
合计	3373	260.65

注：本题为多选项选择设置，故比重之和大于100%。

（四）就业指导服务欠缺精准，实用性不强

高校就业指导服务工作是一项复杂、系统且专业的工作，是大学生就业促进工作不可或缺的重要内容。调查结果显示，受访学生对陕西高校就业指导服务的评价相对较高，六成以上的受访学生认为"非常实用"或"比较

实用"，32.00%的受访学生对其评价为"一般"或"不实用"。在大学生就业难的原因调查中，有部分受访学生提出"高校就业指导不够全面深入，实用性不强"（14.45%）的问题。具体来看，首先，部分高校就业指导不深入，流于形式，仅针对毕业生群体，或仅在学生临近毕业之前开展突击式的、一次性的就业指导；指导内容也仅限于就业动员、理论指导和就业技巧的讲授，并未紧随经济形势的变化和就业市场需求进行培养，对学生求职就业实践意义不大。其次，部分高校的就业指导教育内容笼统大众，就业指导课程往往是大班授课，且学时有限，无法满足学生需要的个性化、专业性的辅导要求。再者，当前高校对大学生创业指导教育普遍不重视，未形成系统的创业教育模式，部分高校还存在未设置创业指导教育课程或仅以选修课、讲座形式进行创业指导的问题。上述调研结果反映了陕西部分高校存在"走场式""快餐式""碎片式"就业指导服务，实用性被打折扣，服务精准性欠佳，值得重点关注。

（五）就业权益保障体系不完善，基本权益易受侵害

陕西大学生就业面临就业歧视、就业权益被侵害等不公正待遇的问题依旧存在，部分学生表示"大学生就业权益保障体系不完善"（4.02%）、"用人单位招人追求'五唯'，就业门槛不断提高"（15.92%）是大学生就业难的重要因素。调查数据显示，大学生就业经常面临的不公待遇有十余种，其中，要求无偿加班（48.38%）、学历歧视（43.82%）、要求"996""007"工作制（38.72%）排在不公正待遇的前三位，性别歧视（35.01%）、学校歧视（30.83%）、招聘欺诈（26.28%）、不签订劳动合同（20.56%）等不公正待遇发生的频率相对较高，部分大学生就业时还遭遇要求缴纳押金（10.97%）、无社会保险（10.36%）、质押重要证件证书（4.71%）等不公正待遇。受访者反映：当前各单位企业招聘简章或公告上已经较少出现关于性别、民族、院校等"显性"歧视性要求，但部分岗位仍有群体限制。在后续工作中，需重点关注大学生就业中面临的"显性歧视"和"隐性歧视"问题，进一步关注大学生就业基本权益保障问题（见表8）。

表8 大学生就业经常面临的不公正待遇

单位：人次；%

不公正待遇	频次	比重
要求无偿加班	626	48.38
学历歧视	567	43.82
要求"996""007"工作制	501	38.72
性别歧视	453	35.01
学校歧视	399	30.83
招聘欺诈	340	26.28
不签订劳动合同	266	20.56
要求缴纳押金	142	10.97
无社会保险	134	10.36
质押重要证件证书	61	4.71
其他	6	0.46
合计	3495	270.10

注：本题为多选项选择设置，故比重之和大于100%。

（六）就业能力素质不足，竞争力低下

就业能力是个体就业过程中综合素质的体现，也是大学生实现高质量就业的必要条件。从本次调查来看，部分大学生存在"自身能力素质不高，没有竞争力"的问题，尤其是在一些涉及就业创业的核心能力和关键技能上，还有较大的提升空间。具体表现为：一是部分学生在校期间未将太多时间花在专业知识的学习上，甚至认为专业知识与未来工作联系不大，故而忽略专业学习，导致专业知识不扎实、专业技能不熟练，难以胜任求职岗位。二是部分学生在校期间只注重书本理论知识，忽视了对自身实践能力和实训能力的培养和锻炼，导致在求职应聘中显现出职业能力缺失的问题。三是大学生求职应聘能力不强，部分学生未经过系统就业培训或就业准备不充分，笔试面试能力较弱，应聘技巧缺乏，在应聘时难以体现自己的专业实力，最终错失心仪岗位。四是部分学生对就业相关信息的获取与认知、筛选和利用能力不足。调查结果反映，受访学生就业信息获取渠道狭窄单一，多数学生

主要以学校发布的就业信息（77.43%）、就业招聘网站（70.25%）和双选会、供需见面会等招聘会（55.18%）获取就业信息。大学生自身就业能力素质不足，在就业市场竞争力低下，严重制约该群体高质量就业目标的实现（见表9）。

表9 大学生就业难的原因

单位：人次；%

就业难的原因	频次	比重
经济下行趋势下用工需求缩减，就业岗位和机会减少	788	60.90
疫情影响下求职应聘效率低，就业成本增加	763	58.96
高校扩招导致毕业生人数激增，劳动力市场供过于求	560	43.28
就业政策供给有效性不足，与大学生就业需求不契合	528	40.80
学校教育与市场需求脱节，大学生难以"学以致用"	276	21.33
用人单位招人追求"五唯"，就业门槛不断提高	206	15.92
高校就业指导不够全面深入，实用性不强	187	14.45
就业信息机制不健全，大学生就业渠道不畅	91	7.03
大学生就业定位不合理，"眼高手低"	78	6.03
大学生就业权益保障体系不完善	52	4.02
大学生自身能力素质不高，没有竞争力	33	2.55
其他	1	0.08
合计	3563	275.35

注：本题为多选项选择设置，故比重之和大于100%。

三 深化推进陕西大学生就业工作的对策建议

（一）优化陕西大学生就业的社会环境

解决陕西大学生就业问题，应多管齐下，努力为大学生就业营造良好的就业环境。应积极应对经济下行和疫情对陕西就业环境的负面影响，提振经济发展信心，提升大学生的就业预期和就业信心。坚持围绕经济发展夯实就业基础，保障就业岗位的持续供给，通过奖励、补贴鼓励企业更多招用应届高校毕业生，加强重点领域、重点行业与高校的对接，充分发动校友企业力量等方式，拓宽市场性就业岗位和机会。发挥陕西高等教育大省的优势，优化陕西高校人才培养模式，统筹规划高校专业设置、招生规模，以劳动力市场需求为导向进行课程设置和专业实践，培养更多符合市场需求的高素质人才；推动职业教育高质量发展，加强校企合作协同育人与企业新型学徒制培训，向社会输出具备新知识、新技术、新技能的高技能人才。政府发挥主导作用，着力完善就业市场建设和就业服务体系，消除市场竞争的障碍，带头引导用人单位合理设置岗位的学历、学校、性别等需求，减少唯高学历、唯名校、唯男性等招聘惯性，给予更多大学生参与就业竞争的机会。进一步营造良好的就业舆论氛围，弘扬劳动精神、劳模精神和工匠精神，打破社会对大学生的固有滤镜，呼吁社会平等看待新型职业与岗位，对大学生就业方式、就业选择给予更多理解。

（二）加强对陕西大学生就业的政策支持

首先，加大就业政策宣传力度，提高大学生对就业政策的知晓度和理解度。加强政府、高校、企业、共青团等与大学生就业相关的部门单位之间的就业政策联通，利用新媒体等方式加大对就业政策的宣传与解读，提高大学生对就业创业政策与项目的知晓度和理解度，激发大学生的就业热情与创业信心。其次，关注陕西大学生的就业政策需求，提升政策满意度和获得感。从调研数据来看，陕西大学生就业政策应在以下几个方面加强：一是政府提供就业创业专项扶助资金（47.60%），满足大学生就业创业的资金需求；二是建立全国性大学生就业动态信息系统（47.53%），满足大学生跨地区享受相关就业扶持政策的需要；三是规范招聘信息网络平台（47.14%），确保招聘服务网络、信息系统和用户信息安全，以提升服务质量、满足需求为导向，在大学生和企业之间搭建信息共享的良好通道；四是完善就业政策法规（41.34%），强化就业优先政策，完善大学生就业支持，加强困难大学生就业兜底帮扶；五是完善大学生就业权益保障机制（33.31%），切实保障大学生在就业过程中享有各项权利；六是加快大学生创业园建设

（30.29%），为大学生创新创业提供有利环境和支持；七是加强基层就业创业政策优惠与鼓励激励（17.39%），引导大学生转向基层就业（见表10）。

表10 保就业宏观政策措施应加强的方面

单位：人次；%

宏观措施	频次	比重
政府提供就业创业专项扶助资金	616	47.60
建立全国性大学生就业动态信息系统	615	47.53
规范招聘信息网络平台	610	47.14
完善就业政策法规	535	41.34
完善大学生就业权益保障机制	431	33.31
加快大学生创业园建设	392	30.29
加强基层就业创业政策优惠与鼓励激励	225	17.39
其他	4	0.31
合计	3428	264.91

注：本题为多选项选择设置，故比重之和大于100%。

另外，关注大学生创业需求，有针对性地提供支持与帮助。从受访学生的需求来看，加大资金扶持（54.10%）、税费优惠减免（41.34%）、技能培训和创业培训（39.64%）、银行贷款优惠（37.09%）支持的呼声较高，需着重关注和提供帮助；需进一步满足大学生对提供或提高返乡创业就业补贴（26.51%）、增加社会保险补贴（20.71%）、提供或提高创业场地租赁优惠（20.32%）的需求；还应在提供住房或购房优惠（13.52%）、增加公益性岗位补贴（11.36%）、对有基层（县及以下地区）创业经历的优先录取（研究生招考、政府事业单位招考）（5.26%）等方面给予大学生更多支持（见表11）。

表11 大学生创业最需要的支持和帮助

单位：人次；%

创业支持和帮助	频次	比重
资金扶持	700	54.10
税费优惠减免	535	41.34

续表

创业支持和帮助	频次	比重
技能培训和创业培训	513	39.64
银行贷款优惠	480	37.09
提供或提高返乡创业就业补贴	343	26.51
增加社会保险补贴	268	20.71
提供或提高创业场地租赁优惠	263	20.32
提供住房或购房优惠	175	13.52
增加公益性岗位补贴	147	11.36
对有基层（县及以下地区）创业经历的优先录取（研究生招考、政府事业单位招考）	68	5.26
其他	4	0.31
合计	3496	270.16

注：本题为多选项选择设置，故比重之和大于100%。

（三）做好陕西大学生就业的指导服务

陕西高校应着力做好大学生就业指导服务常规工作：帮助大学生做好职业生涯规划，引导其积极采取行动、做好就业准备；加强大学生就业日程管理，帮助大学生了解春招、秋招等传统集中性招聘的时间节点和招聘重点，及时发布就业信息和招聘会信息；帮助大学生熟悉求职应聘程序，加强求职应聘技能培训；关注大学生心理状况，帮助纾解就业压力；针对不同大学生就业指导需求，提供更加精准的服务。从受访学生的实际需求来看，高校就业指导服务应从以下几方面进行发力：首先是将重点放在组织高质量的校园招聘会（57.11%）、加强笔试面试等就业技能训练（50.70%）和指导学生做好职业生涯规划（48.69%）三方面，满足多数学生的就业指导服务需求；其次是做好就业政策宣讲和解读（35.09%），提供就业创业资金支持（32.46%）；还可通过举办杰出校友就业创业经验分享会（19.32%）、开展个性化的就业辅导（17.16%）帮助和支持大学生高质量就业（见表12）。

表12　促进大学生就业中学校应提供的帮助和服务

单位：人次；%

学校提供帮助和服务	频次	比重
组织高质量的校园招聘会	739	57.11
加强笔试面试等就业技能训练	656	50.70
指导学生做好职业生涯规划	630	48.69
就业政策宣讲和解读	454	35.09
提供就业创业资金支持	420	32.46
杰出校友就业创业经验分享会	250	19.32
个性化的就业辅导	222	17.16
其他	2	0.15
合计	3373	260.68

注：本题为多选项选择设置，故比重之和大于100%。

（四）提升陕西大学生的就业能力素质

大学生须不断努力提升自身的就业能力素质，才能实现高质量就业。针对调查中反映出的陕西大学生就业能力素质问题，应从以下几方面改善和提升。首先，要树立积极的就业心态。面对当前的就业形势和就业困境，大学生要做好自我心理减负工作，消除学历、学校、专业、性别、家庭等一些因素带来的心理困扰，减轻环境带来的负面影响和就业焦虑、就业压力，积极调整心态，树立就业信心。其次，要树立务实的就业观念。大学生应准确定位自身能力，在进入职场前，重新审视自己，设定合理的就业目标，避免就业期望过高、对就业薪资福利待遇、就业地点、就业单位等过于理想化；要认清就业形势的严峻性和就业时间的紧迫性，改变传统保守、求稳怕难的就业观念，主动适应社会发展；正确认识"慢就业"，不能将"慢就业"变成"消极就业""懒就业"，要在"慢"中积累爆发力。最后，要打造过硬的就业素质。努力提升专业能力，主动学习就业市场需要的知识和技能，以此增强与就业岗位的匹配程度；积极参加各种实习、兼职活动，丰富社会经历,深化专业实践能力;加大对就业信息的关注和收集力度,加强笔试面试技巧训练,主动提升求职应聘能力,为自身争取更多就业机会。

参考文献

都阳:《大学生就业的趋势性变化及对策建议》,《人民论坛》2022年第17期。

周蓉:《大学生就业心态:社会生态视域下的新常态及其应对》,《当代青年研究》2022年第2期。

B.19
陕西省妇女思想状况调查报告

2022年度陕西妇女/性别课题研究项目课题组*

摘　要： 党的十八大以来，以习近平同志为核心的党中央高度重视妇女事业发展和妇女权益保障，从党和国家事业发展全局出发，就维护妇女权益、实现男女平等、促进妇女发展作出一系列部署，中国妇女事业取得了历史性成就，妇女的政治地位、健康状况、受教育水平等方面得到大幅提升。为进一步做好陕西省妇女思想引领工作，省妇联联合西安交通大学妇女/性别研究基地，于2022年4~10月组织开展了"陕西省妇女思想状况"专题调研，旨在反映全省妇女思想状况实际情况、把握特点和规律，为制定针对性更强、精准度更高的思想政治引领政策提供科学依据。

关键词： 妇女思想状况　妇女权益　家庭家教家风　性别平等　陕西省

党的十八大以来，中国妇女事业取得了历史性成就，妇女的政治地位、健康状况、受教育水平等方面得到大幅提升。新时代我国社会主要矛盾发生历史性变化，持续不断地提高妇女的思想政治意识、推进妇女平等就业、发

---

* 执笔人：孙晓冬，西安交通大学社会学系副教授，研究方向：家庭社会学、性别研究；课题组成员：杨乐，陕西省妇联党组成员、副主席；安婧，陕西省妇联宣传部部长；靳倩倩，省妇联宣传部四级调研员；曹迪，省妇联宣传部二级主任科员；杨康，陕西省妇联宣传部干部；高昕愉、陈李熠，西安交通大学人文社会科学学院硕士研究生，研究方向：家庭社会学、家庭社会工作；马旭蕾，西安交通大学人文社会科学学院博士研究生，研究方向：社会网络与社会资本。

挥妇女在家庭生活中的独特作用以及提升妇女的社会参与,既是《中国妇女发展纲要(2021—2030年)》的目标要求,又是关乎陕西省1936万女性未来高质量发展的工作内容。

习近平总书记在同全国妇联新一届领导班子成员集体谈话时强调,"要深入研究和把握妇女思想政治状况、群体心理动态、价值取向情况,开展针对性强、精准度高的思想政治引领工作"。为进一步贯彻落实习近平总书记重要讲话精神,省妇联与西安交通大学妇女/性别研究基地合作,于2022年4~10月在全省范围内开展了"陕西省妇女思想状况"专题调研,调研采取领导带队实地调研,委托课题组进行文献研究、问卷调查、座谈和参与式观察相结合等方式开展,重点关注了全省妇女思想政治状况、群体心理动态、价值取向情况,旨在反映全省妇女思想状况实际情况、把握特点和规律,为制定针对性更强、精准度更高的思想政治引领政策提供科学依据。

调查采用配额抽样与雪球抽样相结合的方法,课题组通过全省妇联系统在10个地级市以及韩城市、杨凌示范区发放并组织妇女填写问卷,在全部调查样本中,农村女性占46.07%,城市女性占53.18%;未婚女性占14.39%,已婚女性占80.98%,离婚女性占2.77%,丧偶女性占1.86%;新业态新就业群体女性占7.54%;45岁以下女性占69.42%,中老年女性占30.58%,兼顾了样本的区域性、群体性特征。在问卷调查的基础上,课题组还深入多个区县、街道针对妇女思想引领、妇女经济参与、巾帼志愿服务以及家庭家教家风建设等情况进行了实地调研,并参考借鉴国内外高水平社会调查项目的问卷结构与题目设计,充分吸纳陕西省委宣传部的意见与建议,编制出契合时代特征与陕西省情的调查问卷。本次调研共发放问卷4591份,收回有效问卷3989份,有效率为87%,问卷通过Epidata软件录入。课题组运用Stata 15.0与Nvivo软件分别获得定量与定性资料的分析结果,并且基于第四期中国妇女社会地位调查陕西数据进行比较研究,用以呈现陕西省妇女在思想政治意识、政策满意度、社会价值观以及主观幸福感等方面的总体状况与分布特征。

一 陕西省妇女思想与生活现状

报告沿着三个维度展开：首先，基于总样本呈现陕西省妇女总体思想与生活现实情况；其次，描绘新业态从业女性群体的新气象；最后，运用词云可视化方法更为直观地呈现妇女对于妇联工作的意见与建议。

（一）陕西省妇女思想与生活总体状况

调查显示，陕西省受访妇女的思想与生活现状呈现以下明显特征。

第一，能够自觉维护党中央权威和集中统一领导，在思想上、政治上、行动上同党中央保持高度一致。在"坚决维护习近平总书记在党中央和全党的核心地位"、"坚决维护党中央权威和集中统一领导"以及"牢固树立政治意识、大局意识、核心意识、看齐意识"三个题目的平均得分均为4.9（得分越高意味着重要性越高），其均值与中位数均落在"非常重要"一侧，98%的妇女选择"重要"类选项，说明陕西省妇女能够自觉做到"两个维护"、牢固树立"四个意识"，有很强的政治意识，对党中央的坚强领导充满信任与期待。

通过座谈和实地调研，课题组发现陕西省妇女政治意识强的主要原因是：各级妇联组织长期以来将思想引领、强化思想教育作为开展妇女工作的重要抓手，积极推动妇女在思想上向党靠拢。近年来，陕西省各级妇联积极开展"三秦巾帼大宣讲""巾帼心向党 喜迎二十大"等群众性主题宣传教育活动，深入基层群众，培树妇女典型，宣传党的理论，引领妇女听党话、感党恩、跟党走。以西安市长安区太乙宫街道四皓村为例，当地妇联组织积极参与搭建宣传平台、成立宣传队伍等工作，开展各类活动，宣讲社会主义核心价值观、法治思想、妇女儿童权益保护等内容。

第二，对于重大政策制度的满意程度高。分析显示，在"以人民为中心的发展思想"、"八项规定、反腐倡廉"、"绿色生态建设"、"'一带一路'倡议"、"建构人类命运共同体"、"新冠疫情防控"、"乡村振兴"、"高质量发展/新发展理念"以及"坚持深化改革开放"题目的得分均值都在4.7以上（得分越高意味着满意程度越高），其均值与中位数均落在"非常满意"一侧，不低于95%的妇女选择了均"满意"类选项。说明陕西省妇女高度认可与支持各项政策和制度，对政府的信任程度高（见图1）。

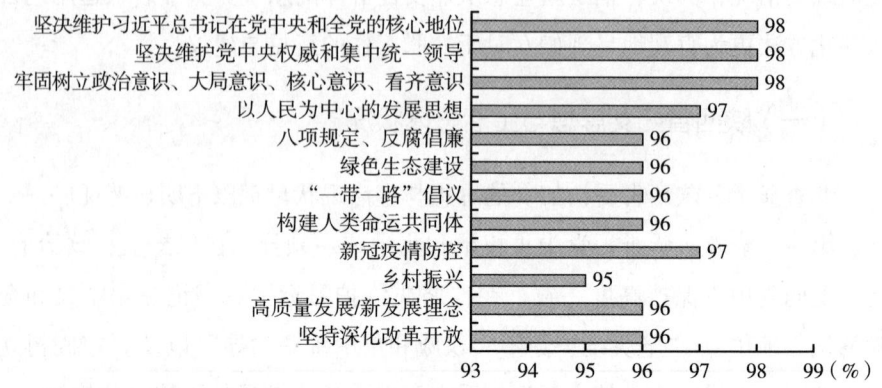

图1 思想政治意识中"重要"选项与重大政策中"满意"选项的比例

第三，陕西省妇女对于民生政策的满意程度高。妇女在养老、医疗、生育、住房、税收、就业、妇女儿童教育与发展、反对歧视与家暴、离婚冷静期、女性产假等12类政策中选择"满意"类选项的比例较高，满意度得分均值位于4.3~4.6区间，中位数均落在"非常满意"一侧。值得注意的是，陕西省妇女对于《陕西省妇女发展规划（2011—2020年）》和《陕西省儿童发展规划（2011—2020年）》的满意度非常高，90%及以上的妇女选择了"满意"类选项，展现出妇女对于陕西省妇女儿童发展所取得的成就以及未来目标设定的高度认同感。但是，陕西省妇女对于"全面三孩/计生（人口）政策"和"《陕西省人口与计划生育条例》关于女性产假的规定"的满意程度相对较低（均为77%），通过进一步分析发现，青年妇女对于上述政策的满意度低于中老年妇女，由于青年妇女正处于婚育压力较大的时期，在政策宣传不到位和生育政策支持不足的情况下可能产生对政策的不理解（见图2）。

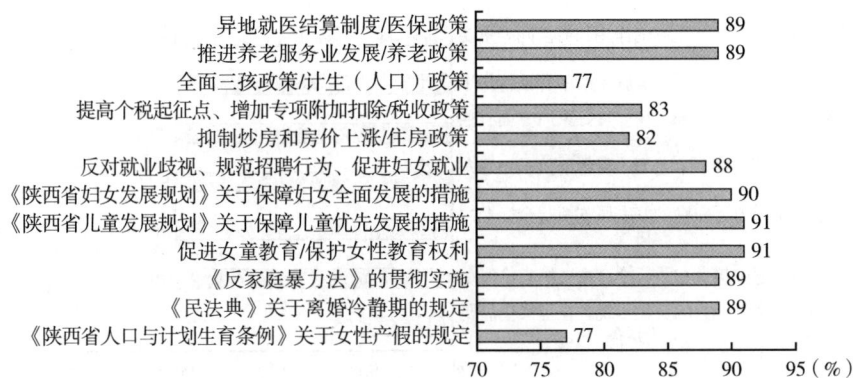

图 2 民生政策中"满意"选项的比例

（二）陕西省妇女家庭观念和性别观念的状况与特点

第一，陕西省妇女高度认可妇女对于家教家风的引领作用。在与之相关的7个题目中，妇女的得分均值均为4.7，均值与中位数落在"完全认同"一侧，选择"认同"类选项的妇女占总体的比例在所有题目中均不低于95%。家庭发展方面，96%的妇女认同"妇女对家庭与社会发展的作用和男性同等重要"，并且支持"妇女在社会生活和家庭生活中有独特作用"的观念。家风建设方面，认同妇女在树立良好家风方面有独特作用、好家风撑起全社会好风气的妇女比例亦为96%。家教方面：妇女普遍认为，作为子女的"第一个老师"，妇女对于儿童良好的社会适应应发挥角色模范作用；在家庭中培育与践行社会主义核心价值观也得到了96%的妇女支持（见图3）。

第二，陕西省妇女的孝道责任感强烈。关于"赡养老人是子女应尽的义务"的分析显示，陕西省妇女的得分均值为4.6，超过91%的妇女选择"认同"类选项，说明陕西省妇女的孝道责任感非常强，这一发现对于有效应对人口老龄化进程与后果具有启示意义。

第三，陕西省妇女的性别观念更趋平等化。调查问卷中的性别观念包含

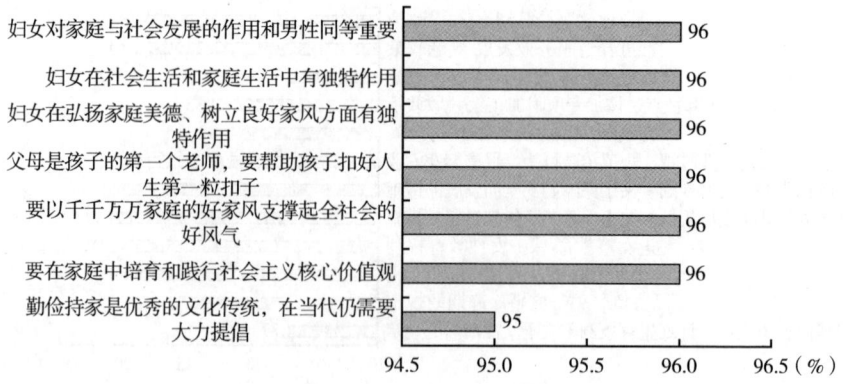

图3 家庭家教家风引领作用中"认同"选项的比例

5个题目:"男人应该以事业为主,女人应该以家庭为主"、"干得好不如嫁得好"、"夫妻应当平等分担家务"、"男性的工作能力天生比女性强"以及"女性有能力做到工作和家庭的平衡"。这5个题目的Cronbach α系数值为0.67,达到了统计学意义上可接受的水平。陕西省妇女的性别观念得分均值为2.4(得分从1至5,分值越高意味着越传统),总体偏向性别平等主义一侧。陕西省妇女高度认可家务平等观念,其得分均值为1.6,89%的妇女认同平等主义家务分工。在国际上公认最能代表性别观念的"男人应该以事业为主,女人应该以家庭为主"这一题目上,18~64岁陕西省妇女的得分均值为2.6,明显低于第四期中国妇女社会地位调查陕西数据中同年龄段妇女的2.9分,呈现出陕西省妇女性别观念的平等主义变化趋势;群体异质性分析发现,受过高等教育的妇女更不认可传统主义的性别分工模式。尽管如此,仍有约1/3的妇女表达了对于传统妇女角色与家庭分工的支持,接近1/4的青年妇女和超过1/5的高学历(指受过大专及以上教育)妇女表示难以在工作和家庭之间取得平衡(见图4)。

通过实地调研,课题组发现陕西省妇女对于家庭家教家风和性别平等观念的高度重视的重要原因是:各级妇联组织将家庭视为妇联工作的重要阵地。近年来,陕西省妇联持续开展"家家幸福安康"工程,"五好家庭"

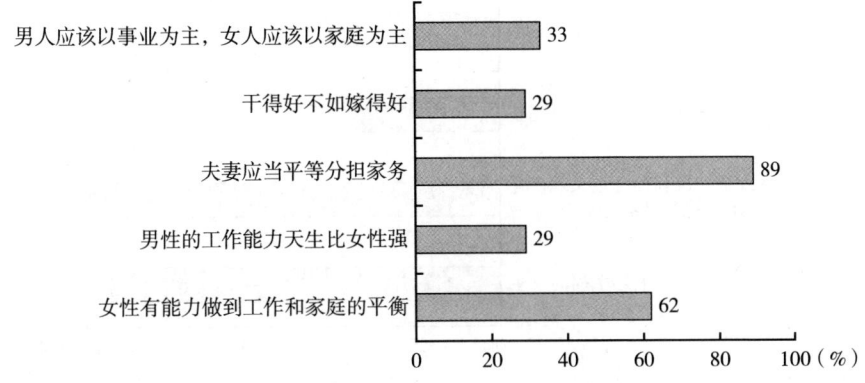

图4 性别观念中"认同"选项的比例

"最美家庭"评选、"德润三秦"家风建设、"亲子阅读"、"性别平等进校园"等系列活动,一些地区,如延安市安塞区马家沟村,通过建立家风广场、家风家训文化长廊分享德孝文化、名人家训、老一辈无产阶级革命家家风,构筑当代家庭的精神内核;长安区石砭峪新村通过评选好婆婆、好媳妇、文明户等方式带动乡村精神文明建设。全省各级妇联对接家庭需求、举办家庭教育讲座,以多种形式做好家庭工作,大力推动社会主义核心价值观、性别平等观念在家庭落地生根。

(三)陕西省妇女社会经济参与现状及特点

第一,陕西省妇女逐渐摆脱依附于婚姻和家庭的传统女性角色。对于"没有婚姻的人生是不完整的"这一题目,不到一半的妇女选择了"认同"类选项;在"不生孩子的女人,人生不完整"中仅有约1/3的妇女选择了"认同"类选项,"非常认同"的比例只有16%。与之相反的是,93%的妇女表示认同"妇女是改革开放和社会主义现代化建设的重要生力军",94%的妇女支持"只有奋斗的人生才称得上是幸福的人生"这一说法,由此说明,相比于传统依附于婚姻家庭的发展路径,陕西省妇女更认同自身的社会经济参与感(见图5)。

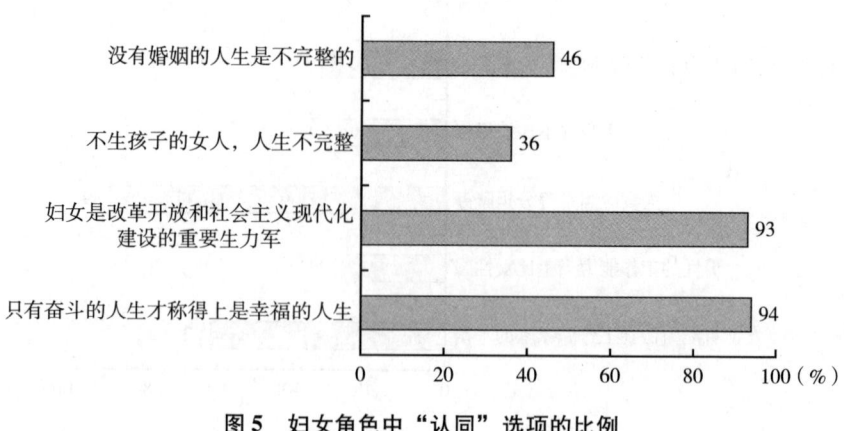

图 5　妇女角色中"认同"选项的比例

第二，陕西省妇女的经济自主性提升。相对收入比例是反映妇女经济自主性水平的重要指标，通过"个人年收入"除以"个人年收入加配偶年收入"计算，其取值范围为0到1，0意味着个人完全依赖配偶的收入维持现有生活水平，1意味着个人完全不依赖配偶的收入维持现有生活水平。第四期中国妇女社会地位调查陕西数据的结果显示，18~64岁双薪家庭中妇女的相对收入比例为40%，说明妇女贡献了夫妻收入的40%。基于本数据的分析显示，18~64岁双薪家庭中妇女的相对收入比例为42%，相比前者提升了2个百分点，由此说明，在实践领域陕西省妇女的社会经济地位得到了进一步提升。

第三，陕西妇女志愿服务时间长于配偶。本次调查询问了新冠疫情导致最近一次居家生活期间夫妻的志愿服务时间，结果显示妇女的志愿服务时间均值为133分钟/天，而其配偶则为85分钟/天，前者相较后者高出48分钟/天，这是陕西省妇女的志愿服务精神在实践维度的高度体现。

此外，陕西省妇女的幸福感得分为4.3，处于较高水平。85%的妇女认为当下生活是幸福的，84%的妇女认为生活的环境是安全的，93%的妇女认为当前陕西省女性发展的社会环境总体上比以前更好了。

通过实地调研，课题组发现，陕西省妇联举办的一系列妇女发展行动项目有效提升了陕西省妇女的经济社会参与水平。近年来，全省各级妇联做好"联"字工作，积极链接资源，吸纳女企业家、行业协会、高等院校等多方力量，创办"秦女子"公益项目、实施乡村振兴巾帼行动、创新创业巾帼行动、科技创新巾帼行动。比如，由省妇联"三秦巧娘"乡村振兴巾帼行动项目牵线，陕西省妇女手工艺协会与长安区滦镇乔村合作建立手工坊、女子夜校以及直播基地，带动了当地妇女的就业与收入水平，一系列项目在全省范围内遍地开花，有力推动了陕西省妇女社会经济参与和志愿服务水平的提升。

（四）新业态从业女性群体思想与生活状况

随着"互联网+"平台经济和共享经济等新业态经济的快速发展，新业态从业女性群体日益成为推动经济社会发展的一支重要力量。加强对新业态从业女性群体的联系与服务，是全国妇联对于新时代妇女工作提出的进一步要求。在本次调查中，课题组将从事"电商从业者""快递/外卖员""自媒体行业"的妇女编码为新业态群体。在与陕西省妇女总样本的对比分析中发现，新业态群体与总样本在思想政治意识、政策满意度、性别观念以及妇女家教家风思想方面具有较高的相似度。尽管如此，新业态群体的思想状况也呈现出了不一样的特征，具体表现为以下三方面。

第一，经济地位相对更高。以18~64岁妇女为例，新业态群体的个人年收入相较总样本高出45%，双薪家庭中新业态群体的相对收入比例比总样本高出5个百分点，由此可见，新业态群体的经济地位明显高于总样本。

第二，评价体系更偏向收入。新业态群体更倾向于将收入视为妇女发展的核心指标，在评价女性的标准题目中，新业态群体将"金钱财富"排在第1位，而这一指标在总样本中仅排在第5位。此外，在决定工作积极性的因素中，新业态群体选择"工资收入"的比例也比总样本高11个百分点，这意味着新业态从业女性的职业选择更加务实。

第三，信仰参与比例略高，幸福感水平更低。全省妇女中经常参与宗教活动的比例很低（约5.5%），新业态群体中经常参与宗教活动的妇女比例约7%，高于总样本比例。除家庭与民族传统影响外，多数参加宗教活动的妇女将原因归结为排解精神压力，尽管如此，其幸福感水平却低于未参与宗教活动的妇女，在新业态群体中更为明显，前者幸福感得分均值比后者低0.3。需要注意的是，即使不考虑宗教活动因素，新业态群体的幸福感得分均值亦低于总体样本。

（五）陕西省妇女群众对于妇联工作的意见与建议

为了更真实地反映陕西省妇女对妇联工作的满意程度，坚持以问题为导向发现问题，课题组在问卷中设计了开放式题目，征求妇女群众对妇联工作的意见和建议。由于本课题采用线下发放纸质问卷的抽样方式，更容易抽选不同年龄、职业、地区的被访者作答，从而提升样本的代表性，有助于提高主观题的测量效度。

开放题目的分析分为两步：首先，对问卷中妇女提出的意见与建议进行机器切词，得到被妇女提到频率较高的词；其次，在对部分语气词、连接词以及无效词汇进行人工清理后完成资料的词云可视化，得到的词云统计图如图6所示。

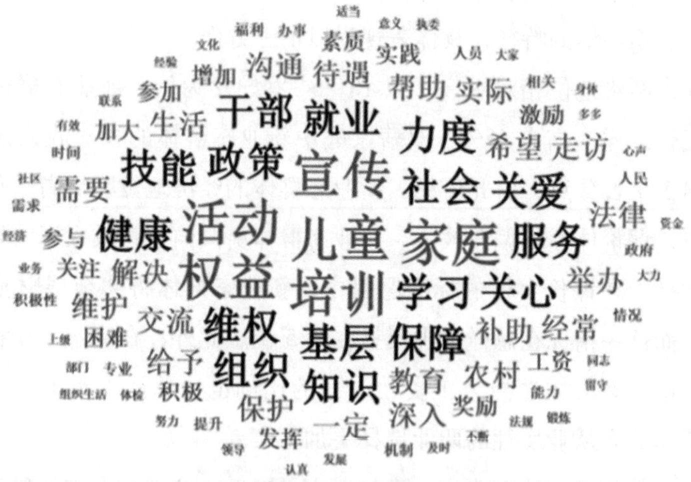

图6 妇女对妇联工作的意见与建议

如图 6 所示，在关于妇联工作的意见与建议中，被提及次数最多的词包括"权益（89）"、"培训（84）"、"儿童（62）"、"活动（60）"、"宣传（54）"、"家庭（53）"、"保护（52）"以及"健康（50）"。报告以排名前三的高频词为线索，整合在其他词中的相关信息，综合呈现妇女最关注的关键议题。

第一，"权益"。期望妇联落实普法宣传活动、维权教育活动、社会工作介入、购买社会组织服务、开通便民求助渠道等具有实操性的举措，减少家庭暴力与就业歧视，加大对男性的宣传力度，切实维护妇女儿童（尤其是受家暴妇女、农村妇女、独居妇女）的合法权益。

第二，"培训"。期望妇联以宣讲会、讲座、培训会、参访学习等多样化形式，开展长期、可持续的妇女能力提升培训，培训内容集中在以下五个领域：其一，就业技能与职业能力发展培训；其二，父职、母职与育儿知识培训；其三，维权意识与法律知识培训；其四，理财、营养与健康知识培训；其五，基层妇女干部业务能力提升培训。

第三，"儿童"。期望妇联工作更多聚焦于留守儿童、残障儿童、单亲家庭儿童、低收入家庭儿童群体的教育、身体健康以及心理发展问题，组织妇联干部帮扶并提高儿童救助水平，增加双职工家庭儿童的寒暑假托管服务，为儿童健康成长创造良好环境。

此外，部分妇女对基层妇联的工作也提出了一系列建议，如期待基层妇联的工作落实到村庄、多下基层走访、落实部门联动机制等。总体而言，陕西省妇女对各级妇联工作表示满意，也为新时代妇联工作提出了更高期望，如一位妇女所言，"希望妇联能像亲人一样，做每一个女人的娘家人"（西安，问卷编码 10303）。

二　陕西省妇女思想与生活中存在的主要问题

从本次调查数据以及与第四期中国妇女社会地位调查陕西数据的比较来看，陕西省妇女思想与生活发展持续向好，但也存在一些问题，主要表现在三个方面。

（一）宣传工作覆盖面有限，基层妇联缺乏支持

约1/4的调查对象对于与妇女密切相关的"全面三孩政策/计生（人口）政策"以及"《陕西省人口与计划生育条例》关于女性产假的规定"政策满意度不高，群体异质性分析显示，青年妇女、城市妇女和新业态妇女对于上述政策的满意度低于平均水平。上述问题产生的原因有两方面：其一，各级妇联对于民生类社会政策的宣传工作覆盖面有限，难以覆盖到青年、城市以及新业态全体妇女。因此，部分妇女在对于妇联工作的意见建议中也提到，希望"妇联加大力度宣传妇女儿童政策"（宝鸡，问卷编码20045)，应当"经常到社区、小区宣传政策"（西安，问卷编码10378);其二，基层妇联干部对于妇女群众入户走访不到位，难以及时有效地发现妇女工作生活中存在的困难，有妇女表示希望妇联干部深入群众中"多入户了解实际情况"（汉中，问卷编码80230)、"（让）工作深入农村和城镇家庭，让更多人受益"（榆林，问卷编码70233)、"深入基层，关心每一位消息闭塞的妇女，而不是把消息停留在内部"（咸阳，问卷编码30183)，在意见建议中，很多妇女提出妇联干部对于全职妈妈、在职妇女、农村留守妇女、农村留守女童、农村老年妇女、受家暴妇女、离婚妇女、单亲妈妈以及贫困妇女的关注度不够，新业态调查对象也提出应更多关注该妇女群体的生理和心理情况，由此说明基层妇联与不同类型妇女（尤其是弱势群体与新业态群体）之间的联系有待加强。

针对上述问题，基层妇联也表达了一定的难处，其中最大的困难在于宣传工作缺乏经费支持，例如"基层妇联工作缺乏经费，导致没办法办活动"（渭南，问卷编码50454)、"经费欠缺，所以有些事不能处理"（安康，问卷编码90033)，部分社区工作者也表示在举办妇女服务活动中社区缺乏经费支持，经费不足使得活动缺乏影响力、主动性难以调动。此外，基层妇联工作能力提升培训欠缺，基层干部与社区工作者缺乏方式方法的认知与实践能力。因此，一方面基层妇联工作经费有限，另一方面基层妇联干部的工作方式方法缺乏培训，使得基层妇联宣传工作的覆盖面有限，难以高质量地联

系不同类型的妇女群众,由此导致部分妇女对于相关政策的了解与满意度不高。

(二)妇女权益侵害依然存在,维权意识有待提升

约20%的妇女反映了权益被侵害的情况,6.6%的妇女表示至少经历过两种及以上类型的权益侵害。从权益侵害的类型来看,劳动力市场中的性别歧视发生率最高(11.8%),部分调研对象表示"妇联应致力于减少对妇女的工作歧视,规范招聘行为,促进妇女就业"(汉中,问卷编号80260)。其次,针对妇女的网络歧视也更多地被感知,7.4%的妇女反映了这类经历,其中30岁以下青年妇女汇报的网络歧视率最高(15%),平均每7人中就有一人经历过网络歧视,造成这一现象的原因一方面是青年群体的互联网使用频率更高,另一方面是教育水平更高的青年群体对于性别歧视的辨识度更高且容忍度更低。最后,家庭暴力与性侵害(包括性骚扰)的比例相对较低(分别为5.4%与2.5%),其中城市妇女汇报的家庭暴力发生比例(5.8%)高于农村(5%),造成上述差异的原因在于:一是当代城市妇女对于身体暴力、语言暴力、儿童虐待与忽视的感知与辨识度相对于农村妇女更高;二是农村社会中家族和妇联构成的社会支持与矛盾调解系统有助于降低妇女家庭暴力的发生比例。尽管发生比例不高,考虑到家庭暴力与性侵害对身心健康可能导致的严重后果,以及直接或间接暴露于上述情境中对于儿童社会发展的负面影响,对于陕西省妇女家庭暴力与性侵害的走访调研和维权培训仍需要加强。

超过40%的妇女在面临上述权益侵害时更愿意寻求家人朋友帮助,而在遭遇过权益侵害的妇女中,这一比例高达50%。相对而言,遭遇过权益侵害的妇女选择寻求"妇联组织"帮助的比例仅为23%,其中城市妇女和青年妇女的比例均只有21%(分别低于农村妇女和中老年妇女)。遭遇过家庭暴力和性侵害的妇女选择寻求"妇联组织"帮助的比例也仅为25%。由此可见,陕西省妇女在面临权益侵害时的维权意识有待提升,在遇到权益侵害时更愿意从亲属网络中获取支持。此外,上述结果表明陕西省妇女(尤

其是城市妇女、青年妇女）对于妇联组织的信任程度不高，部分妇女表示对于"女性权益被侵害时受害者如何联系以及能得到的帮助"（榆林，问卷编码70005）不太了解，而且遇到家庭暴力和性侵害时更愿意"关起门来说话"，希望在家庭内部解决冲突而非寻求妇联组织的支持。

（三）青年妇女面临双重压力，三孩生育意愿不强

国家统计局报告显示，我国妇女就业渠道不断拓宽，女性就业人员占全社会就业人员的比重为43.5%，当代家庭也越来越依赖夫妻双方共同赚取收入以满足生活成本需求。与此同时，市场化与单位制改革引发的"公私领域分离"使得传统由国家承担的社会再生产和子女照护功能延续"男主外、女主内"的路径依赖传递到妇女身上。二者的共同后果是，妇女承担了"工作者"和"照护者"的双重角色，由此也面临着工作和家庭的双重压力。数据结果显示，45岁以下的青年夫妻中，在妻子每天平均工作时间仅比丈夫少15分钟的情况下，其带孩子时间却比丈夫多134分钟，其家务劳动时间也比丈夫多65分钟。在测量劳动认知的9个题目中，已婚夫妻中丈夫主要操心维修事项，妻子却需要操心家庭日程、带孩子、保持家庭整洁、购物以及做饭5类事项，在另3类事项人情往来、财务以及旅行/休闲中则表现为妻子主导、夫妻协商的特征。上述结果说明陕西省妇女存在工作、家庭双重负担的情况，有妇女表示："现在的女人都成女汉子了，要工作、看孩子做家务，却又得不到理解"（铜川，问卷编码40169）。

工作和家庭的双重压力，使得青年妇女普遍认为当下抚育子女的成本太高，主要表现为：第一，子女抚育的时间成本高，"工作—家庭"冲突使得她们在时间管理上感到负担沉重，有妇女表示"对于子女还小的女职工，希望考虑政策倾斜，让女性有更多时间和精力陪伴（孩子）"（西安，问卷编码10712）；第二，子女抚育的经济成本高，超过80%的青年妇女将之视为阻碍其进一步生育的最主要原因；第三，子女抚育的机会成本高，93%的育龄妇女将"家务和育儿负担重"视为阻碍女性职业向上流动的关键因素。青年妇女是保障三孩政策顺利实施的主力军，从调查结果看，45岁以下妇

女的理想子女数平均仅为1.8个，18~30岁妇女的理想子女数更是只有1.4个，而前者与后者实际已生育的子女数分别为1.5个与1.3个，因此对于青年妇女（尤其是30岁及以下的妇女）而言，其继续生育三孩（甚至二孩）的意愿并不强。为减轻青年妇女的双重压力，需要妇联在抚育支持和就业保障政策上发挥倡导作用，提升妇女的家务分工议价权力并减轻妇女的子女抚育压力。

三 通过思想引领推动妇女参与社会发展的几点建议

根据妇女思想与生活的现状与存在的主要问题，对通过思想引领推动妇女参与社会发展提出如下建议。

（一）加大培训支持力度，发挥桥梁纽带作用

建议从技能培训与素质提升入手强化基层妇联干部的能力建设，同时完善基层妇联组织的经费支持与选拔激励制度，扩大各级妇联思想政治引领工作的覆盖面，落实党的二十大报告中提出的"深化工会、共青团、妇联等群团组织改革和建设，有效发挥桥梁纽带作用"和"重视女干部培养选拔工作，发挥女干部重要作用"工作。一是定期开展基层妇联干部理论知识与综合素质技能提升培训，推动社区女工作者进入培训队伍，组织理论水平高、实操经验强的专家进行培训，切实提高基层妇联干部与社区工作者在联系、宣传、组织方面的业务水平以及履职能力。二是要求各级妇联密切关注新群体，加强妇联工作的覆盖面，强化妇联对于电商从业者、快递员、外卖员、自媒体从业者等新业态群体的引领联系服务工作，让思想政治引领扎根在新业态群体中。三是落实经费支持制度，省级妇联做好制度的顶层设计，各级妇联做好实施保障宣传工作，积极协调解决活动经费，通过经费支持提高基层妇联干部与社区工作者对于思想政治引领工作的主动性与能动性。

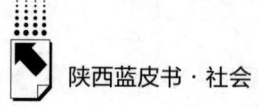

（二）创新妇联宣传形式，强化维权理念宣传

建议以"创新"为引领性动力，推动维权宣传的观念创新、方法创新、形式创新，发挥妇联组织优势，各级妇联干部积极引领妇女群众辨别、批判与消除性别歧视，落实党的二十大报告中提出的"消除影响平等就业的不合理限制和就业歧视"、"深入开展法治宣传教育，增强全民法治观念"与"保障妇女儿童合法权益"工作。一是发挥企业妇联组织的监督作用，通过走访、调研、实地考察等方式发现与上报歧视情况，通过政策倡导以消除求职过程与职业发展中针对女大学生、母亲、孕妇、老年妇女的就业歧视。二是建立宣传新阵地，互联网已成为当代妇女获取信息、文化娱乐的主要渠道，各级妇联也应活跃在青年妇女用户数量排名前列的小红书、抖音、快手、微博等平台中，以妇女喜闻乐见的形式开展反对网络性别歧视的宣传工作。三是强化妇女维权意识与维权方式的宣传，一方面通过开展宣讲培训工作提升妇女的法律维权知识，另一方面要增强妇女（尤其是城市妇女和青年妇女）对于妇联组织功能与作用的了解，在遭遇家庭暴力与性侵害时能找到妇联、信任妇联。

（三）落实生育支持政策，降低生育养育成本

建议各级妇联以政策支持为抓手推动妇女工作高质量发展，在政策倡导、设计与实施中发挥作用，优化陕西省青年育龄妇女的生育和抚育支持体系，落实党的二十大报告中提出的"优化人口发展战略，建立生育支持政策体系，降低生育、养育、教育成本"工作。一是切实推动抚育支持政策落地，不仅要鼓励生育，更要支持抚育，在城乡社区开展普惠性托育、托管服务，在企业实施灵活性产假休假措施，推动父亲育儿假的落地实施，通过政策支持降低有年幼子女的青年母亲的抚育负担，为她们重返劳动力市场提供保障，最大限度减轻生育后的母职惩罚。二是建议建立常态化教育培训机制，针对有需要的失业母亲、流动母亲、单亲母亲等群体，有针对性地提供就业信息、职业能力、理财技能等方面的培训，保障育龄妇女的收入，提升

她们的议价能力，推动家务分工的性别平等进程。三是提供高质量的角色期望与心理咨询服务，为青年父母提供生育知识、父母角色、育儿技巧、代际沟通、教育发展等方面的服务，构建完善的三孩政策服务咨询体系，以社会支持消除育龄妇女的后顾之忧，推动生育率止跌反升。

（四）加强思想政治引领，讲好陕西妇女故事

推动妇女思想政治引领工作高质量发展，各级妇联要扭住"守正"的根本性前提，树立本土典型、提炼地方主题、讲好陕西故事，以小故事映照大时代，落实党的二十大报告提出的"加快构建中国话语和中国叙事体系，讲好中国故事、传播好中国声音"工作。一是建议各级妇联多途径、多渠道、大力度宣传党的创新理论成果，坚持深入基层、坚持面向妇女、坚持贯穿全年，推动习近平新时代中国特色社会主义思想深入人心。二是建议全省各级妇联组织坚持全局思维、进行系统性谋划，以"N+12+1"模式讲好陕西妇女故事，团结引领全省妇女群众紧密团结在以习近平同志为核心的党中央周围。建议各级基层妇联深入调研，挖掘在各行各业建功立业的优秀妇女，形成"N个妇女典型"；建议地市级妇联将妇女典型与地方发展相融合、进一步总结提炼先进经验，提炼为"12个地方主题"；建议省妇联结合陕西省妇女运动与发展历史，为地方主题打上时代烙印，汇聚成"1个陕西妇女故事"。

参考文献

陈伟杰：《政法传统背景下的妇联妇女权益维护（1980-2016）》，《社会学研究》2021年第2期。

陈卫、刘金菊：《近年来中国出生人数下降及其影响因素》，《人口研究》2021年第3期。

黄晓春：《党建引领下的当代中国社会治理创新》，《中国社会科学》2021年第6期。

金卓：《改革开放以来我国妇女解放的历程与思想发展》，《马克思主义研究》2019

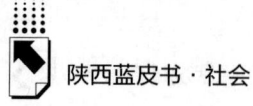

年第11期。

李汪洋、谢宇：《中国职业性别隔离的趋势：1982~2010》，《社会》2015年第6期。

李勇：《百年来中国共产党妇女解放思想的伦理特征》，《伦理学研究》2021年第5期。

刘爱玉、佟新、付伟：《双薪家庭的家务性别分工：经济依赖、性别观念或情感表达》，《社会》2015年第2期。

刘爱玉、佟新：《性别观念现状及其影响因素——基于第三期全国妇女地位调查》，《中国社会科学》2014年第2期。

刘爱玉：《脆弱就业女性化与收入性别差距》，《北京大学学报》（哲学社会科学版）2020年第3期。

沈跃跃：《践行初心使命 团结带领广大妇女为夺取全面建设社会主义现代化国家新胜利贡献巾帼力量》，《人民论坛》2021年第11期。

沈跃跃：《以改革创新精神建设服务型基层妇联组织》，《求是》2014年第18期。

佟新、刘爱玉：《城镇双职工家庭夫妻合作型家务劳动模式——基于2010年中国第三期妇女地位调查》，《中国社会科学》2015年第6期。

王郁芳、付雅宁：《建党百年妇女劳动就业权益保障的实践历程：回顾与总结》，《山东女子学院学报》2021年第6期。

吴帆：《家教家风与基层社会治理现代化》，《妇女研究论丛》2019年第6期。

吴忠民：《从平均到公正：中国社会政策的演进》，《社会学研究》2004年第1期。

习近平：《坚持男女平等基本国策 发挥我国妇女伟大作用》，《妇女研究论丛》2014年第1期。

习近平：《在联合国大会纪念北京世界妇女大会25周年高级别会议上的讲话》，《光明日报》2020年10月2日。

许敏敏：《走出私人领域——从农村妇女在家庭工厂中的作用看妇女地位》，《社会学研究》2002年第1期。

杨菊华、卢瑞鹏：《性别红利：理论意涵、基本特征与社会效应》，《山东社会科学》2021年第3期。

杨菊华：《市场化改革与劳动力市场参与的性别差异——20年变迁的视角》，《人口与经济》2020年第5期。

翟振武、刘雯莉：《七普数据质量与中国人口新"变化"》，《人口研究》2021年第3期。

郑真真：《生育转变的多重推动力：从亚洲看中国》，《中国社会科学》2021年第3期。

Becker, G. S. *A treatise on the family* [M]. Cambridge, MA: Harvard University Press, 1991.

Brines, J. "Economic dependency, gender, and the division of labor at home" [J].

American Journal of Sociology, 1994 (3): 652-688.

Budig, M. J. & England, P. "The Wage Penalty for Motherhood" [J]. *American Sociology Review*, 2001 (66): 204-225.

Chafetz, J. S. (Ed.). *Handbook of the Sociology of Gender* [M]. Springer Science & Business Media, 2006.

Charles, M. "A world of difference: international trends in women's economic status" [J]. *Annual Review of Sociology*, 2011 (1): 355-371.

Grusec, J. E., & Hastings, P. D. (Eds.). *Handbook of socialization: Theory and research* [M]. New York: Guilford Publications, 2014.

Risman, B. J. "Gender as a social structure: Theory wrestling with activism" [J]. *Gender & Society*, 2004 (4): 429-450.

West, C., & Zimmerman, D. H. "Doing Gender" [J]. *Gender & Society*, 1987 (2): 125-151.

B.20
《陕西省儿童发展规划（2011—2020年）》评估报告

王国琪　张勇*

摘　要：《陕西省儿童发展规划（2011—2020年）》（以下简称《规划》）实施十年以来，在儿童与健康、教育、福利、社会环境、法律保护五大领域设置的43项指标中，省级指标达标率90.24%，国家指标达标率94.73%，总体达标情况良好。评估显示，十年中，陕西省各级人民政府对儿童事业发展投入巨大，出台了一系列促进儿童发展的相关政策，构建起了比较完善的儿童发展政策支持体系，《规划》实施中创造了很多工作亮点，在儿童健康、教育、社会福利、权益维护等方面实施项目带动战略，推动和引领陕西省儿童事业发展进入了新的历史阶段。评估也发现妇儿工委工作存在短板，如《规划》实施结果与目标存在一定差距、监测统计工作较为薄弱等问题，并根据问题提出加强儿童工作的针对性建议，为编制好新一轮儿童发展规划提供了数据支持和工作依据。

关键词：　儿童发展　儿童发展规划　陕西省

2020年是实施《陕西省儿童发展规划（2011—2020年）》（以下简称

---

* 王国琪，陕西省家庭教育研究会常务副会长，研究员，研究方向：妇女发展、儿童发展、家庭教育、社会组织评估等；张勇，西安市社会科学院社会学所副研究员，研究方向：青少年教育、家庭教育、儿童发展与权益保护等。

《规划》）的收官之年，按照国务院妇女儿童工作委员会和陕西省人民政府妇女儿童工作委员会安排部署，依照《规划》"组织与实施"的要求，陕西省妇女儿童工作委员会办公室（以下简称省妇儿工委办）对全省《规划》实施进行了终期评估督导。

一 《规划》目标完成情况

（一）总体指标完成情况

十年来，经过全省各级党委、政府及社会各界的共同努力，儿童事业发展取得了显著成效，《规划》的主要目标基本实现。随着公共卫生保健服务体系的加强和完善，儿童健康水平得到进一步提升，儿童健康权和生命权得到切实维护；儿童早期发展、学前教育、义务教育、高中教育、职业教育、特殊教育等都得到了显著的发展；儿童社会福利水平大幅提高，由补贴型向普惠型转变；儿童生存发展的信息文化环境、家庭教育环境、社会教育环境和生态环境进一步改善；儿童的基本权益保障工作全面加强，儿童维权队伍建设和维权工作均取得显著业绩。全省广大儿童充分分享到了实施《规划》、促进儿童事业发展带来的巨大成果。

《规划》设置了五大发展领域，共43项目标，其中有42项目标与《中国儿童发展纲要（2011-2020年）》（以下简称国家《纲要》）中的目标内容一致。在《规划》43项目标中，2项无数据或成员单位上级主管部门无统计要求，分别是：18岁以下儿童伤害死亡率（无2010年基础数据和历年统计数据）和流浪儿童救助保护中心机构数（未采集到统计数据）。在采集到的《规划》设定的41项目标中，达标37项，未达标4项（严重多发致残出生缺陷发生率、高中阶段毛入学率、中等职业教育在校生数、儿童中心或儿童之家覆盖率），《规划》达标率为90.24%；《规划》中国家《纲要》设定的38项目标中，达标36项，未达标2项，达标率为94.74%；国家《纲要》和省《规划》总体达标情况良好（见表1）。

表1 陕西省儿童发展规划五大领域达标情况统计

领域	国家纲要目标数	国家纲要达标数	国家纲要未达标数	国家纲要达标率	省规划目标数	省规划达标数	省规划未达标数	省规划达标率	无统计数据或无法判断达标的目标	未达标的目标
儿童与健康	11	9	1	90%	12	10	1	90.91%	其中18岁以下儿童伤害死亡率（无2010年基础数据和历年统计数据）	严重多发致残出生缺陷发生率（国家《纲要》和省《规划》均未达标）
儿童与教育	11	9	0	100%	11	9	2	81.82%		1. 高中阶段毛入学率（达到国家《纲要》指标，未达到省《规划》指标）2. 中等职业教育在校生数（未达到省《规划》指标）
儿童与福利	7	6	0	100%	7	6	0	100%	其中流浪儿童救助保护中心机构数（未采集到统计数据）	
儿童与环境	8	7	1	87.5%	8	7	1	87.5%		儿童中心或儿童之家覆盖率（国家《纲要》、省《规划》要求覆盖90%以上城乡社区）
儿童与法律保护	5	5	0	100%	5	5	0	100%		
合计	42	36	2	94.74%	43	37	4	90.24%		

（二）分领域指标完成情况

1. 儿童与健康领域

该领域共有 12 项指标，采集到 11 项有效指标。截至 2020 年末，达标 10 项，分别为婚前医学检查率（10 年来持续提升，2020 年为 50.84%）；婴儿死亡率（2.93‰）；5 岁以下儿童死亡率（4.33‰）；0~6 个月婴儿纯母乳喂养率（70.06%）；3 岁以下儿童系统管理率（94.56%）；7 岁以下儿童保健管理率（城市 95.38%，农村 95.40%）；未成年人吸毒人数占全部吸毒人数比重（0.03%），呈连年下降趋势并达标；纳入国家免疫规划的 8 种疫苗接种率均已提前达标；5 岁以下儿童贫血患病率统计口径发生了改变，按《规划》原定统计口径已经达标；5 岁以下儿童生长迟缓率，2014 年、2015 年统计显示已经达标。1 项未达标指标为严重多发致残出生缺陷发生率。

2. 儿童与教育领域

该领域共有 11 项指标，截至 2020 年末，达标 9 项，分别为学前三年毛入园率（93.03%）、农村学前一年入园人数、城市公办幼儿园数、农村公办幼儿园数、小学学龄儿童净入学率（99.97%）、义务教育阶段残疾儿童在校人数、特殊儿童学校数、初中阶段毛入学率、九年义务教育巩固率。2 项未达标，分别为高中阶段毛入学率和中等职业教育在校生数。需要特别说明的是，全省学前教育十年间发展迅速，截至 2020 年末，全省幼儿园总数为 8204 所，较 2011 年增加了 2894 所，提高了 54.5%，其中公办园 4291 所，较 2011 年增加了 3172 所，提高了 283.5%；普惠性幼儿园 7493 所，较 2011 年增加了 6374 所，提高了 569.6%；在园幼儿 141.34 万名。公办园数量十年来大幅增加，有效扩大了学前教育资源供给，学前三年毛入园率为 92.48%，比 2010 年提高了 41 个百分点，远远超过了《规划》终期目标（70%）。全省特殊儿童学校数（县级）61 所，比 2010 年增加了 21 所。

3. 儿童与福利领域

该领域共有 7 项指标，国家《纲要》和《规划》目标相吻合。截至 2020 年末，除流浪儿童救助保护中心机构数未采集到统计数据外，其余 6

项全部达标,分别是孤儿家庭收养人数(因政策调整,孤儿逐步实现了集中供养,孤儿得到了很好的社会照料);儿童参加基本医疗保险实现了全覆盖;残疾儿童接受康复训练和服务、符合条件的残疾儿童接受康复救助比例和康复率持续提高;儿童康复机构达到116所,呈增加趋势;儿童福利院建设和管理更加规范,地市级儿童福利院32个;留守和流动儿童的公共服务需求基本得到满足。

4. 儿童与环境领域

该领域共有8项指标,国家《纲要》和《规划》目标相吻合。截至2020年末,除儿童中心或儿童之家覆盖率(国家《纲要》和省《规划》要求覆盖90%以上城乡社区)未达标外,其余7项全部达标。2020年底,全省各类家长学校数17878个,其中幼儿园家长学校6030个,占幼儿园总数的92.6%;小学家长学校4383个,占比95.8%;中学家长学校1883个,占比97.8%;职业中学家长学校143所,占比96%;民政系统开办新婚夫妇家长学校98个;卫健系统开办妇产机构孕妇学校122个。全省家庭教育指导服务中心省级1个,市级14个,县区级88个;公共图书馆少儿文献54.50万册;少儿电视节目播出时长26381小时;未成年人参观美术馆博物馆1.35万人次;基层组织中持有证书的专业社会工作者695人;儿童中心(儿童之家)1455个。全省积极优化适宜儿童健康成长的社会环境,为儿童发展提供全方位的支持。

5. 儿童与法律保护领域

该领域共有5项指标,国家《纲要》和《规划》目标相吻合,截至2020年末,所有指标全部达标,分别是出生人口性别比、解救被拐卖儿童数、未成年人犯罪率、建立少年法庭数、获得法律援助的未成年人数。其中,全省共解救被拐卖儿童1348名;各级人民法院判决生效的未成年人犯罪人数占同期犯罪人数的比例呈下降趋势,2020年为1.52%,2010年为7.37%,下降了5.85个百分点;2020年底全省建立少年法庭数56个(含在合议庭设置),获得法律援助的未成年人有29765人。

二 实施《规划》的主要做法和经验

（一）坚持政府主导，强化体制机制建设

1. 坚持政府主导，形成工作合力

陕西省政府坚持以儿童发展为本、发展为儿童谋福祉的执政理念，全省形成了"党委领导、政府主导、成员单位履职、社会力量参与、监测评估督导促进"的实施《规划》工作格局。评估督导发现，政府在《规划》实施中，始终发挥了主导作用。全省正在形成两大工作合力，一是成员单位和妇儿工委办形成工作合力，成员单位按照责任分工把在《规划》中承担的任务纳入本系统的专项规划或部门规划，纳入年度目标考核的重要内容分头推进形成工作合力；二是成员单位内部围绕承担的《规划》目标任务形成工作合力，成员单位分管领导协调和督促各部门共同完成《规划》中承担的任务指标。

2. 坚持强基固本，加强妇儿工委办建设

妇儿工委办在实施《规划》中，承担着组织、协调、指导、督促职能。加强妇儿工委办建设是实施《规划》的组织保证，省妇儿工委办在本轮《规划》实施期间加强履职，向成员单位分解了目标指标，加强了工作督导，并督促市、区（县）人民政府落实妇儿工委办人员编制，解决专项办公经费等工作。各市、县区妇儿工委办组织建设、能力建设也有了不同程度的提高，绝大多数县区落实了妇儿工委办人员编制，妇儿工委办的专项工作经费基本得到保障，一些市还把妇儿工委办的编制作为实施《规划》的工作重点。

（二）坚持问题导向，全面推动《规划》实施

1. 儿童的健康水平显著提升

加大投入，努力构建完善的妇幼健康保健体系。坚持把办好一所标准化

的妇幼保健机构作为各级政府的重要职责，组织全省各级妇幼保健机构利用"十三五"中省卫生健康领域投资契机，积极推进妇幼保健机构基础设施建设，"十三五"期间累计投入10亿元，新、改、扩建妇幼保健机构43个，全省现共有妇幼保健机构118个。坚持把保障母婴安全作为维护妇女儿童健康的核心工作，全省建成危重孕产妇和新生儿救治中心136个，实现了全覆盖，按照"首诊负责、就近便利、分片负责、协同配合"原则，无缝对接所有省级中心和市、县级中心，构建起"横向"—县一中心、"纵向"省市县相贯通的标准化危重孕产妇和新生儿救治网络，在保障母婴安全工作中发挥巨大作用；落实了母婴安全"五项制度"，实施孕产妇"五色"分级管理；孕产妇死亡率由2010年的35.98/10万下降至2020年的7.48/10万；新生儿死亡率由2010年的8.94‰下降至2020年的1.65‰；婴儿死亡率由2010年的11.92‰下降至2020年的2.93‰，保持了连续十年稳步下降的态势，基本实现了让群众"生得安全"。为了加强孕产妇系统保健工作，降低孕产妇死亡率和婴儿死亡率，陕西省在预防出生缺陷方面创新政策，在全国率先印发了《陕西省孕产妇系统保健免费基本服务项目规范（试行）》《陕西省人民政府建立产前筛查和新生儿疾病筛查服务制度的实施意见》，有效减少了严重出生缺陷及所致残疾，切实提升了出生人口健康水平。全省以解决影响妇女儿童健康的突出问题为目标，认真组织实施了孕前优生健康检查、增补叶酸预防神经管缺陷、"两癌"筛查以及艾滋病、梅毒、乙肝母婴阻断等项目。

2. 儿童教育发展加速且有突破

全省持续实施三期学前教育行动计划，全力推进学前教育普及普惠安全优质发展，按照国督办重点工作交账任务要求，攻坚完成国考"双50%"任务，公办园占比和公办园在校生占比达到50%以上，普惠性幼儿园覆盖率达到90%以上。全省实施基础教育提升三年行动计划，2011年率先统一了城乡义务教育学校公用经费补助标准，解决了城乡公用经费补助标准倒挂问题，促进了义务教育基本公共服务均等化；先后启动实施义务教育薄弱学校改造、义务教育薄弱环节改善和能力提升等重点工程，支持5000余所学校改造校舍及学生宿舍等生活设施;严格执行义务教育控辍保学,出台20条教育精准脱贫政策举措,全省无建档立卡贫困家庭适龄儿童失学辍学;缩小义务教育阶段学校发展的城乡差距、区域差距、校际差距,努力做到义务教育资源优质均衡发展,全省确定了一批国家义务教育发展优质均衡县试点区县并通过验收;认真贯彻落实《中共中央 国务院关于深化教育教学改革全面提高义务教育质量的意见》,坚持立德树人,着力培育担当民族复兴大任的时代新人,坚持"五育"并举,全面发展素质教育,深化课程育人、文化育人、活动育人、实践育人、管理育人、协同育人,学校加强了党史教育,爱国主义、集体主义、社会主义教育,强化了学生良好行为习惯和法制意识养成,强化了劳动教育和学生社会道德实践。全省普通高中教育发展特色鲜明,规范了普通高中招生工作管理,明确落实职普比4:6的政策要求,积极推行普通高中特色化建设,出现了一批市普通高中特色实验学校和特色示范学校。省教育厅、省发改委、省民政厅、省财政厅、省人社厅、省卫计委、省残联七部门联合推出两期特殊教育提升计划实施方案,确保了残疾儿童在普通学校随班就读。加大了特殊教育学校建设和办学质量提升的力度,切实保障了残疾儿童的受教育权,促进了残疾儿童的个性化发展,同时也减轻了家庭负担,把教育扶贫落到了实处。积极实施职业教育基础能力提升工程,加大中等职业学校专业课教师引进和培养,推进"双师型"教师队伍建设,提升职业教育办学水平和职业教育人才培养质量,职业教育的社会认可度和社会影响力在逐步提高。

3.儿童社会福利水平大幅提升

儿童与福利是本轮规划新增加的领域,陕西省政府切实担当起对儿童福利的责任,持续增强政府面对全体儿童公共服务的供给能力和水平,十年来,全省儿童福利由补贴型向普惠性转变。全省基本医疗保险儿童参保率逐年提高,截至2020年底,基本实现0~18周岁年龄段参保人员全覆盖。实施了农村义务教育学生营养计划,贫困地区儿童营养状况不断改善。建立了完善的学生资助体系,实现了从学前教育到高中教育的贫困学生资助。建立完善了留守、流动儿童的服务机制,解决了流动儿童"入学难"的问题。

加强了困境儿童保障工作，建立健全了孤儿保障制度，满足了孤儿生活、教育、医疗和就业等方面的基本需求，事实无人抚养儿童也被纳入了儿童福利保障体系；建立了残疾儿童康复补贴、救助制度，儿童康复或特教中心得到了重视和发展；特殊教育学校建设提速，办学质量提升明显；流浪未成年人救助保护工作得到了切实加强，有效地减少了儿童反复性流浪；儿童工作人员配备和儿童服务机构建设趋于完善，建立起了县有儿童审管员、镇街有儿童督导员、村居有儿童主任的三级保护网络，城乡社区的"儿童之家"建设全面推开。

4. 儿童权益得到有效保障

全省加强了儿童权益保护法律法规的制定和宣传，持续开展对《民法典》《未成年人保护法》《预防未成年人犯罪法》《反家庭暴力法》等法律的宣传，出台了地方性法规《陕西省实施〈中华人民共和国未成年人保护法〉办法》。公安部门加大了打击侵害儿童人身安全和针对儿童的违法犯罪活动，及时查处了家庭暴力案件；法院系统加强了少年法庭建设、家事审判建设和家庭离婚案件的调解与审理工作；人社部门在劳动执法监察中重点打击企业非法使用童工违法行为。全省组织开展了"护校安园"行动，积极防范发生中小学、幼儿园恶性案件，有力维护了校园安全。持续加强未成年人法治教育，省司法厅组织编写了中学版和小学版的《青少年法治教育读本》《珍爱生命、远离伤害》《交通安全从小做起》等普法资料，建立了"青少年法治教育基地"，坚持开展"模拟法庭""开学第一课""法治征文""法治文艺演出""家长学校"等多种形式的主题法治宣传教育活动。全省公安系统选派业务能力强、工作经验丰富的优秀民警兼任中小学校、幼儿园法制副校长或法制辅导员，积极开展法制宣传、咨询、帮扶等工作。积极开展青少年毒品预防教育工作，共建立省级禁毒教育基地1个，市级禁毒教育基地16个，区县级禁毒教育基地151个，禁毒教育园地47个，全省在册吸毒人员人数连续下降。积极推进儿童法律援助服务，更好地满足了全省儿童法律援助需求，实现法律援助全覆盖。

5.儿童社会环境得到极大改善

在优化儿童生存安全环境、降低儿童伤害死亡率方面，全省教育、妇联、民政、公安、质监等部门各负其责，共同努力降低儿童非意外伤害事故的发生率。教育系统把安全教育列为学校生命教育的首要内容，对学生持续进行呵护生命和规避伤害风险的教育培训；妇联系统通过在社区、学校等机构实施项目等形式预防儿童家庭虐待、忽视和暴力等事件的发生；民政系统在对儿童督导员、儿童主任的培训中，把建立和完善儿童伤害的发现和报告制度作为培训的重要目标之一；公安部门加强了对儿童伤害事件防范的宣传和对人为伤害事件的立案查处；省质量监督管理局加强了对儿童食品、玩具、用具和游乐设施等的质量监督和安全监察，加大监督抽查力度。在优化儿童健康成长的文化环境、消除不良环境影响方面，新闻出版、广电、文化等部门努力向儿童提供丰富健康向上的文化产品；广电部门延长了少儿电视（广播）的播出时间；社区图书室也不断增加儿童读物的品种和数量；省科协努力向儿童开展科普文化宣传，提高儿童科技文化素养；省公安、省质监等部门加强执法，及时收缴传播淫秽色情、恐怖暴力以及其他严重损害广大青少年身心健康的不良印刷品和图画册，强化对网络游戏、微视频等的价值引领与管控，创造绿色健康网上空间。在加强儿童校外教育基地建设、提高儿童社会参与能力方面，全省加强了儿童校外教育活动基地建设，社区"儿童之家"数量持续增加，社区图书阅览室和"农家书屋"建设也得到了重视和加强。在大力推进家庭教育、优化家庭教育环境方面，省妇联、省教育厅和其他成员单位密切配合，形成了家庭教育工作的联动机制，全省三级家庭教育指导服务中心建设、各类家长学校建设、家风馆建设均取得显著的业绩，全省未成年成长的家庭教育环境明显得到优化，家长依法履责，监护、教育子女的意识和能力得到提升。

（三）坚持结果导向，落实评估督导

陕西省在实施《规划》中，按照《规划》"监测与评估"的要求把监测与评估作为实施《规划》的重要手段和必要环节，充分发挥评估在实施《规划》中的基础性保障作用。

1. 建立了常态化的评估机制

省委、省政府高度重视《规划》的评估督导工作，把《规划》评估督导列入全省年度考核评估督导目录。时任省委常委、常务副省长、省妇儿工委主任梁桂在省政府妇儿工委全体会议上专门安排部署，提出明确要求。省政府办公厅全程跟进，审定方案，印发通知，精心指导。全省已经建立了实施《规划》的常态化的评估工作机制和评估队伍，参加评估督导的人员由评估专家、省市妇儿工委工作人员、实施《规划》省级成员单位人员、省妇联主要业务处室负责人和工作人员等组成。省妇儿工委办制定和下发了评估督导规程和工作手册，评估工作已经形成制度化、常态化。

2. 扎实开展评估督导工作

在实施《规划》中，省妇儿工委办先后组织开展了中期和终期评估督导，分赴全省12个市区进行巡回评估与督导。每个市选取市和1~2个区县，每个区县选取3~5个基层单位进行实地考察评估督导。本轮终期评估督导，还选取了10个省级重点成员单位，基本涵盖了主要领域和重点指标的责任部门，是历年来实地督导成员单位最多的一次，全省各市妇儿工委办在省妇儿工委办的指导下也普遍建立了评估督导制度。渭南市、咸阳市妇儿工委办还引入第三方对全市实施《规划》进行评估督导。

3. 坚持评估的效能，坚持结果导向

省妇儿工委办努力提升评估工作效能，坚持结果导向。在中期和终期两次评估督导中，依照《规划》的实施情况，两次评估督导均有不同重点，中期评估督导突出问题查找，寻找短板，发现弱项，在对接受评估单位的反馈意见中，给予整改建议，力争《规划》目标的如期达标。终期评估督导突出调查研究，把评估督导和新规划编制工作紧密结合起来，新《规划》编制小组核心专家全部全程参与，在评估督导中重点了解实施《规划》的体制机制建设、主要目标完成、工作短板和深层次问题、儿童发展诉求、被评估单位对实施《规划》和制定新规划的工作建议等。

三 存在的主要问题

通过中期和终期评估督导，我们发现实施《规划》还存在明显的工作弱项和短板，主要有以下几点。

（一）妇儿工委办建设存在短板

按照《规划》实施的要求，妇儿工委办要机构单设、经费单列、落实编制、职级高配。评估督导发现，在《规划》实施中，妇儿工委办的组织建设同上轮规划实施比较有所滑坡且问题突出，有少数县区没有妇儿工委办，有些县区妇儿工委办机构没有单设，有些县区妇儿工委办没有专职工作人员，超半数县区没有专门工作经费。一些市、区、县把妇儿工委办编制为妇联下属的事业单位，这种降格编制弱化了妇儿工委办的职能，直接影响妇儿工委办职能的发挥和《规划》的组织实施。一些有编制的妇儿工委办，妇联组织对妇儿工委办专职工作人员过多拉用占用，造成妇儿工委办文件上看有编制，工作上缺人干事。妇儿工委办的专职工作时紧时松，评估督导时异常忙碌，评估督导后疏于履职，妇儿工委办工作缺乏常态性、全程性。妇儿工委办的能力建设也存在问题，一是妇儿工委办公室的制度执行力不够，分管领导会议制度和联络员会议制度坚持不够；二是对研究和指导破解《规划》实施中重难点问题的调研不够；三是对成员单位的培训抓得不紧；四是档案资料建设不够专业、规范等。

（二）《规划》实施结果离目标要求仍有差距

《规划》实施总体情况良好，但实施中存在的问题主要有：量化指标中一些数据缺失，如5岁以下儿童贫血患病率、5岁以下儿童生长迟缓率、18岁以下儿童伤害死亡率。有些指标距离达标仍有差距，如：婚前医学检查率较低，2020年为50.84%，低于全国平均水平，个别区县甚至在10%左右，严重多发致残出生缺陷发生率仍然较高。在定性目标推进上也存在弱项，儿童健康服务能力亟须进一步加强，尤其是县级妇幼健康服务能力还比较薄弱；在促进0~3岁儿童早期综合发展上，全省目前建立的儿童早期发展基地总量偏少，和东南沿海地区相比发展相对滞后；评估督导发现，在一些地方城市儿童疫苗接种率低于农村，流动儿童的卫生保健工作需要加强；儿童福利工作发展全省呈现不平衡状态，困境儿童社会保障水平整体偏低，与全省经济社会发展水平不相适应。基层儿童福利设施滞后；县区未成年人救助保护中心转型升级和建立难，作用发挥有限；残疾儿童康复救助制度体系还不够完善，康复服务体系不够健全，残疾儿童康复服务供给能力还比较弱；各设区市和常住人口15万以上的县（市、区）还没有至少建立1所公益性残疾儿童定点康复机构；对学前段残疾儿童的救助工作还相对薄弱；0~6岁儿童残疾筛查、评估、转介工作需要加强等。

（三）统计监测工作总体较薄弱

《规划》的"组织与实施"部分明确了统计部门在同级人民政府实施《规划》中担当统计监测职能，负责年度统计数据的采集、统计监测报表的填写上报、统计监测报告的撰写提交和成员单位实施《规划》监测工作的指导和培训。从评估督导看，统计监测工作普遍较弱，统计部门履职不够到位，有些县区甚至将统计监测工作由妇儿工委办的非统计专业人员来完成。统计监测工作弱主要表现在：一是没有完全建立分性别、分年龄统计制度，不便于《规划》的精准实施和精准监测评估；二是统计监测数据采集不够及时、完整、准确，空项、漏项、错项较多，统计部门采集的数据和成员单位上报的数据不相吻合，无法算出准确的达标率；三是《规划》的统计要求和统计部门法定的统计要求不能做到对接；四是统计部门对成员单位监测统计的培训工作抓得不紧，没有成为实施《规划》常态化的工作；五是统计监测工作滞后，统计监测报告的专业性、规范性做得较差，影响了监测评估工作。

四 对策建议

（一）切实加强妇儿工委办建设

切实加强妇儿工委办的组织建设和能力建设，针对评估督导中发现县区妇儿工委办缺编、把妇儿工委办降格编制为妇联下设的事业单位、妇儿工委办专职工作人员被拉用占用过多的现象，建议省政府专题研究解决全省妇儿工委办组织建设存在的上述问题，省编办对全省妇儿工委的编制依据国家《纲要》要求，做出统一的规定，确保妇儿工委办有编制且不能随意降格。对妇儿工委办专项工作经费，财政部门要单独列支、单独拨付，并加强对经费使用情况的审计，妇儿工委办的工作经费应该和各地的经济社会发展水平相适应，和妇女儿童人数相匹配。妇儿工委要重视妇儿工委办的能力建设，要制定出妇儿工委办专职人员能力提升管理促进办法，加强妇儿工委办的履职能力。

（二）加强实施《规划》的培训工作

评估督导发现实施《规划》的培训工作总体薄弱，《规划》实施周期为10年，儿童的发展领域有5个，参与的成员单位多，要完成《规划》制定的目标任务就必须加强培训工作。建议在多个层级上加强实施《规划》的培训：对市、县区党委和政府分管妇女儿童的领导的培训；对妇儿工委成员单位分管领导的培训；对妇儿工委成员单位联络员的培训；对市、县区妇联主席的培训等。妇儿工委办要拿出专项经费，制订培训计划，强化《规划》实施的组织领导和通联工作。为了加强培训工作效能，建议加强培训前的调查研究工作，对《规划》实施中的工作难点和重点，建议由妇儿工委办牵头，组成课题组进行专项调研。要做好调研选题，对在评估督导中发现的问题进行梳理，找出制约《规划》实施的瓶颈问题、重点问题、难点问题进行有针对性的调研。妇儿工委办也可以和成员单位共同开展调研，促进研究成果的转化。要发挥妇女儿童专家团队在《规划》调研中的作用，加强调研与培训工作的相互结合。

（三）全面加强统计监测工作

实施《规划》的统计监测工作要全面加强，针对统计监测工作整体薄弱的情况，建议省统计局在调查研究的基础上，下发专门文件，督办全省统计系统在实施《规划》中加强履职，包括按照国家、省"国民经济和社会发展第十四个五年规划和二〇三五年远景目标纲要"的要求，建立深入实施妇女儿童发展规划中的分性别、分年龄统计制度；建立年度统计监测制度；做好成员单位的监测统计指导和培训；完善监测统计报表，尽量避免缺项、漏项、错项；分析并撰写好监测统计报告。

B.21 《陕西省妇女发展规划（2011—2020年）》评估报告*

赵银侠 余晓艳**

摘　要：在陕西省各级政府的积极推动下，《陕西省妇女发展规划（2011—2020年）》各项目标任务完成情况良好，妇女在健康、教育、就业、参政、社会保障、环境、维权领域取得了显著进步与发展。但面对新阶段新形势新要求，陕西省妇女发展仍存在城乡、区域以及各领域发展不平衡不充分的问题，约有1/4的量化目标还没有达标；部分县（区）妇儿工委办编制、专职、专项工作经费还没有落实；统计监测数据空项、漏项、错项较多，统计监测工作还相对薄弱。在下一轮规划实施中应进一步完善工作机制，强化妇儿工委办建设和培训工作，完善统计监测制度，促进全省妇女事业发展迈上新台阶。

关键词：妇女发展　妇女发展规划　陕西省

2020年是实施《陕西省妇女发展规划（2011—2020年）》（以下简称《规划》）的收官之年，按照国务院妇女儿童工作委员会和陕西省妇女儿童工作委员会安排部署，对全省《规划》实施情况全面评估如下。

---

* 本课题属陕西省社科联2020~2021年度陕西妇女/性别研究项目，项目编号：20FN-226。
** 赵银侠，西安市社会科学院研究员，研究方向：妇女/性别、老龄化；余晓艳，西安市社会科学院副研究员，研究方向：社区治理、养老服务。

一 评估过程与方法

一是省妇儿工委办公室牵头,全面部署评估督导工作。2020年9月,《陕西省人民政府办关于开展妇女儿童发展规划评估督导的通知》(陕政办发〔2020〕18号)下发,正式启动《规划》的终期评估督导工作。二是成立督导评估组。由省教育厅、民政厅、人社厅、卫健委、妇联等厅级领导带队,各成员单位和相关领域专家参与,组成5个评估督导组,于10月12日到11月3日对全省12个市(区)、10个省级成员单位《规划》实施情况展开实地评估督导。三是收集第一手评估资料。各评估督导组主要采取听取汇报、座谈交流、查看资料、实地考察、入户访谈等形式开展评估督导工作,共召开省级成员单位座谈会、市级与县级妇儿工委座谈会42场,查阅档案资料千余卷,实地考察了妇女就业创业、卫生、教育、企业、乡、村(社区)等基层单位79个,全面深入了解和掌握了全省妇女发展所取得的成就与存在的问题。四是采取指标数据纵向比较与发展绩效描述的评估方法。本评估报告所依据的资料,主要来源于省、市级统计局的《规划》统计监测报表、市级妇儿工委及省级成员单位的《规划》终期评估报告,以及此次实际评估督导收集的调查资料。本评估报告通过量化目标终期数据与达标值横向比较、本期规划终期目标值与上一轮规划终期目标值纵向比较、保障措施创新归纳等方法对规划实施情况进行全面评估。

二 陕西省人口与经济基本情况

(一)人口概况

全省人口保持平稳增长,少儿人口和老龄人口持续增加。截至2020年末,陕西省常住人口为3952.9万人,比2010年增加220.16万,增长5.9%。其中0~14岁人口685.22万,比2010年增加136.28万,占比提高2.62个百分点,"全面二孩"政策实施取得一定成效;65岁以上人口526.66

万人，占总人口比重13.32%，比2010年增加208.28万人，占比提高4.79个百分点，老龄化程度加深。

女性人口呈现两降一升态势。2020年末全省女性人口1930.25万人（占总人口的48.83%），比2010年增加126.27万人。其中16~64岁女性劳动力人口1256.9万人，比2010年减少268.1万；育龄妇女人口（15~49岁）917.03万人，比2010年减少了162.51万人；65岁以上女性272.54万人，比2010年增加了118.67万人。

（二）经济发展与民生投入概况

全省经济发展与人民生活水平稳步提升。2020年全省国民生产总值（GDP）达到26181.86亿元，比2010年（10123.48亿）增长了1.6倍。全省人均GDP 6.59万元，比2010年（2.64万）增长1.5倍；城镇居民人均可支配收入3.79万元，农村居民人均可支配收入1.33万元，分别比2010年增加2.22万元和0.92万元，增长了1.4倍和2.2倍，农村居民收入增长更加显著。

民生投入持续加大。2020年国家财政用于医疗卫生方面投入80.44亿元，比2010年增加32.61亿元，其中，妇幼保健经费2.35亿元，防疫防治经费5.48亿元，计划生育经费6.68亿元，分别比2010年增加0.02亿元、2.24亿元和3.12亿元；国家财政性教育经费支出998.58亿元，比2010年增加620.77亿元；国家财政用于扶贫方面的投入277.29亿元，比2010年增加252.74亿元；环境污染治理财政投入11.55亿元，比2010年增加7.48亿元。财政巨额投资持续向民生领域倾斜，为实施《规划》奠定了坚实的经济基础。

三 《规划》目标任务完成情况

（一）总体目标完成情况

十年来，经过全省各级党委、政府及社会各界的共同努力，陕西省妇女事业发展取得了显著成效,《规划》的主要目标基本实现。妇女健康得到进一步保障,妇女受教育水平进一步提高,妇女参与经济建设能力进一步提升,妇女参与决策管理比例进一步提高,妇女社会保障覆盖面进一步扩大,妇女发展环境进一步改善,妇女权益得到进一步保障。全省城乡妇女既是妇女事业发展的推动者和参与者,又是妇女事业发展成果的受益者和分享者,广大妇女的获得感、幸福感和安全感持续增强。

本轮《规划》在七大领域共设置了68项量化目标,其中能采集到数据的有60项目标,达标46项,未达标14项,达标率为76.67%。未达标的目标主要集中在妇女参政领域(有10项指标未达标),其他领域达标率良好。

（二）各领域妇女发展取得的主要成就

1. 妇幼健康保健体系日趋健全,妇女健康水平显著提升

建立健全妇幼健康保健体系。"十三五"期间陕西省累计投入10亿元,新建、改扩建妇幼保健机构43个,累计建成妇幼保健机构118个,基本实现省、市、区县三级妇幼保健机构网络全覆盖。

始终把妇女生殖健康作为妇幼保健工作的重中之重。全省危重孕产妇和新生儿救治中心建设实现全覆盖,母婴生命安全得到有效保障。孕产妇死亡率由2010年的35.98/10万下降至2020年的7.48/10万;孕产妇产前检查率达到98.4%,孕产妇住院分娩率达到99.99%,全部达到《规划》终期目标值。

全力保障疫情期间孕产妇生命健康。在抗疫期间,全省确定107家市、县(区)医院作为新冠疫情防控期间定点应急助产机构,承接各地普通孕产妇产检和住院分娩任务,全省各级妇幼保健机构共接诊206202人次,住院分娩10239人,有效保障了特殊时期孕产妇和新生儿的生命健康。

高度关注育龄妇女健康。积极推进妇幼健康与计划生育技术服务深层次融合,改革服务机制、创新服务模式,将原计生系统的母亲健康工程、计划生育"三查"服务和原卫生系统的宫颈癌、乳腺癌筛查项目整合为妇女健康促进项目,为育龄妇女提供全方位服务。十年间妇女常见病检查率由

2010年的44.12%提高到2020年的90.92%，达到《规划》终期目标值；全省共筛查宫颈癌和乳腺癌600余万例，宫颈癌和乳腺癌筛查率分别达到23.13%和20.55%。

2. 妇女受教育水平持续提高，社会性别意识进一步增强

女性充分获得了平等受教育机会。义务教育段、高中段、大学段均消除了性别歧视现象，女性享有与男性平等的学校教育。2020年，全省普通高中在校女生占比为49.99%，全省普通高校在校女生占比为48.31%。全省女性青壮年文盲率由2010年的1.46%下降为2020年为0.84%，已实现基本扫除女性青壮年文盲的目标。

将社会性别意识纳入学校教育。陕西省部分高校设立了女性课程，将社会性别意识培养纳入高等教育内容。省教育厅和省妇儿工委办联合实施了性别平等教育进中小学项目，有意识地培养中小学生的社会性别意识，这一开创性做法得到国务院妇儿工委办的充分肯定。

3. 妇女就业创业环境不断优化，女性就业层次明显提升

消除性别歧视促进妇女平等就业。陕西省各级政府认真贯彻国家《就业促进法》和省《就业促进条例》，坚持男女平等原则，消除就业性别歧视，确保妇女平等就业。省人社厅等9部门联合印发了《关于进一步规范招聘行为促进妇女就业的通知》，要求各级政府建立联合约谈机制，及时纠正招聘过程中的性别歧视行为。2020年，陕西省全员就业人员中的女性比例达到45.18%，比2010年提高了1.77个百分点；城镇单位女性就业人员达到193.3万人，比2010年增加了63万人；在2020年省属事业单位公开招聘工作人员中，女性占到58.1%。

支持城乡妇女创业就业。十年来，全省共发放女性创业担保贷款279.81亿元，占全省贷款发放总量的44.99%，支持妇女创业就业。累计发放妇女小额贷款27.33亿元，帮扶29.83万名就业困难女性实现就业。人社部门对失业和就业困难妇女，加大就业援助力度，有些地市对就业困难妇女实行"一对一"全程跟踪服务，提供岗位推荐、技能培训等，对一年以上未实现就业的妇女，开发适宜的公益性岗位，进行托底安置。各级妇联把支

持妇女创业就业放在首位，积极推进"三秦巾帼脱贫行动"、"创业创新巾帼行动"和"乡村振兴巾帼行动"，十年间全省妇女手工经济实体由2433个增加到2846个，带动33万妇女从业，产值超过16亿元；巾帼家政服务机构由247个增加到419个，年服务8.9万户，带动15.8万妇女就业；开展家政服务、手工编织、种植养殖、乡村旅游、农村电商等适合贫困妇女特点的培训项目近4000期，20万人次受益。

大力提升女性专业技能水平。截至2020年底，陕西省取得初中高级职称女性106万人，占比达到51.45%；2020年参加各类技能培训的女性34.8万人次，占到参训总人次的27.5%。全省农村妇女接受技能培训的比重不断提高，评估督导中发现，西安市临潼区、蓝田县农村妇女持有实用技术培训等级证书的比例分别达到53%、59%，长安区十年共培训女性农村劳动力11.6万人，为农村女劳动者办理职业资格证书8613张、专项能力考核证书3132张。

4. 妇女参政得到重视，妇女参与决策管理水平有所提高

省委高度重视女干部培养工作，对女干部培养选拔、合理配备做出明确规定，推进妇女参政各项规划目标任务落到实处。

扩大女性优秀干部源头储备。省委组织部集中开展全省优秀年轻干部专项调研，拓宽选人视野，从省直部门、省管企业、省属高校、科研院所等更大范围发现一批有培养潜力的厅局级、县处级、乡科级优秀年轻干部，其中女干部占25.8%。结合干部考察、综合研判、巡视巡察等工作，及时发现在脱贫攻坚、疫情防控、"六稳""六保"、项目建设等重大任务中表现突出的女干部，作为后备干部人选，重点培养。

强化培养锻炼，提升能力。2018年省委组织部出台《2018～2022年陕西省干部教育培训规划》，将女干部教育培训纳入全省干部教育规划，有计划地组织女干部参加政治理论培训和各类专题研修。定期选派市县党政领导班子、企事业单位领导班子中的女干部到各级党校（行政学院）接受理论培训、党性教育和专业能力培训。2017年以来，省委组织部会同省妇联连续举办4期全省女性领导力培训班，培训县处级女领导干部200余名。2020

年选派20余名女干部到中央部委、经济发达地区和重大工程、重大项目、重点任务中挂职锻炼，提升能力。

抓住关键节点配备女干部。在2016年市、县、乡换届工作中，严格落实女干部配备要求，本地没有合适人选的，在省、市范围内统筹解决。截至2020年底，省人大代表和人大常委中的女性比例分别达到27.9%和19.67%，政协委员和政协常委中的女性比例分别达到25.9%和18%，市级领导班子中女干部配备率达到80%，省级党政工作部门领导班子中女干部配备率达到50%以上，均比2010年有不同程度提高。

5.社会保障体系更加健全，妇女社会保障覆盖面不断扩大

推进基本养老保险实现全覆盖。截至2020年底，全省企业职工养老保险参保人数977万人，其中女性456.7万人，占比46.7%；机关事业单位养老保险参保人数193.7万人，其中女性83.26万人，占比43.0%。城乡居民基本养老保险参保人数1785.18万，其中女性941.74万，占比52.8%。60周岁及以上领取养老保险待遇人员535.24万人，其中女性298.3万人，占比55.7%。陕西省基本养老保险已基本实现制度和人群全覆盖。

基本医疗保障水平持续提高。全省基本医疗保险参保人数3960万人，参保率达到95%以上，其中城镇职工参保人数712.87万人，女性参保人数307万人，占比43.1%；城乡居民基本医疗保险参保人数3248万人，女性1472.64万人，占比45.3%。2019年，陕西省推进生育保险和职工基本医疗保险合并实施，当年全省参加生育保险职工人数454.53万人，其中女性183.18万人，占比40.3%，较2018年增长13.1个百分点，基本覆盖所有用人单位，生育津贴支付政策得到全面落实。

失业和工伤保险女性参保人数大幅增加。截至2020年底，全省失业保险参保人数440万人，其中女性参保人数179.75万人，占比40.85%，比2010年增加了52.8万人。全省工伤保险参保人数602.29万人，其中女性155.28万人，占比25.78%，比2015年增加了11.6万人。

困境妇女得到有效救助。陕西省结合脱贫攻坚行动，将符合条件的贫困妇女按规定全部纳入农村低保或特困人员救助供养范围。2011年以来，全

省累计救助家庭贫困的患病群众356万人次，其中惠及妇女233万人次，救助低保边缘群体和突发性生活困难妇女5.3万人次。

6.妇女生活的社会环境、生态环境进一步优化

积极推进"妇女之家"建设。在城乡社区建设中，整合资源，大力推进"妇女之家"等妇女活动阵地建设，"妇女之家"基本实现全省城乡社区全覆盖。基层社区利用"妇女之家"组织妇女开展文化娱乐、体育健身、妇女维权宣传、就业技能培训、家庭烹饪、茶艺插花、家庭养生保健等活动。"妇女之家"在宜居社区、和谐社区、幸福社区建设和温馨家庭培育方面发挥出了重要作用。

大力推进家庭环境建设。各级妇联深入落实习总书记注重家庭、家教、家风的要求，把家庭工作作为妇联组织的主体工作，常抓不懈。十年间，全省评出"三秦最美家庭"4万余户，创建各类特色家庭130余万户，评选表彰好婆婆、好媳妇等10万人，打造全省"五美家庭"示范户1万个。实施百万家长教育工程，组织家教报告团150多个，培训家教骨干1.2万余人，建成了36个省级示范家风馆。组织家风宣讲团，开展"梦想起航——三秦好家风宣讲活动"、流动家风馆巡展、"百万幸福家庭"、暑期公益巡讲等活动，参与人数达10万人。

大力改善居民生活环境。省委、省政府高度重视农村人居环境改善，在脱贫攻坚行动中，把农村环境提升作为重要工作内容。十年间，全省完成农村饮水建设投资近200亿元，建成饮水工程4万多处，按照现行标准全省农村居民饮水安全问题已得到基本解决。截至2020年底，全省县城自来水普及率达到100%，农村自来水普及率达到95.95%，水质达标率达到95%以上，农村供水入户率达到96%以上。村村通工程卓有成效，全省建制村100%通沥青（水泥）路，99.86%通客车；所有贫困村均实现通信光纤和网络宽带全覆盖；全省6462个贫困村均实现通动力电和生活用电，电力入户率达到100%。农村普及用电带动能源革命，减少了燃煤和秸秆等造成的碳及烟尘排放，妇女赖以生存的生活环境越来越美好。

7. 健全妇女维权法规与机制，保障妇女的合法权益

建立完善妇女权益保护的地方性法规与性别平等法规政策评估咨询机制。陕西省先后出台了《陕西省实施〈中华人民共和国妇女权益保障法〉办法》《陕西省实施〈中华人民共和国反家庭暴力法〉办法》等地方性法规，将保障妇女权益的法律法规条款纳入行政执法部门的监督监察范围。2016年12月，由省妇儿工委办牵头，吸纳政府、人大、妇联、高校科研院所专业人员成立了法规政策性别平等和儿童优先评估咨询委员会，将性别平等理念引入法规政策制定，对出台的地方性法规或规范性文件进行性别平等审议，对违反性别平等原则的条款和内容提出意见建议。

严厉打击针对妇女的犯罪活动。2011年以来，全省公安机关共立拐卖妇女案件2564起，破获1880起，解救被拐妇女1732人；全省各级公安机关共破获"组织、介绍、强迫、引诱、容留妇女卖淫"刑事案件2968起，抓获犯罪嫌疑人4903人，处理治安案件23615起，处理违法人员44329人。

完善家庭暴力预防、制止和救助一体化工作机制。省公安厅、省法院、省妇联联合下发了《贯彻落实〈中华人民共和国反家庭暴力法〉全面推行"人身安全保护令"的意见》，不断加大对家庭暴力的干预力度。民政系统发挥救助站作用，设立家庭暴力受害妇女庇护所，法院建立家庭暴力案件"人身安全保护令"制度，司法部门加大对受暴妇女的法律援助力度，群团组织和社会组织为妇女提供心理服务和援助，形成了全社会预防和制止家庭暴力的格局。据110指挥报警平台及各派出所警情统计，近三年来，全省共接到家庭暴力报警求助330余起，出警率达到100%，及时制止了家庭暴力对妇女的伤害。

加强妇女维权工作网络和阵地建设。在省司法厅的推动下，截至2020年底，全省建立法律援助机构117个，法律援助工作站点30000余个，办理妇女法律援助案件4万余件，受理法律援助咨询35万人次，为妇女挽回经济损失5.8亿元。省法院开展家事审判方式改革试点，在全省各级法院设立婚姻家庭纠纷人民调解委员会。省妇联和省妇儿工委把妇女维权作为重点工作之一，织密妇女维权工作网络，在全省建立了集矛盾排查、纠纷调解、法

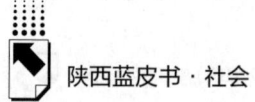

律帮助、关爱帮扶于一体的妇女综合维权服务模式。截至2020年底，"12338"维权热线实现县级全覆盖，全省共建立妇女儿童维权站点2496个，省、市、县三级标准化维权服务中心32个，招募各级专业维权志愿者1.5万人，妇女信访代理员7189名，年受理各类投诉近万件。

四 组织实施

十年来，陕西省各级政府积极推进《规划》实施工作，积累了较为丰富的工作经验与特色做法，主要表现在以下方面。

（一）坚持政府主导，强化机制建设

1. 完善工作机制，扩大实施主体

省政府在《规划》实施中，始终坚持以妇女为本，注重多元主体参与，着力构建"党委领导、政府主导、成员单位履职、社会力量参与、监测评估督导促进"的《规划》实施工作格局。各级政府在《规划》实施中发挥出了主导作用。在本轮《规划》实施期间，根据机构调整和《规划》组织实施要求，省妇儿工委成员单位数量相应做了增减，先后将省扶贫办、省自然资源厅、省医保局、省应急管理厅等部门纳为成员单位，使得《规划》实施力量得到进一步加强。有的区县还将妇儿工委《规划》实施工作延伸到街办、乡镇和社区，在基层成立了妇女儿童工作领导小组，使得《规划》实施主体向基层拓展。另外，各类社会组织通过政府购买服务的方式也不同程度地参与到《规划》实施工作之中，发挥了积极作用。

2. 各成员单位积极履职，形成工作合力

评估督导过程中发现《规划》实施已形成了两大工作合力，一是各级成员单位和妇儿工委办形成合力。成员单位按照责任分工把《规划》中承担的任务纳入本系统的专项规划或部门规划，纳入年度目标考核的重要内容，积极配合妇儿工委办的统一安排，分头分步推进，形成工作合力；二是成员单位内部各部门围绕承担的目标任务形成的工作合力。成员单位分管领

导大多能主动督促各部门共同履职完成各自承担的《规划》目标任务，积极协调《规划》实施过程中的相关事项，提供必要的人力、财力支持。统计部门在本轮规划实施中积极突破，已经开始逐步建立分性别统计制度。

（二）坚持强基固本，加强妇儿工委办建设

各级妇儿工委办在《规划》实施中，承担着组织、协调、指导、督促等职能，加强妇儿工委办建设是《规划》实施的组织保障。省妇儿工委办在本轮《规划》实施期间积极履职，通过建立完善组织制度、开展专题调研、向人大和政协提交提案议案、开展培训宣传等方式，推进《规划》实施工作。积极组织开展《规划》中期、终期评估督导工作，督促市、县（区）人民政府落实妇儿工委办人员编制、经费等。各市、县（区）妇儿工委办组织建设、能力建设都有了不同程度的提高，大多数县（区）落实了妇儿工委办人员编制，不少县（区）妇儿工委办专项工作经费得到保障。一些地市还把妇儿工委办的编制作为实施规划评估督导的工作重点进行督办，如咸阳市针对机构改革和调整中妇儿工委办严重缺编问题，市妇联和市编办共同下发专项文件，督促县（区）政府落实妇儿工委办人员编制。渭南市在2016年国务院、省妇儿工委两个规划中期评估督导后，进一步加强了县级妇儿工委机构、编制建设和工作经费落实。韩城市先后落实了市妇儿工委办事业编制3名，每年工作经费5万元，明确将20万元妇女人均一元钱经费纳入同级财政预算，将妇女民生项目资金列入财政预算，等等。

（三）开拓创新，亮点纷呈

在《规划》实施过程中，陕西省的一些成功做法值得总结推广。一是各级政府不断加大投入，将新增财力向妇女发展领域倾斜。二是注重制定出台促进妇女发展的法规政策，构建起了比较完善的妇女发展政策支持体系。三是把《规划》实施与全省脱贫攻坚工作紧密结合，将一些《规划》目标任务融入脱贫攻坚行动之中，大力推进。四是创新工作方法，如以项目实施带动妇女事业的发展；将对困境妇女的帮扶作为工作重点，将优质

资源向她们倾斜；同步推进硬件设施建设与机制体系建设，大力推进妇幼健康服务体系建设、三秦巾帼脱贫行动、妇女维权机制建设，等等。十年来，通过《规划》实施，陕西省推动妇女事业发展取得了新突破、实现了新飞跃。

五 存在的主要问题

在终期评估督导中，我们发现陕西省各级政府在《规划》实施中还存在一些薄弱环节和突出问题。

（一）县（区）级妇儿工委办职能有待强化

妇儿工委办是政府实施《规划》的常设办事机构，它接受妇儿工委领导，履行《规划》实施的组织、协调、指导、督促职责，按照《规划》实施的要求，各级政府妇儿工委办要机构单设、经费单列、落实编制、职级高配。但在评估督导中，我们发现了以下问题。

1. 一些县（区）妇儿工委办的组织建设相对滞后

截至2020年底，全省有约1/4的市、县（区）没有落实妇女发展经费人均一元钱要求，有一些县（区）妇儿工委办没有单设、没有配备专职工作人员、没有落实专项工作经费。在机构改革后，一些市、县（区）把妇儿工委办编制为妇联下属的事业单位，这种降格编制弱化了妇儿工委办的职能，直接影响妇儿工委办代表政府履行组织、协调、推进《规划》实施的权威性和号召力。一些市、县（区）妇儿工委办工作与妇联工作混在一起，职责不清。一些有编制的妇儿工委办，妇联组织对妇儿工委办专职工作人员过多拉用占用，造成妇儿工委办文件上有编制、工作上没人干事的局面。

2. 一些县（区）妇儿工委办的能力建设有待加强

一是一些县（区）对妇儿工委办公室的制度执行不力，在执行妇儿工委会议制度和联络员会议制度方面存在不到位现象。二是对研究和指导破解《规划》实施中重难点问题的调研不够，特别是区县一级针对《规划》开展的调研活动较少。三是对成员单位的培训不够，普遍没有建立起长效培训机制，不能很好地应对成员单位人员频繁变动造成的《规划》实施工作衔接不上的问题。四是有些妇儿工委办和成员单位档案资料管理不够规范，做过的工作、开展过的活动，不注意留痕。

（二）妇女发展目标与《规划》要求有差距

妇女发展中的一些趋势与问题值得关注。比如城市孕产妇系统管理率低于农村；一些地方和单位对女干部的日常培养选拔重视不够，存在重选拔轻管理、重配备比例轻配备质量等倾向；在妇女就业领域仍然存在女性就业率偏低、就业难的问题；家庭暴力仍然多发，是妇女维权投诉的热点；在婚调委的建设上，存在专业人员缺乏、工作津贴和专项工作经费难以落实等问题。全省城乡妇女发展还不够平衡，城乡差距、阶层差距、区域差距比较明显。

（三）统计监测工作整体薄弱

《规划》在"组织与实施"部分明确了统计部门在同级人民政府实施《规划》中承担统计监测，负责年度统计数据采集、统计监测报表填写上报、统计监测报告撰写提交和成员单位实施《规划》监测工作的指导和培训等职责。在督导评估过程中发现，各级《规划》的统计监测工作普遍较弱，统计部门履职不够到位，有些县区的统计监测工作甚至是由妇儿工委办的非统计专业人员完成的。统计监测工作薄弱主要表现在：一是没有完全建立分性别、分年龄统计制度，不利于《规划》的精准实施和精准监测评估。二是统计监测数据采集不够及时、完整、准确，空项、漏项、错项较多，统计部门采集的数据和成员单位上报的数据不相吻合，无法算出准确的达标率。三是《规划》的统计要求和统计部门法定的统计要求还不能做到有效对接；四是统计部门对成员单位监测统计的培训与指导还不到位，没有建立常态化工作机制。

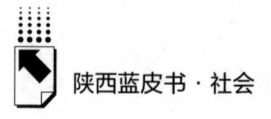

六 工作举措及建议

(一)加强妇儿工委办建设

切实加强各级妇儿工委办的组织建设和能力建设。针对县(区)级妇儿工委办缺编、降格、缺人等现象,建议省政府开展专题研究、重点解决。省编办应依据《中国妇女发展纲要(2011—2020年)》要求,对全省妇儿工委的编制做出统一的政策规定,确保妇儿工委办编制级别,不允许随意降格。对各级妇儿工委办专项工作经费拨付与使用,省级财政部门应出台指导性政策,要求妇儿工委办专项工作经费单独列支、单独拨付,加强对经费使用的审计,保障妇儿工委办的工作经费与各地的经济社会发展水平相适应,与妇女儿童人数相匹配。各级妇儿工委要重视妇儿工委办的能力建设,制定妇儿工委办专职人员能力提升促进办法,不断提升妇儿工委办《规划》实施组织、协调、指导、督促能力。

(二)加强《规划》培训

《规划》是十年期规划,周期长、领域多,参与实施的成员单位多,要高质量完成《规划》各项目标任务,必须高度重视培训工作。妇儿工委办要安排专项经费,制订培训计划,加强多个层级的培训,如定期开展对市、县区党委和政府分管妇女儿童领导的培训;对妇儿工委成员单位分管领导的培训;对妇儿工委成员单位联络员的培训;对市、县(区)妇联主席的培训等。加强调查研究工作,对《规划》实施中的难点和重点问题,进行专项调研,把调研发现的问题带入培训中,增强培训的针对性。

(三)全面加强统计监测工作

在新一轮《规划》实施中要建立分性别、分年龄统计制度。建议省统计局在调查研究的基础上,下发专门文件,督办全省统计系统在实施《规划》中加强履职。研究建立《规划》分性别统计制度，完善年度监测统计制度，完善监测统计报表，尽量避免缺项、漏项、错项现象。做好成员单位的监测统计指导和培训工作，力求从源头保障统计监测数据的准确性与完整性。

（四）科学编制好新一轮《妇女发展规划》

与上一轮《规划》实施的背景不同，新一轮《规划》编制面临陕西省快速进入人口老龄化、国家生育政策重大调整的新形势，要科学预测老龄化社会和生育政策调整给妇女发展带来的显性影响和潜在影响，《规划》要对这些问题有预判、有应对；新一轮《中国妇女发展纲要》把"妇女与家庭建设"列入妇女发展的新领域，作为妇女发展的重要任务，需要结合陕西省实际，认真研究，明确发展思路。编制好新一轮《妇女发展规划》还要重点关注以下几个问题：一是在《规划》编制中要坚持性别平等原则，把维护妇女权益上升为国家意志，成为政府工作的价值准则和行为规范；二是要充分考虑不同社会阶层、不同区域妇女发展的现状，尤其要高度关注农村妇女、贫困妇女和其他困境妇女的生存发展状况，《规划》内容要充分反映、表达、满足不同妇女群体的诉求；三是要把本轮《规划》未达标的目标列为下一轮《规划》的目标任务，持续推进；四是妇女发展量化指标的设置要充分考虑可采集性、可统计性，少用或不用一些过时的、无法采集的指标。

参考文献

侯建会：《基于两次人口普查数据对陕西劳动力就业态势的分析》，《理论导刊》2015年第8期。

社会科学文献出版社

皮 书

智库成果出版与传播平台

✤ 皮书定义 ✤

皮书是对中国与世界发展状况和热点问题进行年度监测，以专业的角度、专家的视野和实证研究方法，针对某一领域或区域现状与发展态势展开分析和预测，具备前沿性、原创性、实证性、连续性、时效性等特点的公开出版物，由一系列权威研究报告组成。

✤ 皮书作者 ✤

皮书系列报告作者以国内外一流研究机构、知名高校等重点智库的研究人员为主，多为相关领域一流专家学者，他们的观点代表了当下学界对中国与世界的现实和未来最高水平的解读与分析。截至2022年底，皮书研创机构逾千家，报告作者累计超过10万人。

✤ 皮书荣誉 ✤

皮书作为中国社会科学院基础理论研究与应用对策研究融合发展的代表性成果，不仅是哲学社会科学工作者服务中国特色社会主义现代化建设的重要成果，更是助力中国特色新型智库建设、构建中国特色哲学社会科学"三大体系"的重要平台。皮书系列先后被列入"十二五""十三五""十四五"时期国家重点出版物出版专项规划项目；2013~2023年，重点皮书列入中国社会科学院国家哲学社会科学创新工程项目。

权威报告・连续出版・独家资源

皮书数据库
ANNUAL REPORT(YEARBOOK) DATABASE

分析解读当下中国发展变迁的高端智库平台

所获荣誉
- 2020年，入选全国新闻出版深度融合发展创新案例
- 2019年，入选国家新闻出版署数字出版精品遴选推荐计划
- 2016年，入选"十三五"国家重点电子出版物出版规划骨干工程
- 2013年，荣获"中国出版政府奖·网络出版物奖"提名奖
- 连续多年荣获中国数字出版博览会"数字出版·优秀品牌"奖

皮书数据库

"社科数托邦"
微信公众号

成为用户
登录网址www.pishu.com.cn访问皮书数据库网站或下载皮书数据库APP，通过手机号码验证或邮箱验证即可成为皮书数据库用户。

用户福利
- 已注册用户购书后可免费获赠100元皮书数据库充值卡。刮开充值卡涂层获取充值密码，登录并进入"会员中心"—"在线充值"—"充值卡充值"，充值成功即可购买和查看数据库内容。
- 用户福利最终解释权归社会科学文献出版社所有。

数据库服务热线：400-008-6695
数据库服务QQ：2475522410
数据库服务邮箱：database@ssap.cn
图书销售热线：010-59367070/7028
图书服务QQ：1265056568
图书服务邮箱：duzhe@ssap.cn

社会科学文献出版社 皮书系列
SOCIAL SCIENCES ACADEMIC PRESS (CHINA)
卡号：267878993351
密码：

S 基本子库
SUB DATABASE

中国社会发展数据库（下设12个专题子库）

紧扣人口、政治、外交、法律、教育、医疗卫生、资源环境等12个社会发展领域的前沿和热点，全面整合专业著作、智库报告、学术资讯、调研数据等类型资源，帮助用户追踪中国社会发展动态、研究社会发展战略与政策、了解社会热点问题、分析社会发展趋势。

中国经济发展数据库（下设12专题子库）

内容涵盖宏观经济、产业经济、工业经济、农业经济、财政金融、房地产经济、城市经济、商业贸易等12个重点经济领域，为把握经济运行态势、洞察经济发展规律、研判经济发展趋势、进行经济调控决策提供参考和依据。

中国行业发展数据库（下设17个专题子库）

以中国国民经济行业分类为依据，覆盖金融业、旅游业、交通运输业、能源矿产业、制造业等100多个行业，跟踪分析国民经济相关行业市场运行状况和政策导向，汇集行业发展前沿资讯，为投资、从业及各种经济决策提供理论支撑和实践指导。

中国区域发展数据库（下设4个专题子库）

对中国特定区域内的经济、社会、文化等领域现状与发展情况进行深度分析和预测，涉及省级行政区、城市群、城市、农村等不同维度，研究层级至县及县以下行政区，为学者研究地方经济社会宏观态势、经验模式、发展案例提供支撑，为地方政府决策提供参考。

中国文化传媒数据库（下设18个专题子库）

内容覆盖文化产业、新闻传播、电影娱乐、文学艺术、群众文化、图书情报等18个重点研究领域，聚焦文化传媒领域发展前沿、热点话题、行业实践，服务用户的教学科研、文化投资、企业规划等需要。

世界经济与国际关系数据库（下设6个专题子库）

整合世界经济、国际政治、世界文化与科技、全球性问题、国际组织与国际法、区域研究6大领域研究成果，对世界经济形势、国际形势进行连续性深度分析，对年度热点问题进行专题解读，为研判全球发展趋势提供事实和数据支持。

法律声明

"皮书系列"(含蓝皮书、绿皮书、黄皮书)之品牌由社会科学文献出版社最早使用并持续至今,现已被中国图书行业所熟知。"皮书系列"的相关商标已在国家商标管理部门商标局注册,包括但不限于LOGO( )、皮书、Pishu、经济蓝皮书、社会蓝皮书等。"皮书系列"图书的注册商标专用权及封面设计、版式设计的著作权均为社会科学文献出版社所有。未经社会科学文献出版社书面授权许可,任何使用与"皮书系列"图书注册商标、封面设计、版式设计相同或者近似的文字、图形或其组合的行为均系侵权行为。

经作者授权,本书的专有出版权及信息网络传播权等为社会科学文献出版社享有。未经社会科学文献出版社书面授权许可,任何就本书内容的复制、发行或以数字形式进行网络传播的行为均系侵权行为。

社会科学文献出版社将通过法律途径追究上述侵权行为的法律责任,维护自身合法权益。

欢迎社会各界人士对侵犯社会科学文献出版社上述权利的侵权行为进行举报。电话:010-59367121,电子邮箱:fawubu@ssap.cn。

社会科学文献出版社